數位化治理
與資訊政策

項　靖◆著

前言

　　資訊與知識對於任何個人和組織的重要性不言可喻，而現代資訊與通信科技之發達與應用為政府治理和公共政策帶來前所未見的影響與契機。自從電腦與網路的興起，追求效率與效能的各國政府亦不自外於這股潮流，紛紛將其融入政府行政中，試圖藉以提升施政生產力，並使其與當代的政府再造運動相互為用、相得益彰。

　　在此轉變中，政府的角色與職能有待重新思考和釐清。須認真驗證與思考的面向有二。第一，政府組織本身如何應用現代化資訊科技，使其極大化行政的效率與效能。第二，肩負帶領國家與社會走向未來的責任，政府如何安排公共制度與政策，使身處其中的組織與個人能無拘束地取用所需的資訊、發揮其潛力與競爭力，並實現公平與正義等價值。

　　基於此，本書將焦點置於現代國家資訊政策與數位化治理。首先將介紹資訊相關的政府政策與數位化行政理論與概念，其次探討電腦科技的應用潛力、以及我國電子化政府的發展過程和現況。接下來檢視資訊貧富不均與數位落差的議題，並探究資訊化對於民主所帶來的衝擊與機會，最後則討論政府資訊公開政策以及公務人員對此之看法與態度。

　　本書通篇的論述主軸是，縱然現代資訊與通信科技使政

府部門得以提升其施政效率與效能，但政府部門不可忽視科
技的應用所可能帶來的副作用，同時更應透過制度性的安排
將科技用以實現治理的更高層次核心價值—公平、正義與民
主。

目　錄

第一章
序論

摘要

　　本章在簡介並鋪陳本書之背景與內容。首先介紹資訊之概念與其對人類的重要性；其次結合公共政策觀念，闡述資訊政策的重要性。續之以陳述現代資訊與通信科技為人類帶來的影響，並引介數位化治理的概念。最後則介紹本書各章內容與核心旨趣。

壹、資訊與其對人類的重要性

　　人與動物不一樣的地方即在於，人類可以從外界接受資訊（information），並加以應用。人之所以為萬物之靈，是因為其能自外在環境接收資訊、頭腦會思考、能作判斷、並據以採取行動；人類可以消化這些資訊，產生出有用的訊息，再以這些資訊和訊息幫助做出決策、採取行動，達到欲完成之事；這是人類最基本的特徵之一。除了個人之外，人所組成的團體、社會、或國家等組織亦復如此，雖然它是由許多人共同組成的有機體，但其同樣必須從外界獲取資訊，藉以作思考、並下判斷與決策。

　　個人決策的好壞關係個人的成敗，組織決策的良莠決定著組織的興衰，國家決策的正確與否則影響國家的競爭力。但每一個人或組織必須先要有好的資訊才能夠做出好的決策、才有機會達到目標，組織才有機會興盛，國家才會有競爭力。在無法否認資訊在做決策及採取行動中之重要性的同時，也就是在肯定資訊對於吾人的重要性。事實上，許多決策理論告訴我們，任何決策中，資訊的充足性、資訊的即時性、以及正確性，在在皆影響決策的好壞及其結果。

　　資訊（information）與資料（data）、知識（knowledge）、智慧（wisdom）有何不同？有何關聯？其實，除了有別於動物外，人類的智能活動尚可分為四個層級。最低層級是「資料」，亦即單純、單獨存在的事實（facts）；而吾人必須先得到資料，再將相關的資料加以處理分析之後，才能自其中得到意義或訊息，此意義或訊息亦即所謂的「資訊」。「知識」則是整合不同的（原有的和新的、或不同來源的）相關資訊的一種結果；加在一起後，其意義及有用性皆因而改變，成為較有系統的知識。有了知識之後，加上人的判斷、作出最有利的抉擇，才能達到有「智慧」的境界。因此，資料、資訊、知識以及智慧是自下而上的層級之分，在低層級時是去系絡化的，也就是與其時空環境較無關，但愈往上愈需要考慮系絡因素、亦即考慮時空與環境；也就是，從下往上是從無意義的到有意義的。要有知識和智慧，必先具備資料和資訊。

　　資訊有三種表現方式：現象、過程、與系統。資訊可以是靜態存在的現象，包括任何自然物、人造物、意念、判斷、數據資料、文字紀錄、書目、陳述、報刊、書籍等。資訊也可以是動態的過程，包括人的認知等抽象的過程、資訊的生成、資訊傳播、儲存、處理、分析、報導、檢索、使用等。資訊更可以是一種系統，亦即人為的有意的行為與活動、以使上述靜態現象與動態過程得以發生或不發生的方式、手段、途徑、以及組織與設施等，包括資訊活動、實現資訊過程的各種機構、設施、手段、人員配置等，例如媒體、圖書館、政府的情報單位等。

有關資訊的研究，在「資訊學」這門領域中，有不少的研究結果與理論（張新華，1991）。在資訊信息理論中，所謂資訊是一種負熵的觀念，其幫助減少不確定性；藉由熱力學的觀念，所謂的「熵」（Entropy）代表系統的無序程度，若系統越亂，則熵的值越大；一系統若獲得資訊，則無序的狀態變小，亦即減少了不確定性；資訊量愈大時，系統無序程度愈小，則熵愈小，資訊量越小時，熵愈大。例如，在發生大地震的災區中，剛開始情況非常混亂，但在一段時間後，決策者獲得愈多相關訊息後，變得較有秩序，因為政府漸漸知道處理的輕重緩急、以及資源的調度。

社會學者則提出資訊傳播理論。資訊傳播理論有三個特點，第一點主要研究資訊傳播以及傳播規律；第二點是研究社會中不同層面的傳播，宏觀的傳播規律檢驗社會整體的傳播趨勢，微觀的傳播規律則探討個人或社會組織的個別傳播行為；第三點則將傳播過程與系統加以連結。社會傳播理論指出，資訊傳播過程是促使資訊從一物體向另一物體傳遞的一系列的連續事件；資訊傳播亦被類比為傳染病的傳播過程，因此一項有效的傳播須先有有效的接觸。

　　此外，資訊智能理論指出，資訊的現象以及過程可發生在智能、物理的兩個空間。智能空間是在人腦內，物理空間則是在人身以外的世界裡。每個人對於外部的世界有一種內在的知覺，稱之為「意象」（image），每個人的意象都是個別、獨特的，是過去個人的經驗所累積造成的。資訊或訊息的功能即在引起個人意象的改變；所以人類傳播的本質是：透過傳遞訊息改變了人類的意象。此外，資訊的智能理論中亦有所謂「資訊的兩夥伴」說法，其將資訊視為用以解決問題的一種必需品和觸媒，也就是當一個問題、以及可用以解決該問題的有用的資訊，結合成為一種產物──解決問題的辦法；因此要在人腦中產生解決問題之道，需要兩要素，即待解決的問題、以及解決問題時有用的資訊，兩者缺一不可。

　　資訊的系統理論將人視為一資訊處理系統，在其中發生人與外部的世界間開放性的現象與交流過程；亦將人類比為一種適應系統，認為人會去適應不同的情況，而將資訊當作是人的適應行為之促成因素，人在適應環境的行為當中，接受新的資訊，因而知道如何適應。

　　任何人或團體在取得並有效使用一項資訊前，必須克服並跨越六大關卡或障礙（Buckland, 1991）。第一個關卡是辨識（identification），就是資訊的使用者必須知道何處存有所需的資訊，並知道資訊的來源、承載物、和媒介。第二個關卡是可得性（availability），資訊的使用者所使用的資訊必須是可以獲得的，使用者被授權、被允許檢視所需要的資訊或取得複本；可得性是實體的取用（access）。第三個關卡是使用

者的代價（price to the user），使用者必須有能力及意願支付
取用資訊時所需支付的代價，例如時間、金錢、精力、學習、
及克服困難，如某些資訊的蒐集與取用是需要付費的。第四
個關卡是，提供者必須有能力並願意付出因提供資訊而所須
負擔的成本（cost to the provider），包括努力、金錢、空間等
設施與資源，且資訊本身必須符合提供者的角色、任務以及
價值，例如資訊內容若被認為是會妨害社會秩序的，則可能
會影響資訊提供者的提供意願。第五個關卡則是使用者對資
訊的理解（understanding），亦即認知的取用（cognitive
access）；在通過以上各關卡、包括實體的取用後，使用者必
須有足夠的智慧與知識以理解所獲得的資訊其中的內容與所
傳達的訊息，以達到認知的取用。第六個關卡是對使用者而
言的可接受性（acceptability）；資訊的內容必須符合使用者的
價值、資訊來源是有權威性、被信賴的，以使使用者是能接
受的、願意使用該資訊內容，資訊方能被應用。

貳、資訊政策

　　資訊是經過處理的資料，其具有溝通性、能被傳輸、且
對人們有用。任何個人或組織經常需要做抉擇或判斷；當需
要採取行動時，正確的、完整的、即時的資訊是非常重要的，
不僅對個人而言重要，任何組織、社會、國家亦復如此。
　　而每一個個人、組織、團體的行為與活動皆受限於其上
層組織、或大環境的規制，因此每一個個人、組織、團體是
否能在需要的時刻獲得所需的資訊以做出最好的決策，必須

視其所屬團體、社會與國家的規範和安排而定；其中尤以公權力的影響最大且最廣泛。所謂資訊政策（information policy）即指國家、政府等具公權力者之法令規章、手段與作為，這些法令規章、手段與作為直接或間接地、有意或無意地形塑了該國家與社會中資訊的活動。而吾人理想中的資訊政策是能夠使任何個人、組織、社會、國家在需要的時候皆能通過上述資訊取用的六大關卡、取得所需的最好的資訊，以幫助作出最好的決策。

因此資訊政策的重要性在於，生活在一個國家社會當中，個人與組織的行為受到這個國家社會所訂定的法令規章、遊戲規則的限制；所以國家社會所設定的法令規章、遊戲規則，會影響個人與組織是否能夠得到最好的資訊、採取最好的決策與行動、以提昇其競爭力與福祉。

其實國家與政府除了是一個大型的機器和組織外，其之所作所為幾乎皆與資訊脫不了干係。政府的生產活動中，其之投入除包括人、金錢、設備外，幾無任何有形的原料，其之投入主要就是資訊，例如民意、百姓、組織、和社會的現況等資訊。政府亦幾乎不生產任何有形的消費性物品，它生產的是服務與資訊；例如戶政事務所將國民出生、結婚、死亡、離婚等等的資訊，加以登載並儲存，及至選舉時做出產出，包括計算合格選民人數、製作名冊、投票通知單等。

因此政府就是一種資訊活動（Cleveland, 1986），其之行為皆主要與資訊有關。而資訊政策則是一國家社會設定遊戲規則，以使其自身、所屬的社會、團體與個人進行或不進行各式的的資訊活動、包括資訊的生產、使用、流通、儲存、傳遞、與銷毀等。

　　吾人可就政府法規與作為的目的與範圍，將資訊政策分為狹義與廣義兩種。狹義而言，資訊政策指專門特別針對資訊活動所制訂的法規，例如我國的「電腦處理個人資料保護法」，就是要在電腦時代中保障個人的隱私不被侵害與誤用；又例如行政院發佈的「行政資訊公開辦法」、已經立法院通過的「國家機密保護法」、以及仍在立法院等待完成立法程序的「政府資訊公開法」草案等，皆為專門用以規範資訊活動的政策。此類法規適用於國家社會所有面向的生活與活動中，適用範圍最廣，是為基礎性的政策。

　　廣義而言，資訊政策則指任何會影響資訊活動的法規條文，無論其是否是專為資訊活動所制定的法規。譬如環境保護相關法規規定，當一個地方產生任何環境公害的時候，必須要在期限之內公告，以各種可能形式將資訊傳遞予當地民眾、讓民眾知道，這就是一種廣義的資訊政策；這種資訊活動的規範非常重要，因為它關係到民眾的生命財產安全，必須要有充分的資訊後、民眾才能為自己的利益做出最好決策。政府對於民營企業的公司治理亦有諸多規範，其中即包括相關資訊活動的要求。此外，在政府的民政業務中，要求民眾通報家中人口的生死、使用身份證、並將指紋納入身份證中，皆為廣義的資訊政策。

　　因此，資訊政策是公共手段、包括法律、規定與措施，被用以鼓勵、管制以及阻止資訊的活動，將影響資訊的生產、收集、散播、使用以及報廢。資訊政策也可視為是一種法律

制度的架構，使資訊能夠在此架構中傳遞與交換。資訊政策
實為國家當中的基礎建設，政府對於資訊政策的作為會影響
其他層面的政策與執行效果。

所有的公共政策皆為實現某些價值，而不同的政策所欲
實現的價值不僅相異、甚至相衝突。資訊政策一般欲實現數
種價值（Overman and Cahill, 1990）：資訊自由（資訊可被自
由取得）、個人隱私權、資訊公開（公民有知的權利）、資訊
必須是有用的、資訊成本與利益考量、資訊的祕密與安全、
資訊所有權與智慧財產權等。但這些價值也可能是相互衝突
的，例如國家機密保護和個人隱私保障，即與資訊自由和政
府資訊公開的價值是相互抵觸的。

資訊政策並非傳統政策科學與分析當中的主題，雖然近
年來已有些許論者進行專門的研究（Hernon and McClure,
1987; Hill, 1995; Browne, 1997a, 1997b; Rowlands, 1998;
Rowlands, Eisenschitz, and Bawden, 2001），但仍是一項新興的
政策研究項目與子題。由於資訊社會的到來，愈顯資訊政策
的重要性，但也因為對資訊政策的缺乏了解，造成資訊政策
的混淆與混亂。所以資訊政策需要被整合在政策的領域中，
但同時亦也不能喪失其獨特性。後續的研究者因此必須進一
步釐清資訊基本的概念、資訊政策的範圍與特性、以及確定
資訊政策的的基本價值、與衝突價值之間的辯証關係。

參、資訊與通信科技

資訊政策的議題為什麼到最近幾年才開始受到較多的關

注？這絕對與用以處理與傳遞資訊的工具——資訊與通信科技（information and communications technology, or ICT）在過去十數年的迅速發展有很大的關係。資訊的特質是，它是沒有形體的，它不像一支筆，可以隨身帶著或是放在桌上；資訊是沒有形體的，必須借助有形的物體加以承載。亦即資訊的儲存、傳遞、處理等，都必須要借助媒介和工具，這種媒介和工具及其使用方法即是資訊與通信科技、或簡稱資訊科技，也就是用以處理資訊的工具與技術。結繩紀事、石頭、泥板、紙張與筆可說是古老與傳統的資訊科技，而過去十數年來，電腦與網際網路的發展讓資訊的重要性更加凸顯，因為其賦予人類非常強大的處理與傳遞資訊的能力。

自古至今資訊一直都很重要，但在電腦與網際網路尚未出現時，人類能夠處理資訊，或傳遞、流通資訊的能力遠不及現在，因此斯時有無良好的資訊政策並沒有太大的差異、亦不受重視。但是現在資訊科技的發展十分快速，網際網路與電腦的使用十分普遍，為讓人類處理資訊的能力為過去的千百倍。是以人類處理資訊的能力增強許多，因比資訊的重要性就更提昇了。現在的情勢變化甚快、訊息流動極快速，甚至只要能夠比別人快一分鐘得到正確、完整的資訊，就可以打敗競爭對手。但資訊工具僅提高處理與傳遞的效率和效能，而如上節所述，資訊的有效取用仍有賴資訊政策的配合。

肆、數位化治理

現代 ICT 的使用於人類生活的不同面向中，產生了許多、且常為不可預測的改變。它改變了人與人之間的互動、以及人與社會整體間的互動，新型式的溝通出現且其更為快速、有效率，並使個體有能力接觸社會中的每一個個體。而新資訊與通信科技的引進，促使公部門制訂相關資訊政策、採取相關的作為，因而出現新的治理型態，稱之為「數位化治理」（digital governance, or e-governance）。數位化治理意指以 ICT 輔助、且在其中 ICT 扮演顯著角色的公共政策及政府與民眾間互動過程；此過程的範圍廣泛，包括政府的法規、政府的運作、政府的服務的標準設定與遞送、民眾如何取用該服務、以及公民在政策過程中的參與與互動；在此過程中，政府藉 ICT 與相關資訊政策以創新、輔助執行其公權力作為。

　　ICT 可說在二方面影響上述治理過程。在數位化管理（e-management）方面，亦即多數文獻所稱之數位化政府或電子化政府，能協助自動化原屬重複性質的治理任務，以改善治理過程的效率，或輔助創新現行作法和過程以改善治理，例如使用 ICT 創造新的治理服務或服務遞送的新機制、或即時的線上審核與資訊的查詢。在數位化民主（e-democracy）方面，則應用 ICT 進一步實現民主的價值，例如以網際網路促使政府資訊與運作更加公開化，或以電子郵件加強決策者與公民間之連繫。以下分別敘述之。

一、數位化管理

　　面對二十一世紀的來臨，各國為了回應國內外政經環境的急遽變化與挑戰，業已進行各類革新工作，希望將整個政府改造成為精簡、彈性、能夠不斷創新、有應變能力的「企業導向」組織。而資訊與通信科技實為組織再造工程的一大利器；當企業引進資訊科技後，其對組織的影響將不僅限於技術層面，其工作內容、組織結構、權力分配、作業流程、組織文化等管理層面因素亦會受到影響。因此，詹中原（1998）為政府部門的再造運動所提出的規範性的理論架構裡的三個層面之中的「結構技術層」，即包含了電子化政府和行政管理資訊系統的運用，透過「器化」的方式，由外力干預被動的公務員和行政系統，使其行為導向行政革新的理想境界。

許多政府因此也如同企業一般，正處心積慮地進行大規模的內部再造工程；其中重要、醒目的一部分即是欲藉現代科技以電子化方式遞送服務予民眾、改善效率（謝清俊，1995），藉以提高國家競爭力。而近十數年來，網際網路的發展突飛猛進，各國政府更將網路的建設及普及應用視為提高國家競爭力的利器（林宜諄，1997）。也因此，Dunleavy and Margetts（2000）甚至建議以一個新的數位國家典範（digital state paradigm）取代新公共管理（New Public Management）。

因此，電腦與網際網路的發達和普及，造就了政府以新穎的方式遞送傳統服務、以及創造新的服務類型的可能；其中，具體的表徵即為「數位化/電子化/網路化政府」的觀念與作法（丘昌泰，2000）。數位化政府在利用現代資訊與通信科技，使政府內部作業得以自動化，並提供民眾更方便的服務，業已成為各國政府再造的策略性措施之一（Bellamy, 2002; Ho, 2002）；同時，過去數年來，探討政府數位化的學術性文獻亦有著相當驚人、近二十倍（2000 至 2002 年）的成長（Stowers and Melitski, 2003）。

　　政府正利用這些新的資訊科技以使行政人員和民眾得以快速、廉價地取用即時的政府資訊，如此一來，政府可提供另一種取用不同主題資訊的管道，並可改善與民眾在公共議題上的溝通（Stowers, 1996；項靖，1999）。網路化的組織特質之一即是以資訊科技將破碎的組織流程縫合在一起，新的工作設計可以快速滿足顧客多變的需求（羅家德，1997）；而事實上今日已有愈來愈多的政府機構利用電腦網路的線上（on-line）互動、發佈公告的方式以提供公民更簡易的資訊取用、更簡單的與行政人員溝通，以及更具效率地提供新的服務遞送方式[1]（如 Lesh and Harding, 2000）。就某種程度而言，政府機構愈來愈虛擬化了，也就是，在某些情況下，機構本身不須有實體的存在，而仍能執行原有的功能。

　　在今日許多的國家中，網際網路已幾為無所不在，而政府對於網際網路的應用也快速的普及中；在這些國家當中，重要的議題已經不再是政府是否已經上線數位化了，而是以什麼樣的形式獲得什麼樣的結果（Barber, 1997）。Gartner Group（Brown, 2003）與 Melitski（2003）曾將電子化政府的活動與發展分類為四種不同的階段，先後依序為：靜態的呈現與存在（presence or static）、互動（interaction）、交易

---

[1] 例如，一項在 2000 年時對於美國五十個州以及三十八個主要聯邦機構的資訊長所作的調查顯示（West, 2004），絕大多數的政府相關業務負責人對於網路的應用能轉變政府是深具信心的，認為政府的電子化已經改善了服務遞送、相信其已使政府效率提昇、並宣稱已使政府成本降低。

（transaction）、變革轉換（transformation）。Layne and Lee（2001）亦將電子化政府的發展面向與階段分為目錄整理、交易、垂直整合、與水平整合四項。無論是何種分類方式，屬於後面幾個階段、尤其是交易、變革轉換、和水平整合有潛力在服務遞送的改善上提供最大的助益。West（2004）更進一步以不同的觀點將電子化政府所呈現的變革與轉換分為以下階段：(1)告示牌階段：政府的網站中僅呈現靜態的資訊；(2)遞送部份服務階段：政府的網站中提供一些互動式的服務；(3)單一入口網站階段：政府的網站提供整合的服務並可完全於線上執行；(4)互動式民主階段：政府的網站提供與民眾互動和展現課責性的功能，並藉以主動與民眾接觸、甚至提供個人化的網頁服務。

雖然數位化政府的發展並非一成不變地以線性方式經由這些階段發展（Ho, 2002），許多公共組織正嘗試以有限的資源達成這幾個階段以改善服務的遞送，且研究也顯示將服務轉為線上遞送的確可以節省許多成本。

而科技的成功散佈與施行需要許多條件的配合。Melitski（2003）提出電子化政府的執行模式，指出七項決定電子化政府成敗的因素，包括策略性的規劃、整合的程度、內部員工人力資源的應用、績效的衡量與評估、內部網路的複雜性、決策的集中程度、以及安全性的考量；其研究結果並發現前四者的確與電子化政府的績效有顯著性的相互關聯性，策略的發展與規劃更被認為是成功的科技資源應用的關鍵因素需要（Fletcher, 1999）。因此，政府的運作要從一個手動的、人工的途徑轉移到以網際網路為基礎的線上自動務遞送，所涉

及的不僅僅是裝置新的硬體跟軟體而已；欲達到電子化政府
較成熟的階段，必須以適當的方式結合技術、組織、經濟、
人員、以及政治性的因素。

二、數位化民主

　　新資訊與通信科技不但能克服地理空間所造成的溝通障
礙，更能夠助長意識型態的多樣化、使公民得以接觸更多的
不同意見與觀點、並鼓勵商議與討論的進行（Thompson,
1999），而政府的電子化的確被認為有潛力加強政府的民主回
應性、以及提高人們對於政府效能的相信程度（West, 2004）。
論者如 Alexander and Grubbs（1998）、謝宗學（2003）等人
因此相當重視數位時代民主化的相關議題。此外，West（2004）
的電子化政府階段分類與早期論者最大不同處即在於將電子
化政府發展的最終目標置於整個政治系統的轉換，希望藉由
政府的數位化促使政府更具回應性與課責性等民主特質。

　　數位化對於政府治理的意涵與角色影響為何？公部門資
訊管理目前關注的焦點仍主要在傳統的效率與績效的表現，
然而資訊科技和政策的革新、包括資料倉儲、民間網絡的建
立、以及網際網路的盛行，提供公部門組織前所未見的機會
得以塑造外部組織與環境、並強調治理過程中民主的參與
（Alexander and Grubbs, 1998）。Thomas and Streib（2003）認
為政府網站已經成為政府的新門面，並建議政府機構應著力
於鼓勵民眾以政府網站為管道和媒介以主動與政府接觸。無
獨有偶的是，在談及民主國家中的民主控制（democratic

control）的問題時，Chadwick（2001）指出，實體世界裡建築物與儀式當中的政治性場域所產生的象徵性意義，也會發生在網際網路當中，而網際網路使政府得以創造並完全掌控其前所未有的一種象徵性結構－－電子面貌[2]（the electronic face），以正當化、合法化、正統化其統治權力；隨著越來越多的公民透過數位化媒介參與公共事務並與政府互動時，這種政府的新電子化面貌將愈具重要性與意義。

Chadwick and May（2003）進一步指出，在電子化治理中政府與公民之間的互動可分為三種模式；第一種為管理的（managerial）模式，政府回應新經濟的需求、提升政府效率、並更快速的傳送政府資訊予公民；第二種是諮詢的（consultative）模式，政府透過電子化的機制回應社會性利益的需求，以提供更好的政策；而在第三種參與的（participatory）模式中，政府則是作為言論自由及表達權利的保護者、以及相關基礎建設的管理者，以調和公民社會與國家間的距離。

理想的公共治理確保公民能夠參與並影響（會影響他們的）決策過程，公民不再只是被動的接受服務的提供，而是主動積極地參與決定服務的種類、型態、標準以及遞送的方式與治理結構。而如何制訂相關政策、如何在決策過程中應用 ICT，以去除參與的障礙、並鼓勵公民的積極參與，實為現代為政者與學者不可忽視的議題。

---

[2] 最重要的主要成分即是其行政機關的網站。

伍、本書宗旨與安排

　　資訊與知識對於任何個人和組織的重要性不言可喻，而現代資訊與通信科技之發達與應用為政府治理和公共政策帶來前所未見的影響與契機。自從電腦與網路的興起，追求效率與效能的各國政府亦不自外於這股潮流，紛紛將其融入政府行政中，試圖藉以提升施政生產力，並使其與當代的政府再造運動相互為用、相得益彰。

　　在此轉變中，政府的角色與職能有待重新思考和釐清。須認真驗證與思考的面向有二。第一，政府組織本身如何應用現代化資訊科技，使其極大化治理的效率與效能？第二，肩負帶領國家與社會走向未來的責任，政府如何安排公共制度與政策，使身處其中的組織與個人能無拘束地取用所需的資訊、發揮其潛力與競爭力，並實現公平、正義與民主等價值？

　　基於此，本書集結作者於過去數年來的相關研究成果，將焦點置於現代國家資訊政策與數位化治理。本章首先介紹資訊相關的政府政策與數位化治理概念，為本書的背景與概要作一鋪陳。第二章「線上政府：我國地方政府 WWW 網站之內涵與演變」探討我國地方政府網路化的發展過程。第三章「電子化政府：Intranet 與組織溝通和再造」介紹電腦與網路科技改變公部門組織運作的潛力。第四章「資訊均富：我國數位落差現況之探討」以及第五章「資訊均富：數位化政府的城鄉差距」檢視資訊貧富不均與數位落差的議題與相關政策。第六章「數位化民主：民主行政之實踐與政府網路公共論壇」與第七章「數位化民主：推動數位化民主之基礎條件」探究資訊化對於民主所帶來的衝擊與機會。第八章「政府資訊公開：公務人員的見解之探究」則討論政府資訊公開政策以及公務人員對此之看法與態度。

　　本書通篇的論述主軸是，縱然現代資訊與通信科技使政府部門得以提升其施政效率與效能，但政府部門不可忽視科技的應用所可能帶來的副作用，同時更應透過制度性的安排將科技用以實現治理的更高層次核心價值—公平、正義與民主。

　　今日網際網路已普遍被政府、私部門與社會大眾所使用，也預告著過去二十年來支配公共行政領域的新公共管理（NPM）典範將面臨網路治理新型態的挑戰。當 NPM 致力於提升國家解決問題的能力的同時，可能間接的削弱公民自我能力與增加政策的複雜度；反之，妥善的管理與發展數位化治理的政府，則能達成某些獨特具體成效，並同時提升公共服務的產出、降低成本、減少政策複雜性與促進公民能力（Dunleavy and Margetts, 2000）。NPM 與 ICT 的關係是密切的，透過 ICT 的運用 NPM 得以快速的傳遞資訊與分配勞務。當 NPM 與 ICT 結合時，在提升公民能力方面，ICT 可擴大分權機制與增加公共服務中供給者與消費者的選擇能力；其次，在降低政策複雜度方面，得以簡單化並流暢化因循僵化的政策產出流程（Dunleavy and Margetts, 2000）。

　　不可否認的是，政府治理的數位化的確帶來行政上與資訊上的益處，包括資訊蒐集與管理、增加民眾對於政府政策方案與行動的知識、民眾參與的強化、公共資訊的更容易取得、更有效率的公共服務遞送、增加政府的課責性、政府機構間的互動與協調、服務遞送的速度與公開性的提昇、以及部份成本的降低、以及維護儲存人口與經濟資料等；但事實上，吾人仍須評估其社會性與政治性意涵，例如公民、政治人物、與行政人員間權力關係的消長與改變（Haque, 2002; Snellen, 2002）、公民是否因此得以接近並取用（access）具實際助益的政府資訊、數位落差的消除（Thomas and Streib, 2003）、地方數位化民主的實現與否（Ho, 2002）。Jaeger and Thompson（2003）也認為未來應面對的政策議題與挑戰包括：確保民眾有能力使用相關科技、教育民眾使其瞭解數位化政府的價值、確保民眾得以取用有用的資訊與服務、協調整合地方、區域、以及中央層級的數位化方案與作法、以及發展用以評估數位化政府服務與標準的方法和指標。

　　制度與機構的安排、預算與資源的有限性、群體間的競爭與合作、文化與傳統的規範、以及當代的社會與政治行為型模等因素實同時共同形塑著政府的任何行為（Fountain, 2001），而此其中任一因素將影響並限制科技得以改變轉換社會與政治運作的能力與程度（West, 2004）。在政府治理數位化的過程中，新興技術的應用及機會將不容懷疑地導致政府運作、業務、及與公眾、企業及其他政府組織互動方式的持續改變。如何面對這些改變、並持續充分利用日新月異的新資訊與通信科技，以趨吉避凶並使人類的各面向生活更為圓滿，實為值得吾人窮畢生之力加以探索的議題。

參考文獻

中文資料：

丘昌泰，2000，《公共管理──理論與實務手冊》，台北市：元照出版。

林宜諄，1997，〈亞洲國力網路決戰〉，《天下雜誌》，11 月 1 日，頁 131-132。

耿伯文、黃怡瑾，1997，〈電腦科技對企業作業流程與組織績效的影響〉，第二屆資訊科技與社會轉型研討會會議論文，民國八十六年十二月，中央研究院社會學研究所籌備處，頁 339-363。

張新華，1991，《資訊學概論》，台北：商務。

項　靖，1999，〈理想與現實：民主行政之實踐與地方政府網路公共論壇〉，《東海社會科學學報》，第十八期，頁 149-178。

詹中原，1998，〈政府再造：革新「行政革新」之理論建構〉，文官制度與國家發展研討會論文，民國八十七年一月，台北市。

謝宗學，2003，〈網際民主與審議民主之實踐：資訊化社會的桃花源村？〉，《資訊社會研究》，第 4 期，頁 87-139。

謝清俊，1995，〈資訊科技與便民──從資訊的本質談起〉，《研考雙月刊》，19 卷 4 期，8 月，頁 34-41。

羅家德，1997，〈網路化組織與網絡式組織〉，第二屆資訊科技與社會轉型研討會會議論文，民國八十六年十二月，中央研究院社會學研究所籌備處，頁 317-338。

西文資料：

Alexander, Jason Hansen, and Joseph W. Grubbs, 1998. "Wired Government: Information Technology, External Public Organizations, and

Cyberdemocracy," Public Administration and Management: An Interactive Journal, Vol. 3, No. 1.

Barber, Benjamin R., 1997. "The new telecommunications technology: endless frontier or the end of democracy?" Constellations: An International Journal of Critical & Democratic Theory, Vol. 4, No. 2, pp. 208-228.

Bellamy, Christine, 2002. "From automation to knowledge management: modernizing British government with ICTs," International Review of Administrative Sciences, Vol. 68, No. 2, pp. 213–230.

Brown, Mary Maureen, 2003. "Technology Diffusion and the 'Knowledge Barrier': The dilemma of stakeholder participation," Public Performance & Management Review, Vol. 26, No. 4, pp. 345-359.

Browne, Mairead, 1997a. "The Field of Information Policy: 1. Fundamental Concepts," Journal of Information Science, Vol. 23, No. 4, pp. 261-275.

Browne, Mairead, 1997b. "The Field of Information Policy: 2. Redefining the Boundaries and Methodologies," Journal of Information Science, Vol. 23, No. 5, pp. 339-351.

Buckland, Michael, 1991. Information and Information Systems, Westport, CT: Praeger.

Chadwick, Andrew, 2001. "The electronic face of government in the internet age: Borrowing from Murray Edelman," Information, Communication & Society, Vol. 4, No. 3, pp. 435-457.

Chadwick, Andrew, and Christopher May, 2003. "Interaction between States and Citizens in the Age of the Internet: 'e-Government' in the United States, Britain, and the European Union," Governance: An International Journal of Policy, Administration, and Institutions, Vol. 16, No. 2, pp. 271-300.

Cleveland, Harlan, 1986. "Government Is Information (But Not Vice Versa)," Public Administration Review, No. 46, pp. 605-607.

Dunleavy, Patrick, and Helen Margetts, 2000. "The Advent of Digital Government: Public Bureaucracies and the State in the Internet Age," paper presented at the Annual Conference of the American Political Science Association 2000,

4th September, Omni Shoreham Hotel, Washington, US.

Fletcher, P. D., 1999. "Strategic planning for information technology management in state government," in G. D. Garson (Ed.), Information technology and computer applications in public administration: Issues and trends, Hershey, PA: Idea Group, pp. 81-98.

Fountain, Jane E., 2001. Building the Virtual State: Information Technology and Institutional Change. Washington D.C.: The Brookings Institution.

Haque, M. Shamsul, 2002. "E-governance in India: its impacts on relations among citizens, politicians and public servants," International Review of Administrative Sciences, Vol. 68, No. 2, pp. 231–250.

Heintze, Theresa and Stuart Bretschneider, 2000. "Information Technology and Restructuring in Public Organizations: Does Adoption of Information Technology Affect Organizational Structures, Communications, and Decision Making?" Journal of Public Administration Research and Theory, Vol. 10, No. 4, pp. 801-830.

Hernon, Peter, and Charles R. McClure, 1987. Federal Information Policies in the 1980's: Conflicts and Issues, Norwood, New Jersey: Ablex Publishing.

Hill, Michael W., 1995. "Information Policies: Premonitions and Prospects," Journal of Information Science, Vol. 21, No. 4, pp. 273-282.

Ho, Alfred Tat-Kei, 2002. "Reinventing local governments and the e-government initiative," Public Administration Review, Vol. 62, No. 4, pp. 434-444.

Jaeger, Paul T., and Kim M. Thompson, 2003. "E-government around the world: Lessons, challenges, and future directions," Government Information Quarterly, Vol. 20, No. ?, pp. 389-394.

Layne, Karen, and Jungwoo Lee, 2001. "Developing fully functional E-Government: A four stage model," Government Information Quarterly, Vol. 18, pp. 122-136.

Lesh, Steven G., and David Harding, 2000. "Utilization of the WWW by City and County Governments in the State of Arkansas," Public Administration and Management: An Interactive Journal, Vol. 5, No. 2, pp. 76-88.

Melitski, James, 2003. "Capacity and e-government performance: An analysis based on early adopters of internet technologies in New Jersey," Public Performance & Management Review, Vol. 26, No. 4, pp. 376-390.

Overman, E. Sam, and Anthony G. Cahill, 1990. "Information Policy: A Study of Values in the Policy Process," Policy Studies Review, Vol. 9, No. 4, pp. 803-818.

Rowlands, Ian, 1998. "Some Compass Bearings for Information Policy Orienteering," Aslib Proceedings Vol. 50, No. 8, pp. 230–237.

Rowlands, Ian, Tamara Eisenschitz, and David Bawden, 2001. "Frame Analysis as a Tool for Understanding Information Policy," Journal of Information Science, Vol. 28, No. 1, pp. 31–38.

Snellen, Ignace, 2002. "Electronic governance: implications for citizens, politicians and public servants," International Review of Administrative Sciences, Vol. 68, No. 2, pp. 183–198.

Stowers, Genie N. L., and James Melitski, 2003. "Introduction to Symposium," Public Performance & Management Review, Vol. 26, No. 4, pp. 321-324.

Stowers, Genie N., 1996. "Moving Governments On-Line: Implementation and Policy Issues," Public Administration Review, Vol. 56, No. 1, pp. 121-125.

Thomas, John Clayton, and Gregory Streib, 2003. "The New Face of Government: Citizen-Initiated Contacts in the Era of E-Government," Journal of Public Administration Research and Theory, Vol. 13, No. 1, pp. 83-102.

Thompson, Dennis. 1999. "James Madison on Cyberdemocracy," In Democracy.com? Governance in a Networked World, edited by Elaine Kamarck and Joseph Nye, Hollis, NH: Hollis Publishing Company, pp. 35-42.

West, Darrell M., 2004. "E-Government and the Transformation of Service Delivery and Citizen Attitudes, " Public Administration Review, Vol. 64, No. 1, pp. 15-27.

第二章

線上政府：我國地方政府 WWW 網站之內涵與演變[*]

摘　要

　　近幾年來，國際網際網路（Internet）中之全球資訊網（World Wide Web or WWW or Web）在商業用途上已造成一股熱潮，而各國政府部門也已開始使用其以作為宣傳、服務民眾、與民眾溝通接觸的一種工具。本研究旨在探究我國地方政府使用全球資訊網之過往與現況，並分析網站的設計及所提供的資訊與服務項目，探討其異同，進而提出綜合討論。研究之結果顯示，2000 年時的臺灣地區中，包括各主要縣市的約三分之一地方性行政轄區已設置全球資訊網網站，網站任務主要在支援行政的功能，服務對象涵蓋當地民眾及一般訪客。整體而言，人口眾多的地方政府網站較為完備；網站服務項目可歸納為五種主要類別，提供的資訊與服務項目相當多元，但並未隨時間的演變而有重大的變化，絕大多數為靜態、單向的宣傳資料，少有能帶給使用者附加價值的資訊和服務。臺灣的地方政府仍須加強與充實其網站的量與質。

[*]　本文修改自〈線上政府：我國地方政府 WWW 網站之內涵與演變〉，《行政暨政策學報》，第二期，頁 41-95，2000 年 10 月。

前言

近十年來，國際網際網路（Internet）中之全球資訊網
（World Wide Web or WWW or Web）在商業用途上已造成一
股熱潮，而各國政府部門也已開始應用其以作為政府宣傳、
服務民眾、與民眾溝通接觸的一種工具。例如加拿大、美國、
澳洲、英國的地方政府使用全球資訊網來服務民眾、遂行其
行政的、政治的、經濟的功能，並用以落實民眾知的權利以
及提高民眾生活品質；全球資訊網為政府行政在提高效率及
效能上提供了無限的潛力。雖然已有為數眾多的地方政府使
用網路做資訊的傳達以及提供互動性服務，我國地方政府正
如何利用、以及應如何有效利用此項科技則仍有待發掘。

本研究目的在探究我國地方政府使用全球資訊網之歷史
與現況；其以代表縣、市、鄉、鎮地方政府之全球資訊網網
站為對象，使用網站內容分析方法，探討政府網站之功能、
內容、架構、使用效率等面向，期使提供計畫設置網站之地
方政府一項有依據的指導原則，並作為一項長期性研究的開
始，以觀察、記錄我國地方政府使用此新興資訊科技的演變
過程。

壹、研究背景

「行政即是知識，知識即是力量，因此行政即是力量。」
（Henry, 1995, p. 17）美國公共行政學者 James D. Carroll，對

行政所作的以上詮釋，真切地反映了當代社會中政府行政管理之要義：在處理錯綜複雜、變遷快速的公共事務、並同時維護民主精神時，充分的資訊與知識的適時取得與流通，對於正確的決策與民意共識的反映與匯集，有著無與倫比的重要性。值得慶幸的是，今日資訊與通信科技（Information and Communication Technologies or ICTs）之成就，已帶給吾人有效的工具藉以及時、正確地處理、傳達資訊；而政府部門所須戮力而為的，則是如何善加利用此等工具。

　　近十數年來，政府行政漸被觀念化且被管理為私人營利事業一般，強調政府行政對於外界的服務的遞送層面。在「新公共管理[3]」（New Public Management）的風潮下，傳統的政府基本任務，如治安的維護或公共衛生的保持，轉而被視為服務與服務的遞送。公共服務與遞送的改善、以及更具效率與回應性的公共組織，被認為將可以消除民眾的政治冷漠感、喚回公民對政府的信心。在此「消費者導向」與「服務至上」的觀念下，政府施政績效衡量的標準變成服務品質、效率、以及顧客滿意度。而為追求此類標準的達成，政府無不以組織結構與流程的重組和再造加以因應，官僚體制逐漸為更具彈性、消費者導向的組織所取代。

　　此變革氣氛和資訊與通信科技的發展合流並相輔相成（Margretts, 1999）。今日，世界各地的政府與行政欲追求更高的效率，而導致了新興資訊與通信科技的大量、多方面、

---

[3] 有關「新公共管理」之緣起與內涵，請參考孫本初（1998）以及 Golembiewski、孫本初、江岷欽（1999）。

以及普遍性的應用，有關「數位化政府」（Digital Government）、「電子化政府」（Electronic Government）與「網路化政府」之論述、呼聲與經驗記載不絕於耳（Norris, 1999; Warren and Weschler, 1999; Atkinson and Ulevich, 2000）。

　　論者（Hendirck, 1994; Heeks, 1999）主張，適當的管理資訊系統的建立與運作對於日漸流行的創新的公共管理途徑，如全面品質管理（Total Quality Management）之成功實施所需之生產力衡量與績效監測而言，是居關鍵性地位的。Seneviratne（1999）與 Bellamy and Taylor（1998）認為善加應用資訊與通信科技可有效促發公共組織的變革，並有利於政府的再造。Bekkers and Zouridis（1999）更具體指出資訊與通信科技對於公共服務品質的改善具有下列助益：

1. 公共服務的遞送更為快速，民眾申請的提出、行政人員處理所需時間可大為縮短。
2. 網路、公用資訊站、和政府網站的應用增加了公眾接近公共組織的機會，可增加政府的公開性，並藉此加強官僚的專業能力和公民的參政技巧。
3. 有助於提供遠程溝通與交易行為，促成具有實效之虛擬的政治性參與和討論。
4. 增加了公民的透明性，因資料庫的集中與交叉比對，而可全盤瞭解任一公眾以量身訂製對其之服務，亦有利於服務標的的準確尋取。
5. 整合不同類型的公共服務，如單一窗口的設立，打破組織內各單位間以及組織與組織間的藩籬、以及功能上與地理上的界限。

雖然現代資訊與通信科技有著以上的潛能，但其長處之實現端視有權決策者之心態與抉擇（Bekkers and Zouridis，1999）。Margretts（1999）認為行政改革影響並促成政府使用資訊科技，而非資訊科技影響或導致政府的變革。一個組織要多麼公開透明？何人可檢索使用何種資料庫？何種資料應加以整合？為何目的？此實為政治性的問題，因此資訊化計畫一般不易獲得普遍的支持，而真正帶有變革影響力的計畫更是難以得到認同（Hudson, 1999）。因此，資訊科技為公共組織帶來的任何變革必然是已經由政治性利益、網絡、與機構所過濾者（Rocheleau, 1999）；資訊與通信科技若能成功地改造組織，其關鍵在於技術性與社會性影響力的結合（Seneviratne, 1999）。由此觀之，政府機關及其決策者的心態及其抉擇，在實質上決定了資訊科技能否為組織帶來預期的好處和正面的變革性影響。

在諸多現代資訊與通信科技之發展中，國際網際網路（Internet，或稱網際網路或網路）是最具影響力者。近七、八年來，正當電子通訊、電腦科技日新月異之際，國際網際網路也從幾乎無能見度的情況下演變成今日的幾乎無所不在。世界性的國際網際網路是一個包含了至少數萬個較小型、互相連接的電腦網路（如區域網路或 Local Area Network，即 LAN）的集合體，吾人可以將其視為一個互動、即時的資料通信基礎建設。網際網路自 1991 年開始商業化以來，連結網際網路的電腦服務主機（servers，網路上提供資訊存取服務的電腦）數量幾乎每年成長一倍。根據資策會推廣服務處「FIND 中心」分析 Network Wizards 公司所公佈的最新調查結果顯示，截至 2000 年 1 月止，全球連網主機總數已成長至 72,398,092 部，較前二年（1998 年 1 月）調查的 29,670,000 部，增加了四仟餘萬部，成長率達 144%（網際網路資訊情報中心，2000c）。我國的連網主機數亦自 1998 年 1 月時之 176,836 部躍升為 2000 年 1 月時之 849,652 部（網際網路資訊情報中心，2000d），此數量在全球排名第七，且在二年內成長率達 380%。

　　至於上網（或使用網路）人口數，根據各國相關單位（包括 NUA、IDC、AC Nielson、CommerceNet 及我國資策會推廣服務處 FIND……等）所發佈的網際網路使用人口數資料加總，截至 1999 年 12 月，全世界使用網際網路的人數已達一億五仟八百萬（網際網路資訊情報中心，1999）。而美國 Angus Reid Group 公司則於 1999 年底、2000 年初針對全球三十四個國家的二萬八千三百餘受訪者進行電話或面對面訪問，調查發現目前全球約有三億多人口上網，另外還有一億五千萬人可能會在 2000 年上網，估計五年後全球上網人口可望達到十億人（Angus Reid, 2000）。在臺灣，根據經濟部技術處委託資策會推廣服務處執行之 NII（National Information Infrastructure）應用推動專案計畫所進行的調查，整合國內網際網路服務業者（ISP）所回報的數據，截至 1999 年 12 月止，我國台灣地區網際網路使用人口已達四百八十萬人（網際網路資訊情報中心，2000a），是 1997 年同時期之一百六十六萬人的近三倍；而我國上網普及率於今年二月時已達 24.8%，在全球中排名第十四位（網際網路資訊情報中心，2000b），在亞洲則排名第三位（網際網路資訊情報中心，2000f）。在今日，我國以及世界各地的人們利用網際網路來搜集資料、參加電子佈告欄討論、讀報章雜誌、收發電子郵件、刊登廣告、購物、從事遠距教學、醫療等。就其所受到的大量以及多用途的使用，網際網路有潛力成為明日通信工具的主流。

一、全球資訊網之特性

在眾多國際網際網路的應用方式當中，全球資訊網（World Wide Web or WWW or Web）是特別受歡迎的一種，甚至幾乎已經成為今日網際網路的代名詞；例如在 1999 年 10 月間，在我國各類主要的網路服務主機類別（包括 WWW、FTP、BBS、NEWS、以及 Gopher）中，全球資訊網（WWW）網路服務主機即佔有百分之七十強之比例（網際網路資訊情報中心，2000e）。全球資訊網是一種由小地鼠資訊系統（Gopher）演進而來、以網際網路為工具連接的圖像型超文字（hypertext）伺服器（server）所構成的網路系統。它使用簡單易學的超文件標記語言（HTML，或 Hyper-Text Mark-Up Language）為撰寫網頁文件之語言。在其中，使用者藉著單一的介面（interface），可以直接觀看、收聽來自不同地方、包括不同形式的資訊，而無須使用不同的工具，也無須知道資訊來源的確切位置。身在全球資訊網當中，使用者只需按下滑鼠的按鍵，便將會被帶到一個首頁（home page）、或一處資料（稱之為網站或 web site）之起始點。網站排列、呈現資訊的方法，是以層級式的網頁（web page）所構成的超鍊結頁面結構為之；一旦進入任一網頁後，使用者即可依照其中之超鍊結點（hyperlink）循序漸進或跳躍式地進入其他網

頁中讀取有興趣的資訊。迥異於其他的網路應用方式，全球
資訊網不僅能夠傳送文字性資料，甚至能夠傳送色彩繽紛的
圖片、聲音、動畫、影像等內容，且網頁設計的技術門檻低，
加上用以觀看首頁內容之瀏覽器（browser）易學易用且可免
費取得，更增加了全球資訊網的普及性。

　　相較於其他種類傳播媒體所使用、處理之媒介——原
子，現代電腦資訊通信科技所處理之位元（bit）易於組合、
修改、儲存、複製、以及傳遞（謝清俊，1997）。而全球資訊
網更融合了現今資訊通信科技之精華，展現了全然不同的風
貌。其主要特性如下：

（一）多數對多數傳播

　　傳統媒體例如電視、廣播、報章、雜誌等為少數人對多
數人之單向性的資訊傳播，此少數媒體易為少數人所控制，
而其中言論、資訊之內容有被箝制、扭曲的危害。但在全球
資訊網中，則此傳播媒體不為任何人所控制，幾乎任何個人
或機關團體皆可對社會大眾發表任何言論與資訊，而不受任
何限制。此特性正可以協助落實社會多元化和民主化之過
程；無怪乎共產國家如中國大陸急欲對其百姓之使用網際網
路施以各種限制。而民主國家如我國的地方政府正可利用此
特性讓百姓對於地方事務、政務有公開對話的機會，以幫助
凝聚社區民意和共識。

（二）功能多樣性

　　全球資訊網幾乎包容了所有早期的網際網路之應用功

能，而且有過之而無不及。在一般較受歡迎之瀏覽器（如 Netscape Navigator 或 Internet Explorer）環境中，使用者可以執行如 E-Mail（電子郵件）、FTP（檔案傳輸服務）、Gopher（小地鼠資訊系統）等功能，而無須變換軟體之使用。再者，現行技術更可以讓網路資訊提供者（information provider）將資料庫（database）融入其網頁當中，資訊使用者可以透過簡易之操作進行線上的、即時的資料庫查詢（query），查詢所得之結果對使用者的附加價值（added value）於焉而生。地方政府可利用此等功能，提供其所擁有、儲存之政務資料，方便民眾查詢使用，以落實民眾知的權利，並且可以節省人力、提高行政效率。此舉亦可配合立法院正在審議之「政府資訊公開法」之未來的施行，以主動公開政府資訊、接受公民檢驗監督。

（三）無遠弗屆性

　　由於網際網路的世界性網網相連，一地之網頁內容可被傳送至全球各處（只要是與網路相連接之處）。在臺灣的民眾可即時的、身歷其境地觀看美國太空總署所傳送的哈伯望遠鏡所拍攝之最新的火星照片；身處炎熱的南非可以瀏覽俄羅斯科學機構所搜集之極地資料；而在中國四川省的民眾則有機會藉由全球資訊網以深度體會我國首次總統民選之盛況。全球資訊網藉此穿透力衝破了自然與人文之疆界和藩籬，而真正的促成了「地球村」的境界。地方政府可以藉由全球資訊網網站之設立，向其他縣市、國家人民廣為宣傳本身文化、藝術、旅遊資源，以招徠觀光客、增加本身知名度，亦可介紹當地資源、交通、工商業環境，以吸引外人投資、促進經濟發展。

（四）接駁簡易性

全球資訊網中之超鍊結頁面結構，使設計者得以於網頁中建立可用以接駁至其他相關網站之連結點，而使用者或瀏灠者僅須藉由電腦滑鼠的指（pointing）、按（clicking）等動作便可在極短時間內收看另一網站所提供的資訊。地方政府行政機關可利用此項功能，在其網站中提供連結點以接續至其他相關資訊來源，使政府網站可充當各類資訊源的集散地，而成為民眾上網的第一站或必經之處。

（五）內容恆久性

傳統的傳播媒體所播送的資訊內容若非稍縱即逝（如電視、廣播），即是隨時間的變遷遭棄置而不易再尋得（如報章、雜誌）。全球資訊網則較無此缺憾；一旦資訊或網頁內容被載入電腦主機後，只要此主機存在並與網路連線，人們便可隨時隨地取閱之，而不受任何時空限制。地方政府在其電腦主機資料儲存空間的條件許可下，可將過去以及現在的公告、法令、規章、記錄、統計資料等文件存放於其網頁中，以方便公務人員以及民眾查詢，可確保文件資料長久的可取得性，並可節省用於尋覓資料之大量人力及時間。

（六）內容隨選性

傳統的傳播媒體所播放之內容，因時間（如廣播和電視）或空間（如報章、雜誌）等容量限制因素，侷限性較大，聽、觀眾和讀者無法充分自行選取所需之各類資訊及內容。而全球資訊網則破除了此等障礙；在其中，任何種類的資訊及內容，上自天文、下至地理、古今中外、無所不有；在隨選視訊（video on demand）中，資訊使用者可藉由網站搜尋引擎（search engine）的探索或藉由其他管道，得知某類資訊的來源位置後，可隨時隨意的選取、觀看、和收聽有興趣的內容。地方政府在設立網站前、後，可設法獲知民眾希望自其政府網站中得到的資訊內容和種類，且將此資訊內容確實、清楚地放置於其網頁裡，如此不但落實民眾知的權利，並可吸引民眾對網站之使用，以提高網站服務之效能與效率。

（七）資料型態多樣性

　　全球資訊網可提供有別於單純文字性型態的資料，舉凡圖、表、動畫、影片、甚至聲音等資料皆可在全球資訊網上被傳送、呈現、與播放。此特性加強了全球資訊網的功能及其親和力，而成為其風行於全世界的主要原因之一。地方政府可藉由其網站公佈各類統計資料和圖表，播放地方首長談話，或以其他更生動方式介紹其建設、規劃、風土、人情等特色，以吸引公眾加值利用政府資訊。

（八）內容即時性

　　在傳統的傳播媒體中，尤其是非電子媒體，其產品在製作完成後之流通過程較為費時曠日，往往傳播內容在被送到聽、讀者手上時已失去時效,而對讀者之價值已減損許多。全球資訊網則藉由現代通訊技術即時地傳遞資訊;任何一地之資訊使用者可以讀取資訊提供者於前一分鐘在網站上所放置之資訊內容;尤有甚者,吾人可在 WWW 上舉行即時視訊會議(video conferencing),而無須限制參與會議者之所在位置、身份、和人數。地方政府可利用此特性於其網站中公告行政機關新聞,或提供當地交通狀況和氣象預報,以提高民眾生活品質。地方政府更可在網路上舉行里、鄉、村、鎮、市、縣民大會或各類公聽會;此類會議雖為虛擬的(virtual),卻可產生實質的效果——落實民主精神、凝聚社區共識。

(九)互動、雙向溝通性

有別於傳統傳播媒體的單向傳播,全球資訊網中資訊提供者與使用者可以進行即時的雙向溝通。其互動性可以使網站立即得知使用者之意向而跟著改變其資料、內容的呈現與作用,以充分滿足使用者的需求。傳統傳播媒體中之傳播方式就如下圖一所示一般,其大致為單一對多數、且為單向之傳播;而於全球資訊網中,則如圖二所示,是多數對多數、且為雙向、互動的溝通。地方政府可利用此特性設置資料庫的檢索、讓民眾於線上(on-line)申辦業務、設置民意、首長信箱、以及公共討論版面,不但可以節省民眾時間與精力、提高行政效率,民眾與行政官員之間的溝通將更為直接、方便。

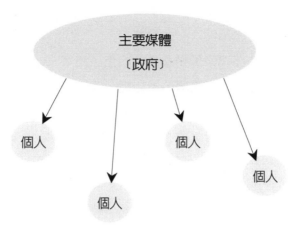

圖一　傳統媒體傳播型態

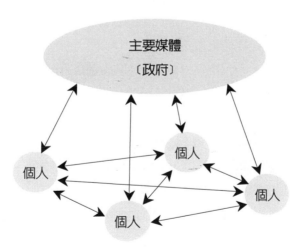

圖二　全球資訊網中之傳播型態

（十）成本低廉、技術門檻低

　　於傳統傳播媒體（如電視、廣播、報章、雜誌）中，若欲佔一席之地對社會大眾傳達訊息，將所費不訾而不是一般人所能負擔得起、技術上行得通的。但全球資訊網的出現卻大幅度地改變了此種現象。如今，一般人僅須至多負擔相當低廉的經費，以及學習簡易之網頁製作技術，便可將自己欲與他人分享的資訊、想法公諸於世，而不再是遙不可及的夢想。此特性不但說明地方政府個個有經濟、技術能力可以建置網站，更意味著在社會公平、正義之考量下，地方政府應開放本身網站空間或以經費補助方式，協助轄區內弱勢團體、族群設立網頁或上網擷取資訊、接受服務，使其於資訊社會中也能有立足之地，而不致因為資訊的貧富不均而造成往後經濟、社會地位差距的更加擴大。

　　總結以上十大特性，相較於傳統媒體，全球資訊網擴大了所流通資訊的廣度，其內容可包羅萬象、無所不有；它也擴大了所流通資訊之深度，而不再受時間、空間的限制，對某一特定主題而言，各方意見、各家之言皆能窮盡於其中；全球資訊網同時也促成了資訊的流動性和可得性，資訊的傳達不再曠日費時；同時，資訊之收集和傳播所需的成本、技術之降低，亦使資訊取得、送出之壁壘消弭於最低。

二、政府在利用全球資訊網做什麼？

　　全球資訊網在商業用途上已造成一股熱潮，而多數國家的政府部門也早已開始應用其以服務民眾、與民眾溝通接觸。例如美國早有網路使用計畫（Gore, 1993），其聯邦政府使用全球資訊網來公佈人口普查的結果資料，和公告通緝要犯的照片和罪嫌資料；美國的州政府則用它來介紹觀光資源、吸引外地遊客，也用它來公佈各種立法案件的相關訊息。英國的公共服務部於一九九六年底在全球資訊網上公告一份名為「直接的政府：以電子方式輸送政府服務」之政策綠皮書（Office of Public Service, 1996），詳細的說明其中央政府計畫利用資訊科技，尤其是網路，來提供政府服務措施的遠景以及策略，並邀請民眾利用全球資訊網對此綠皮書提出建言。歐洲國家如荷蘭等國積極應用 ICTs 以提供民眾服務（Bekkers and Zouridis, 1999），其他國家如加拿大、澳洲、日本、韓國等亦分別已有利用網際網路及全球資訊網以協助政府行政之具體計畫與行動（行政院研考會，1996）。

　　北美州的加拿大以及美國的地方政府更使用全球資訊網以提供民眾實質的服務。例如在行政的功能上，讓民眾在線上繳納稅款、規費、罰金等；公告政府單位就業求才啟事；提供可連接其它政府單位的結點（link）；提供文件表格供民眾下載（download）使用；並讓民眾在線上填具、繳交文件表格。在政治的功能上，公佈選舉事務和結果；公佈民選官員及候選人背景資料；徵詢民眾的意見心聲。在經濟的功能上，介紹都市觀光據點以吸引觀光客；招攬投資、增加當地商機與促進經濟發展。在落實民眾知的權利、加強監督政府的功能上，公告各類法令規章和政府政策；公告政府會議時間、地點與會議記錄；告知市民都市計畫方案；告知市民待決事項；公佈政府財產；公告政府招標採購案件；公告政府財政及預算內容等。在提高民眾生活品質方面，公告社區活動；提供市民即時交通狀況；提供大眾運輸系統資訊；提供即時氣象資料；提供線上圖書館服務。在提昇公共安全方面，公告被通緝要犯資料圖片；公告地區犯罪資料；加強民眾對公共安全的認識等。[4]

　　在我國，計畫網路的使用亦不落人後。正在規劃、執行中的「國家資訊通信基本建設」（NII）之最終目標就是要利用網路達成全民使用資訊科技的願景，使民眾於其居所或工作地即可利用網路購物、就醫、娛樂、受教育、交易、辦公。此外，行政院研考會近幾年規劃運用網路來建構「電子化政府」的構想，也是要朝此目標邁進，以提昇我國政府行政與服務的效率；例如，原本需要出門到政府機關辦的事務，如申請戶口謄本，都可在家完成。另外，為了確實達到方便民眾使用電腦的目的，研考會籌劃進行村里便民服務資訊化，運用現代化資訊科技與網際網路資源環境，達到「村村有電腦，里里上網路」的境地（行政院研考會，1996）。由此可見我國政府也已運用資訊時代的觀點籌劃未來國家社會的發展。

　　由於網際網路之風行為近四、五年來之新興現象，在國外知名學術期刊上可見有關電子及網路政府之研究（如

---

[4]　本段所列之功能及用途請參見以下網站：

　　http://gnofn.org/whs1/government/local ； http://www.ci.san-carlos.ca.us ；
　　http://pen.ci.santa-monica.ca.us ； http://www.ci.madison.wi.us ；
　　http://janis.nashville.org；http://www.ci.chi.il.us；http://mnbsun.stmarys.ca/city；
　　http://www.dayton.net/dayton ； http://www.cybersmith.net/econ-dev ；
　　http://www.city.vancouver.bc.ca ； http://usr.mobius.net/SFCTA ；
　　http://www.ocsd/org/majrcrim.html；http://transit.metrokc.gov。

Milward and Snyder, 1996；Ridinger, 1996；Stowers, 1996），但對於政府網站與其內容之有系統的探究仍屬少數並且是處於起步階段。在可見之相關文獻中，經由問卷調查與個案研究，Worthington（1996）發現政府機構設立全球資訊網網站之原因在希望加強資源的應用、提高曝光率、加強民眾對機關的瞭解、降低施政成本、加強服務的提供、以及增加民眾接近機關並獲得服務的機會；並指出在政府網站的設立與運作中有著四項主要須加以注意的議題，包括安全的考量、組織的因素、技術面向、以及營運的面向等。Weare, Musso and Hale（1999）亦曾檢視美國加州 454 個地方政府之官方網站設立情形，探討地方政府網站設立的時間、是否停止設立之因素；他們發現地方政府網站設立與否之最重要因素為人口數的多寡，人口越多的轄區越有可能設置地方政府網站；此外，人口特質亦為影響因素之一，設立網站之地方政府轄區內民眾之經濟地位與教育程度傾向高於未設立網站之地方政府轄區內之民眾。

　　在政府網站的內容方面，Nunn and Rubleske（1997）曾檢視美國 38 個樣本城市之全球資訊網網站內容；其將網站內容分成三十三種項目，並將之歸類為五大資訊類別：法令與民選官員、政府運作與服務、政府與公民的互動、政府行銷、以及一般資訊等，並將樣本網站之贊助者與管理者分成五類：地方政府自資營運、私人公司資助、由國家其他政府單位資助、由其他機構之獎助金資助、非營利網路組織資助；他們發現網站內容以一般資訊類（如連結至其他網站之連結點、當地歷史介紹、地圖、計次器功能等）為最多，其餘種類內容則相對較貧乏；他們也發現網站內容隨著其贊助者與管理者之不同而相異。DeConti（1998）亦曾檢視美國各州政府之全球資訊網網站之設計與內涵，她列出三十種內容項目，並發現最常見的項目依次為政府電子郵件信箱功能、州政府各部門目錄、行政機構資訊、以及觀光事業的提倡等。Scavo and Shi（1999）抽樣並分析全美國 148 個地方政府網站，以評量各網站在以下四個面向之內涵：公告欄功用（Bulletin Board）、地方知名度／社區向心力／和經濟發展之提升（Promotion）、服務遞送（Service Delivery）、以及民意的輸入（Citizen Input）。Stowers（1999）針對美國州與地方政府網站進行內容分析，並特別關注網站首頁之功能設計、以及網站在地方政策形成上扮演的角色。

在國內，相關的文獻亦屬少數。項靖（1997）曾針對當時剛萌芽之台灣地區地方政府 WWW 網站內容進行初探性調查；潘彥佃（1999）以政府資訊公開的角度分析中央政府所屬機關之全球資訊網網站的內涵與品質；項靖（1999）以民主行政的觀點檢視我國地方政府網站中公共論壇版面之設立與運作情形；項靖與翁芳怡（2000）則以網路線上問卷調查的方式，探究我國地方政府網站中公共論壇版面使用者之背景、使用情況、及使用滿意度等面向。除此之外，有關我國政府 WWW 網站之研究大致闕如。

綜上所述，無論中外，政府之運用網際網路與全球資訊網網站的建置已形成一種公共行政現象。為拉近與公眾之間的距離，利用網路的特性，政府可提供互動式、實質的服務，促成便民以及民主化的落實。在如此的線上政府中，科技被使用來連接公民與政府服務措施，因此可以消弭和減少公民與政府公務人員之間須面對面互動以獲取服務的需要(Milward and Snyder, 1996)。也就是，以科技代替組織結構作為一種方法使公民可以更方便的得到服務，而不需與政府層級組織直接打交道。同時，在如此的線上政府中，科技可被用以連接提供相關服務措施的機關之網絡，使機關與機關間資訊的流通得以快速、正確、而且暢通無阻；資訊科技的運用因此在近一波的政府再造工程中扮演著關鍵性的角色（劉靜怡，2000）。身為網路的一種主要應用方式，全球資訊網為公共行政在提高效率及效能上提供了無限潛力。雖然他國已有為數眾多的地方政府正在使用網路傳達資訊以及提供互動性服務，但我國地方政府正在如何利用、以及應如何有效利用此項科技則仍有待研究。

貳、研究問題與研究設計

全球資訊網的運用為政府行政帶來的課題包括如何充分利用網路互動性以服務民眾，如何加強網頁使用以及其內容，如何規範網頁內容及使用，如何吸引一般民眾上網、讓他們懂得上網並上得了網，以及政府在應用網路後其效率及效能是否如所預期的提高等，皆仍有待相關研究來釐清與驗證。而地方政府與其他行政機關不同，其業務五花八門，與一般民眾之關係較為密切，故本研究目的在探究我國地方政府使用全球資訊網之現況與演變，並且對上述課題加以探討。

尤有甚者，台灣省政府在精簡之後，縣、市、鄉、鎮之權責將提昇，而其服務民眾的角色亦將加重。權責提昇、角色加重的地方政府應如何有效地利用日新月異的科技，以更具效率、效能地施政，實為當前首要課題。本研究即在為此課題尋求部分解決之道。此外，本研究實為一長期性研究（longitudinal research）之開端，藉以觀察我國地方政府使用資訊科技的演變過程。

職是之故，本研究試圖回答下列問題：

主要問題：台灣地區地方縣、市、鄉、鎮政府於全球資訊網上建置網站之現況及其演變情形為何？

次要問題：1. 有多少縣、市、鄉、鎮政府於全球資訊網上建置網站？

2. 有哪些縣、市、鄉、鎮政府於全球資訊網上建置網站？

3. 其建站歷史時間有多長？

4. 其網站內容與功能為何？

5. 其使用效率與效用為何？

6. 以上各面向近年來之演變情形如何？

本研究之對象以及分析單位為代表縣、市、鄉、鎮地方政府行政機關之全球資訊網網站，此網站包括其首頁及首頁所在的 Domain Name 或統一資源識別碼（Uniform Resource Locator，或 URL）之下的相關網頁。研究方法與步驟可分為以下幾點。首先，使用一九九六年世界網路博覽會中華民國館之縣市政府目錄（http://expo96.org.tw/Government/Pavilions/Local_Government/loca01.htm）以及全球資訊網中之各類中文網站搜尋引擎(Search Engines)[5]，尋找各縣市鄉鎮政府及公所之網站及其位址。其次，普查此些網站，記錄其首頁確切位置，並且初步瀏覽其內容，以作為建構分類項目模式之基礎素材。第三，參閱相關文獻後，就初步內容瀏覽的結果，以歸納性分類法（inductive coding）（Frankfort-Nachmias and Nachmias, 1996）建構窮盡（exhaustive）且互斥（mutually exclusive）的具有表面效度（face validity）之分類項目，用以記錄、分析地方政府網站內容及功能等相關資訊。第四，以非介入性（unobtrusive）之方式深度訪視各個地方政府行政機關網站，由筆者與一至二位經筆者講習訓練之碩士級研究生，根據本研究所訂之編碼規則同時並各自地詳細檢視並紀錄各分類項目在各網站之存在情形；在第一輪之各自編碼後，筆者綜合所有編碼，並針對存有差異之處邀集其他編碼人員共同討論後決定最後編碼結果。

　　以上所有研究步驟各於一九九七年三月、一九九八年八月、一九九九年一月、與二〇〇〇年三月完成一次；在各次的研究中編碼人員間第一輪編碼結果之相互同意度（intercoder agreement）指標「複合信度」（composite reliability）皆在 0.80 以上，符合一般對於內容分析研究之信度要求（許禛元，1997）。由於首頁內容處於經常更新變動之狀態中，本研究僅對其作階段性的探討；雖然如此，地方政府網站內容及功能之整理與分析是具有政策指導性的，而且，長期性

---

[5] 本研究所使用之中文網站搜尋器名稱包括：蕃薯藤臺灣網際網路資源索引；台灣奇摩站：GAIS 網路資訊搜尋系統；SeedNet 臺灣商業網查詢；WhatSite 哇塞中文網；HiNet 國際資訊網路工商服務查詢系統。

的研究植基於各個階段性的發現，因此本研究結果仍具學術
價值。

　　筆者並於八十七年七月間訪問高雄市、高雄縣、台北
市、台北縣、花蓮縣、台南市、新竹市等地方政府網站管理
人員，以進一步探究建置首頁之歷史、政策、成本，首頁帶
來之可見的成效，內容與使用效率、效果之間可能之關聯等
面向。

參、研究結果與發現

　　過去三年以來的四個時期（一九九七年三月、一九九八
年八月、一九九九年一月與二〇〇〇年三月）中，臺灣地區
地方政府網頁設置之概況請見下列諸圖表。表一就臺灣地區
所有之縣市鄉鎮數與已經設立網站之縣市鄉鎮數做一對照，
圖三顯示地方政府網站數量的演變情形，表二、三、四、五
則依照出現頻率大小分別列出四個時期網頁功能及內容分類
項目，表六依照分類屬性與項目排序四個時期臺灣地區地方
政府行政機關之全球資訊網網站內容與功能，表七則依照分
類屬性與項目、以及行政轄區類別分別排序目前（二〇〇〇
年三月）臺灣地區地方政府行政機關之全球資訊網網站內容
與功能，表八列出各時期出現頻率最多之二十種內容與功能
項目之分類屬性分配情形。

表一　1997 年 3 月、1998 年 8 月、1999 年 1 月與 2000 年三月臺灣地
區所有之縣市鄉鎮數與已設立網站之縣市鄉鎮數對照分析*

	縣				市				鄉				鎮				總數			
	1997	1998	1999	2000	1997	1998	1999	2000	1997	1998	1999	2000	1997	1998	1999	2000	1997	1998	1999	2000
中央政府	N/A	N/A	N/A	N/A	2(2)	2(2)	2(2)	2(2)	N/A	N/A	N/A	N/A	N/A	N/A	N/A	N/A	2(2)	2(2)	2(2)	2(2)
台灣省	16(16)	16(16)	16(16)	16(16)	32(5)	32(6)	32(8)	32(23)	222(2)	222(3)	222(7)	222(48)	60(3)	60(6)	60(11)	60(25)	330(26)	330(31)	330(42)	330(112)
福建省	2(2)	2(2)	2(2)	2(2)	N/A	N/A	N/A	N/A	6(0)	6(0)	6(0)	6(0)	3(0)	3(0)	3(0)	3(0)	11(2)	11(2)	11(2)	11(2)
總數	18(18)	18(18)	18(18)	18(18)	34(7)	34(8)	34(10)	34(25)	228(2)	228(3)	228(7)	228(48)	63(3)	63(6)	63(11)	63(25)	343(30)	343(35)	343(46)	343(116)

資料來源：作者整理。

*在括弧中者為已設立網站之行政轄區數；台灣省四時期裡已設立網站之市政府/公所皆包括五
　個省轄市。

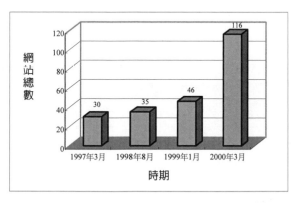

圖三　地方政府網站數量在時間上之演變圖

表二　一九九七年三月臺灣地區地方政府行政機關之全球資訊網網站
　　　內容與功能分析（依照百分比大小排序）（N=30）

功能／內容分類項目	網站數目	百分比
介紹觀光據點、提供旅遊資訊	29	96.7%
地理、經濟、歷史、交通概況介紹	27	90.0%
文化、藝術資源介紹	23	76.7%
行政組織架構及職掌介紹	22	73.3%
介紹首長、首長的話	18	60.0%
行政單位服務項目、電話、地址	18	60.0%
公佈都市計畫或城鎮規劃內容	15	50.0%
英文版內容	15	50.0%
一般性政府電子信箱（如市政信箱）	13	43.3%
計次器之使用及正常運作	13	43.3%
Webmaster 網站維護者電子信箱	12	40.0%
首長電子信箱	8	26.7%
連結其他網路資源	8	26.7%
社區活動公告、活動看板	7	23.3%
公告政府招標採購案件	7	23.3%
提供可連接其它政府單位的結點	7	23.3%
統計資料／圖表	7	23.3%
行政機關要聞	7	23.3%
公告法令規章和政府政策	6	20.0%
申辦事項須知說明	6	20.0%
公告政府財政及預算內容	5	16.7%
招攬投資、增加當地商機與促進經濟發展	4	13.3%
提供大眾運輸系統資訊	3	10.0%
線上資料庫查詢	3	10.0%
加強民眾對公共安全的認識	2	6.7%
提供即時氣象資料	2	6.7%
提供文件表格供民眾下載使用	1	3.3%
提供線上圖書館服務	1	3.3%
政府通訊網路版	1	3.3%
民眾留言板公告、公共論壇版面	1	3.3%

（資料來源：作者整理）

表三 一九九八年八月臺灣地區地方政府行政機關之全球資訊網網站
內容與功能分析（依照百分比大小排序）（N=35）

功能／內容分類項目	網站數目	百分比
介紹觀光據點、提供旅遊資訊	32	91.4%
地理、經濟、歷史、交通概況介紹	30	85.7%
行政組織架構及職掌介紹	27	77.1%
計次器之使用及正常運作	25	71.4%
行政單位服務項目、電話、地址	23	65.7%
文化、藝術資源介紹	23	65.7%
Webmaster 網站維護者電子信箱	20	57.1%
公佈都市計畫或城鎮規劃內容	16	45.7%
英文版內容	16	45.7%
一般性政府電子信箱（如市政信箱）	15	42.9%
申辦事項須知說明	15	42.9%
連結其他網路資源	14	40.0%
統計資料／圖表	13	37.1%
社區活動公告、活動看板	12	34.3%
介紹首長、首長的話	11	31.4%
公告法令規章和政府政策	11	31.4%
提供可連接其它政府單位的結點	11	31.4%
首長電子信箱	9	25.7%
公告政府招標採購案件	8	22.9%
行政機關要聞	8	22.9%
公告政府財政及預算內容	7	20.0%
提供大眾運輸系統資訊	6	17.1%
招攬投資、增加當地商機與促進經濟發展	4	11.4%
線上資料庫查詢	3	8.6%
民眾留言板公告、公共論壇版面	3	8.6%
加強民眾對公共安全的認識	2	5.7%
提供文件表格供民眾下載使用	2	5.7%
議會網頁	2	5.7%
政府通訊網路版	2	5.7%
提供即時氣象資料	1	2.9%
提供即時當地交通狀況資料	1	2.9%

（資料來源：作者整理）

表四　一九九九年一月臺灣地區地方政府行政機關之全球資訊網網站
　　　內容與功能分析（依照百分比大小排序）（N=46）

功能／內容分類項目	網站數目	百分比
介紹觀光據點、提供旅遊資訊	40	87.0%
地理、經濟、歷史、交通概況介紹	39	84.8%
行政組織架構及職掌介紹	34	73.9%
行政單位服務項目、電話、地址	30	65.2%
文化、藝術資源介紹	28	60.9%
Webmaster 網站維護者電子信箱	25	54.4%
申辦事項須知說明	20	43.5%
計次器之使用及正常運作	20	43.5%
公佈都市計畫或城鎮規劃內容	19	41.3%
一般性政府電子信箱（如市政信箱）	19	41.3%
社區活動公告、活動看板	19	41.3%
英文版內容	18	39.1%
介紹首長、首長的話	17	37.0%
連結其他網路資源	17	37.0%
提供可連接其它政府單位的結點	15	32.6%
行政機關要聞	15	32.6%
公告法令規章和政府政策	15	32.6%
統計資料／圖表	14	30.4%
首長電子信箱	12	26.1%
提供大眾運輸系統資訊	10	21.7%
公告政府招標採購案件	9	19.6%
公告政府財政及預算內容	7	15.2%
民眾留言板公告、公共論壇版面	5	10.9%

（續下頁）

（續上頁表四）

介紹地方民意代表	5	10.9%
招攬投資、增加當地商機與促進經濟發展	4	8.7%
線上資料庫查詢	4	8.7%
政府通訊網路版	3	6.5%
議會網頁	3	6.5%
加強民眾對公共安全的認識	2	4.4%
提供文件表格供民眾下載使用	2	4.4%
提供即時氣象資料	1	2.2%
提供線上圖書館服務	1	2.2%
就業服務	1	2.2%
行政區域圖	1	2.2%
即時提供當地交通狀況資料	1	2.2%

（資料來源：作者整理）

表五　二○○○年三月臺灣地區地方政府行政機關之全球資訊網網站
　　　內容與功能分析（依照百分比大小排序）（N=116）

功能／內容分類項目	網站數目	百分比
地理、經濟、歷史、交通概況介紹	111	95.7%
行政組織架構及職掌介紹	104	89.7%
行政單位服務項目、電話、地址	104	89.7%
介紹首長、首長的話	98	84.5%
介紹觀光據點、提供旅遊資訊	93	80.2%
提供可連接其它政府單位的結點	88	75.9%
連結其他網路資源	79	68.1%
文化、藝術資源介紹	75	64.7%
一般性政府電子信箱（如市政信箱）	73	62.9%
社區活動公告、活動看板	73	62.9%
公告法令規章和政府政策	68	58.6%
申辦事項須知說明	67	57.8%
行政機關要聞	60	51.7%
民眾留言板公告、公共論壇版面	55	47.4%
計次器之使用及正常運作	54	46.6%
公佈都市計畫或城鎮規劃內容	53	45.7%
首長電子信箱	42	36.2%
公告政府招標採購案件	36	31.0%
介紹地方民意代表	36	31.0%
Webmaster 網站維護者電子信箱	33	28.4%
統計資料／圖表	30	25.9%
線上資料庫查詢	28	24.1%
行政區域圖	27	23.3%

（續下頁）

（續上頁表五）

提供大眾運輸系統資訊	22	19.0%
提供文件表格供民眾下載使用	20	17.2%
英文版內容	19	16.4%
就業服務	16	13.8%
公告政府財政及預算內容	14	12.1%
議會網頁	14	12.1%
線上意見調查	11	9.5%
加強民眾對公共安全的認識	7	6.0%
電子報之訂閱	7	6.0%
線上填具收取表格	5	4.3%
公告內部會議議程及會議記錄	4	3.4%
電腦軟體下載	4	3.4%
政府通訊網路版	3	2.6%
電子地圖	3	2.6%
招攬投資、增加當地商機與促進經濟發展	2	1.7%
公告政府所擁有的資產	1	0.9%
即時新聞	1	0.9%
聊天室功能	1	0.9%
提供即時氣象資料	1	0.9%
提供即時當地交通狀況資料	1	0.9%

（資料來源：作者整理）

表六 一九九七年三月、一九九八年八月、一九九九年一月與二○○○
年三月臺灣地區地方政府行政機關之全球資訊網網站內容與功能分析
（依照分類屬性、項目排序）*

時期 功能／內容 屬性與項目	1997 年 3 月 (N=30)		1998 年 8 月 (N=35)		1999 年 1 月 (N=46)		2000 年 3 月 (N=116)	
	網站數目	百分比	網站數目	百分比	網站數目	百分比	網站數目	百分比
行 政 的 功 能								
行政組織架構及職掌介紹	22	73.3%	27	77.1%	34	73.9%	104	89.7%
行政單位服務項目、電話、地址	18	60.0%	23	65.7%	30	65.2%	104	89.7%
提供可連接其它政府單位的結點	7	23.3%	11	31.4%	15	32.6%	88	75.9%
公告法令規章和政府政策	6	20.0%	11	31.4%	15	32.6%	68	58.6%
申辦事項須知說明	6	20.0%	15	42.9%	20	43.5%	67	57.8%
計次器之使用及正常運作	13	43.3%	25	71.4%	20	43.5%	54	46.6%
Webmaster 網站維護者電子信箱	12	40.0%	20	57.1%	25	54.4%	33	28.4%
行政區域圖	N/A	N/A	N/A	N/A	1	2.2%	27	23.3%
提供文件表格供民眾下載使用	1	3.3%	2	5.7%	2	4.4%	20	17.2%
線上填具收取表格	N/A	N/A	N/A	N/A	N/A	N/A	5	4.3%
電腦軟體下載	N/A	N/A	N/A	N/A	N/A	N/A	4	3.4%
電子地圖	N/A	N/A	N/A	N/A	N/A	N/A	3	2.6%
政 治 的 功 能								
介紹首長、首長的話	18	60.0%	11	31.4%	17	37.0%	98	84.5%
一般性政府電子信箱（如市政信箱）	13	43.3%	15	42.9%	19	41.3%	73	62.9%
民眾留言板公告、公共論壇版面	1	3.3%	3	8.6%	5	10.9%	55	47.4%
首長電子信箱	8	26.7%	9	25.7%	12	26.1%	42	36.2%
介紹地方民意代表	N/A	N/A	N/A	N/A	5	10.9%	36	31.0%
議會網頁	N/A	N/A	2	5.7%	3	6.5%	14	12.1%
線上意見調查	N/A	N/A	N/A	N/A	N/A	N/A	11	9.5%

（續下頁）

（續上頁表六）

經 濟 的 功 能								
地理、經濟、歷史、交通概況介紹	27	90.0%	30	85.7%	39	84.8%	111	95.7%
介紹觀光據點、提供旅遊資訊	29	96.7%	32	91.4%	40	87.0%	93	80.2%
英文版內容	15	50.0%	16	45.7%	18	39.1%	19	16.4%
招攬投資、增加當地商機與促進經濟發展	4	13.3%	4	11.4%	4	8.7%	2	1.7%
落 實 民 眾 知 的 權 利								
行政機關要聞	7	23.3%	8	22.9%	15	32.6%	60	51.7%
公佈都市計畫或城鎮規劃內容	15	50.0%	16	45.7%	19	41.3%	53	45.7%
公告政府招標採購案件	7	23.3%	8	22.9%	9	19.6%	36	31.0%
統計資料／圖表	7	23.3%	13	37.1%	14	30.4%	30	25.9%
線上資料庫查詢	3	10.0%	3	8.6%	4	8.7%	28	24.1%
公告政府財政及預算內容	5	16.7%	7	20.0%	7	15.2%	14	12.1%
電子報之訂閱	N/A	N/A	N/A	N/A	N/A	N/A	7	6.0%
政府通訊網路版	1	3.3%	2	5.7%	3	6.5%	3	2.6%
提 昇 民 眾 生 活 品 質								
連結其他網路資源	8	26.7%	14	40.0%	17	37.0%	79	68.1%
文化、藝術資源介紹	23	76.7%	23	65.7%	28	60.9%	75	64.7%
社區活動公告、活動看板	7	23.3%	12	34.3%	19	41.3%	73	62.9%
提供大眾運輸系統資訊	3	10.0%	6	17.1%	10	21.7%	22	19.0%
就業服務	N/A	N/A	N/A	N/A	1	2.2%	16	13.8%
加強民眾對公共安全的認識	2	6.7%	2	5.7%	2	4.4%	7	6.0%
提供即時氣象資料	2	6.7%	1	2.9%	1	2.2%	1	0.9%
提供即時當地交通狀況資料	N/A	N/A	1	2.9%	1	2.2%	1	0.9%
即時新聞	N/A	N/A	N/A	N/A	N/A	N/A	1	0.9%
聊天室功能	N/A	N/A	N/A	N/A	N/A	N/A	1	0.9%
提供線上圖書館服務	1	3.3%	0	0.0%	1	2.2%	0	0.0%

（資料來源：作者整理）*N/A 表示該時期未見此服務項目。

表七　二○○○年三月臺灣地區各類地方政府行政機關之全球資訊網
網站內容與功能分析（依照分類屬性與項目排序）

功能／內容 屬性與項目　　轄區類別	直轄市政府 (N=2)		縣市政府 (N=23)		鄉鎮市公所 (N=91)		總計 (N=116)	
	網站 數目	百分 比	網站 數目	百分 比	網站 數目	百分 比	網站 數目	百分 比
行　政　的　功　能								
行政組織架構及職掌介紹	2	100.0%	20	87.0%	82	90.1%	104	89.7%
行政單位服務項目、電話、地址	2	100.0%	22	95.7%	80	87.9%	104	89.7%
提供可連接其它政府單位的結點	2	100.0%	23	100.0%	63	69.2%	88	75.9%
公告法令規章和政府政策	2	100.0%	22	95.7%	44	48.4%	68	58.6%
申辦事項須知說明	2	100.0%	22	95.7%	43	47.3%	67	57.8%
計次器之使用及正常運作	2	100.0%	20	87.0%	32	35.2%	54	46.6%
Webmaster 網站維護者電子信箱	2	100.0%	10	43.5%	21	23.1%	33	28.4%
行政區域圖	1	50.0%	6	26.1%	20	22.0%	27	23.3%
提供文件表格供民眾下載使用	2	100.0%	13	56.5%	5	5.5%	20	17.2%
線上填具收取表格	1	50.0%	3	13.0%	1	1.1%	5	4.3&
電腦軟體下載	0	0.0%	4	17.4%	0	0.0%	4	3.4%
電子地圖	1	50.0%	2	8.7%	0	0.0%	3	2.6%
政　治　的　功　能								
介紹首長、首長的話	2	100.0%	23	100.0%	73	80.2%	98	84.5%
一般性政府電子信箱（如市政信箱）	1	50.0%	16	69.6%	56	61.5%	73	62.9%
民眾留言板公告、公共論壇版面	2	100.0%	18	78.3%	35	38.5%	55	47.4%
首長電子信箱	2	100.0%	16	69.6%	24	26.4%	42	36.2%
介紹地方民意代表	0	0.0%	1	4.3%	35	38.5%	36	31.0%
議會網頁	2	100.0%	6	26.1%	6	6.6%	14	12.1%
線上意見調查	0	0.0%	3	13.0%	8	8.8%	11	9.5%

（續下頁）

（續上頁表七）

經　濟　的　功　能								
地理、經濟、歷史、交通概況介紹	2	100.0%	21	91.3%	39	84.8%	111	95.7%
介紹觀光據點、提供旅遊資訊	2	100.0%	23	100.0%	40	87.0%	93	80.2%
英文版內容	1	50.0%	12	52.2%	18	39.1%	19	16.4%
招攬投資、增加當地商機與促進經濟發展	0	0.0%	2	8.7%	0	0.0%	2	1.7%
落　實　民　眾　知　的　權　利								
行政機關要聞	2	100.0%	21	91.3%	37	40.7%	60	51.7%
公佈都市計畫或城鎮規劃內容	1	50.0%	19	82.6%	33	36.3%	53	45.7%
公告政府招標採購案件	2	100.0%	19	82.6%	15	16.5%	36	31.0%
統計資料／圖表	2	100.0%	15	65.2%	13	14.3%	30	25.9%
線上資料庫查詢	2	100.0%	18	78.3%	8	8.8%	28	24.1%
公告政府財政及預算內容	1	50.0%	7	30.4%	6	6.6%	14	12.1%
電子報之訂閱	1	50.0%	6	26.1%	0	0.0%	7	6.0%
政府通訊網路版	1	50.0%	2	8.7%	0	0.0%	3	2.6%
提　昇　民　眾　生　活　品　質								
連結其他網路資源	2	100.0%	22	95.7%	55	60.4%	79	68.1%
文化、藝術資源介紹	2	100.0%	20	87.0%	53	58.2%	75	64.7%
社區活動公告、活動看板	2	100.0%	19	82.6%	52	57.1%	73	62.9%
提供大眾運輸系統資訊	2	100.0%	10	43.5%	10	11.0%	22	19.0%
就業服務	2	100.0%	7	30.4%	7	7.7%	16	13.8%
加強民眾對公共安全的認識	1	50.0%	3	13.0%	3	3.3%	7	6.0%
提供即時氣象資料	0	0.0%	1	4.3%	0	0.0%	1	0.9%
提供即時當地交通狀況資料	1	50.0%	0	0.0%	0	0.0%	1	0.9%
即時新聞	0	0.0%	0	0.0%	1	1.1%	1	0.9%
聊天室功能	0	0.0%	0	0.0%	1	1.1%	1	0.9%
提供線上圖書館服務	0	0.0%	0	0.0%	0	0.0%	0	0.0%

（資料來源：作者整理）

表八 一九九七年三月、一九九八年八月、一九九九年一月與二○○○
年三月臺灣地區地方政府行政機關之全球資訊網網站出現頻率最多之
二十種內容與功能項目之分類屬性分配表*

時期 分類屬性	1997年3月	1998年8月	1999年1月	2000年3月
行政的功能	7	7	7	7
政治的功能	3	3	3	5
經濟的功能	3	3	3	2
落實民眾知的權利	4	4	3	3
提昇民眾生活品質	3	3	4	3

（資料來源：作者整理）

*表中數字為最常見於各網站中之前二十個內容與功能之項目數。

一、網站數目、運作與使用

　　如表一所示，在民國八十九年三月份時，臺灣地區共有
十八個縣政府（台灣省的十六個縣、福建省的二個縣）、二
個直轄市政府、台灣省五個省轄市政府、台灣省十八個縣轄
市公所、台灣省四十八個鄉公所及二十五個鎮公所，共計有
一百一十六個地方政府（將近總數三百四十三的百分之三十
三點八）於網際網路中之全球資訊網上建置其官方首頁和網
站（附錄一載明此一百一十六個地方政府名稱及其網站之網
址）。此總數自民國八十六年三月份時之三十，民國八十七

年八月份時增加到三十五，民國八十八年一月份時增加到四十六，以至今日之一百一十六，過去一年中即增加了近一點五倍之多；圖三顯示地方政府網站數量的演變情形。各主要行政轄區──台北、高雄二直轄市、各縣、各臺灣省省轄市──自本研究之第一時期起即已於全球資訊網上設有網站，並且絕大多數為四年前為了參與全球一九九六年年初世界網際網路博覽會時所創始建置者[6]；所有網站自當時至今已更新其內容與版面，自成格局而為獨立的網站，不再依附於當時中央政府為網際網路博覽會而設之網站<http://expo96.nii.nchc.gov.tw>之下。有些網站則甚至已數度改版、更新內容，而更有少數政府網站於過去數個月內全面翻新其網頁。就網站所屬主機位址而言，絕大多數縣市政府網站已擁有獨立註冊之領域名稱（Domain Name）。

　　地方政府專屬網站的建置與管理維護方式可大致分成數類型。第一，網站之最初的建置，委由專業電腦公司完成、或由政府機關單位自行完成，但完成之後就交由各業務單位各自負責管理與維護相關的部份。第二，在較小型行政轄區中、或在網站建置不久的行政轄區中，其網站部份或全部仍委由私人公司或團體管理與維護。第三，由於地方政府一般公務人員對電腦、網路使用之技能與素養不足，政府網頁之管理與維護仍全權由地方政府的資訊室、資訊中心、或計畫

---

[6] 民國八十五年二月間，我國參加一項當時史無前例的「網際網路世界博覽會」，成為五十二個參展國之一；這項創新性的博覽會帶動了國內各界使用 Internet 的熱潮，政府各階層部門亦因而開始積極建立其專屬之全球資訊網首頁與網站。

室等資訊專責單位統籌辦理；當有資訊須公佈與提供於網站時，由各單位交付內容予該單位專業人員負責上傳（upload）至相關網頁。無論屬於何種管理維護方式，地方政府網站之內容多半須經過其首長、或負責管理維護單位之主管或上級長官的批准或認可，方才得以公諸於眾。

觀其使用情形[7]，在民國八十八年一月份及八十九年三月份時，皆僅有不及半數的網站具有正常運作之計次器以記錄其網站首頁之受訪次數。在可觀察與記錄分析的計次器中，民國八十八年一月時的二十個網站中，每月總平均訪視人次為 1,534 次，每月平均訪視人次最少的網站為 35 次，最多的為 7,514 次；此顯示出網站受歡迎及需求之程度差異頗大。

二、網站內容與功能

地方政府網站內容與資訊大體可分為靜態與動態兩種形式；靜態部分例如機關組織架構、歷史、首長的介紹等，多數屬於非經常變動之資訊；而動態部分則如政府新聞稿、社區活動看板等資訊，多數屬經常變動之資訊，故可見不定期之更新。

台灣地區地方政府網站之內容、資訊與服務，或本研究之「分類項目」，可包括如表五所列之四十三個項目；表二、三、四、五分別依分類項目出現頻率的多寡列出自三年前至今不同時期之網站內容。本文進一步將此四十三個分類項目

---

[7] 對於首頁使用效率，本研究使用網頁計次器（web counter or page counter）所記錄之前來網站探訪（hits or visits）人次加以評量（Center for Technology in Government, 1996）。

歸類為行政的功能、政治的功能、經濟的功能、落實民眾知
的權利之功能、以及提昇民眾生活品質之功能等五類「分類
屬性」。

　　表六顯示各時期地方政府網站內容之分類項目與屬性的
分析與比較。就行政的功能而言，在民國八十九年三月時，
近九成的地方政府網站載明其政府機關之組織架構和職掌，
相同比例的政府網站列出其所屬單位之服務項目、電話、地
址，近六成的政府網站將部分法令、規章全文放置於其網頁
中；二十個行政轄區（一成七）之網站備有各式申請書表（如
與戶政業務相關之書表）供上網民眾下載（download）使用，
但僅有五個網站（4.3%）提供線上填具表格與即時申請之功
能；也有超過七成五的網站內建可以連接至其他政府網頁的
超鍊結結點供民眾方便使用。另有二成八的網站設有網站管
理維護人（Webmaster）的電子郵件信箱，接受訪視者對網頁
內容及功能之建言；五成八的政府網站敘明民眾申辦業務時
所須具備文件、手續以及其他注意事項，有些甚至公開作業
效率標準，充分達到便民之功能，並顯現現代政府負責的態
度。二成三的網站展示其行政轄區地圖，三個網站並提供互
動式的電子地圖，供民眾方便使用；四個網站提供電腦應用
軟體，如報稅軟體，供民眾下載使用。

　　就政治的功能而言，在民國八十九年三月間，有六成三
的網站設有電子郵件信箱（如「市政信箱」）供民眾就其轄區
行政事務提出看法、詢問或建言；八成五的政府全球資訊網
首頁介紹其民選首長之個人背景、政績、施政理念、或對民
眾的談話內容；而有超過三成六的網站更設置行政首長專屬

之電子郵件信箱，供地方民眾直接與其地方父母官溝通。四
成七的地方政府網站充分利用全球資訊網多數對多數傳播的
特性，提供類似於電子佈告欄（BBS）式的民眾留言、討論
版面，使任何一人之意見皆可讓其他民眾閱讀並做出回應；
十一個（近十分之一）地方政府網站針對訪視者從事線上民
意與意見調查。三成一的網站介紹其民意代表，一成二的網
站並設置其地方議會之網頁。

　　在經濟的功能上，八成的縣市鄉鎮網站提供旅遊資訊、
介紹境內觀光據點以招徠外地觀光客；相較之下，雖然有一
百一十一個（九成六）地方政府網站介紹該地一般地理、歷
史、交通、經濟概況，僅有二個政府（百分之二）利用全球
資訊網特別介紹當地經濟、交通資源，有意地吸引外來投資
以及商機、促進轄區內工商產業之發展。另外有一成六的地
方政府網站包含以外文（以英文為主、亦有日文者）書寫之
部份內容，方便他國人士閱讀。

　　就落實民眾知的權利之功能而言，有四成六的政府網站
公告其都市和區域建設、規劃政策及內容；有六十個（百分
之五十二）政府網站將行政機關要聞（如「市府新聞」）提供
周知；有三十個（百分之二十六）的網站提供與轄區相關之
統計資料、圖表，如有關人口、犯罪資料等；有三十六個（百
分之三十一）網站公開刊載以透明化其政府行政機關採購招
標之案件與作業資訊，唯部分此類網站之相關內容並非適時
的（up-to-date）而僅為早已過時的資訊；十四個（百分之十
二）政府網站或多或少提供其政府財務及年度預算之相關資
訊，如歲入、歲出之總額、來源、種類等。有三個地方政府

將其定期出刊之「政府通訊」全文放置於其網站中，不但可供民眾方便查閱，亦間接可減少政府支出，並且增加對環境及自然資源的保護；更有七個網站（百分之六）提供訪視者訂閱政府電子報之功能，充分利用現代科技的功能，化被動為主動，定期或不定期地將政府要聞或資訊傳送給民眾。有二十八個（近四分之一）地方政府提供線上資料庫查詢，雖然其內容不外乎地、戶政資料，且非任何人皆可查詢，但顯示國內已經有相關之作法，吾人對未來有益於民眾加值應用之資料庫內容之加強與普及可以抱持樂觀的態度。

在提昇民眾生活品質方面，有七十五個（百分之六十五）地方政府網站介紹當地藝術、文化資源，七十三個（百分之六十三）網站公告社區活動消息，二十二個（近二成）網站提供大眾運輸系統（如公車路線等）資訊。另有七十九個（六成八）政府網頁提供可連結至其他（非政府單位）網路資源的結點，打開了通往其他資訊寶庫之窗；有七個政府網站提供公共安全（如防火等）常識及須知；有一個政府網站（台北市政府網站）提供線上即時之當地交通路況影像資料。十六個政府網站（一成四）提供民眾就業相關服務；一個網站提供即時新聞內容，亦有一網站設置線上聊天室之功能，一個網站提供即時當地氣象資料。

某些可見於國外地方政府網站中之功能及內容，於大多數的臺灣地區網站裡並未出現；諸如地方選舉事務與結果之公告，行政機關重要會議時間、地點、會議紀錄之公告，規費及罰款之線上收取，政府財產之公告，線上圖書館服務，以及通緝要犯資料圖片之公告等等做法，皆為可以加強便民、落實民眾知的權利、提高行政效率之舉。

　　比較不同層級之地方政府網站內容，或因其所負任務功能、經濟規模、民眾需求、或技術能力的不同與差異，吾人可見愈大的行政轄區網站傾向具有愈為充分完備的資訊和功能。如表七所示，在行政的功能中，鄉鎮市公所網站具有「Webmaster 網站維護者電子信箱」、「計次器之使用及正常運作」、「申辦事項須知說明」、「公告法令規章和政府政策」、「公告法令規章和政府政策」等項目的比例遠低於縣市政府網站。就政治的功能而言，鄉鎮市公所網站具有「首長電子信箱」、「民眾留言板公告、公共論壇版面」等項目的比例亦遠低於縣市政府網站；而惟一例外者為「介紹地方民意代表」此項目可見於近四成之鄉鎮市公所網站，但卻幾乎不見於縣市政府中。就經濟的功能而言，雖然鄉鎮市公所網站具有「地理、經濟、歷史、交通概況介紹」、「介紹觀光據點、提供旅遊資訊」、「英文版內容」等項目的比例皆略低於縣市政府網站，但不同層級政府間之差別並不大。最後，就落實民眾知的權利而言、以及在提昇民眾生活品質方面，鄉鎮市公所網站具有之各種項目的比例亦遠低於縣市政府網站，而縣市政府網站具有之各種項目的比例又普遍低於直轄市政府網站。

　　總結上述，現階段我國臺灣地區地方政府行政機關於全球資訊網中設立之網站，建立時間不算長，數目不多，其功能及內容以介紹該地地理、歷史、經濟、交通等一般狀況為首要重點（請參見表五），其次則為政府組織架構及職掌之說明，第三常見者則為行政單位服務項目、電話、或地址等資

訊的提供，地方首長的介紹、或首長的話之刊載居第四位，
提供當地旅遊資訊則為第五常見者。八成以上的地方政府網
站具有以上五種內容項目；惟該五者皆屬靜態、單向的宣導
措施，而能夠充分利用全球資訊網之特性，以遞送互動、即
時、能帶給民眾實質利益之服務及資訊，如線上資料庫查詢，
文件表格之下載及線上填具、和民眾留言之公告等等，皆僅
見於少數（不超過總數二分之一）的政府網站中。

三、網站內容與功能之演變

　　隨著科技的進步以及需求的改變，地方政府網站內容與
功能亦隨之演化，但多數的內容項目在網站中出現的比例呈
現增加的走向，此意味著地方政府網站內容在逐年充實中。
如表六所示，在行政的功能中，三年來其比例呈現增加趨勢
之項目包括「行政組織架構及職掌介紹」、「行政單位服務項
目、電話、地址」、「申辦事項須知說明」、「提供可連接其它
政府單位的結點」、「公告法令規章和政府政策」、以及「提供
文件表格供民眾下載使用」等；「Webmaster 網站維護者電子
信箱」項目先增後減，而「行政區域圖」、「電子地圖」、和「電
腦軟體下載」等項目則為最近新興之服務項目。就政治的功
能而言，三年來其比例呈現增加趨勢之項目包括「一般性政
府電子信箱」、「介紹首長、首長的話」、「首長電子信箱」、「民
眾留言板公告、公共論壇版面」、以及「議會網頁」等，「介
紹地方民意代表」、和「線上意見調查」等項目為最近新興之
服務項目。就經濟的功能而言，三年來其比例卻大多呈現減
少的趨勢，此類項目包括「介紹觀光據點、提供旅遊資訊」、

「英文版內容」、和「招攬投資、增加當地商機與促進經濟發展」,「地理、經濟、歷史、交通概況介紹」此項目則小幅度地先減後增。

就落實民眾知的權利而言,比例逐漸增加的項目包括「行政機關要聞」、「公告政府招標採購案件」、以及「線上資料庫查詢」,「公告政府財政及預算內容」項目呈大致減少的趨勢,「電子報之訂閱」為最新之項目,其餘項目則並無明顯一致之變化。最後,在提昇民眾生活品質方面,三年來其比例呈現增加趨勢之項目包括「社區活動公告、活動看板」和「連結其他網路資源」,「提供大眾運輸系統資訊」、「文化、藝術資源介紹」、「加強民眾對公共安全的認識」、以及「提供即時當地交通狀況資料」等項目並無明顯一致之變化,「線上圖書館服務」已不再為任何地方政府網站所提供,而「就業服務」、「即時新聞」、和「聊天室功能」等則為最近新興之服務項目。

若以每一時期中最普遍的二十個網站內容分類項目(其皆約為五分之一的網站所擁有)所屬之分類屬性分析之,如表八所示,出現頻率最高的二十個分類項目之分佈於五種分類屬性的情況,在過去三年中、四個時期以來並無重大的改變。此意謂著,我國地方政府自從於全球資訊網上設置官方網站至今,於網站的設計哲學、內涵取向上似乎還未出現顯著的變革;其仍以輔助行政的功能為主,政治的功能有脫穎而出、成為第二受重視的屬性之勢,落實民眾知的權利、提昇民眾生活品質、與經濟的功能則同為第三重要者。

四、地方政府網站的成效

多數的受訪之地方政府網站管理者表示，其網站所公佈與提供的資料，增加了外界取得該政府資訊的管道，網站上的豐富資訊每日皆吸引眾多的社會大眾瀏覽網站上最新的內容。網站管理者也表示，相較於以往經由傳統的媒介得知相關資訊，民眾們現在可經由政府 WWW 網站的運作而更快速、直接地知曉政府的施政計畫、措施、或舉辦的各項地方性活動。

網站管理者表示，地方政府網站所提供的互動性功能如市政信箱、首長信箱、留言板、論壇或交流園地等，讓政府進一步瞭解民眾的需求、並可更有效率地解決民眾的問題。民眾可藉由此類功能表達他們對政府各項施政的看法、或提出質問、與政府公務人員直接地互動；地方政府網站因此促進了政府與居民之間的實質溝通與聯繫。

雖然受訪的網站管理者未能提出具體之實據，但其多表示，WWW 網站能有效促進地方政府之各項措施與活動之推行、增加地方政府的能見度、並提升地方政府整體形象。

肆、結論

全球資訊網及網際網路的出現和應用增進了大眾生活的便利、提供了企業經營所需的情報、亦將提高社會生產力和國家競爭力。尤有甚者，其更衝破了國家、地域的疆界，為政治的溝通、貿易的往來、文化的交流帶來深遠的影響。而全球資訊網也為政府行政在效率及效能的提昇上提供了無限的潛力；事實上，也已有為數眾多的中外各級政府利用它來作資訊的傳達及提供互動式的服務。然而，整體而言，如何正確、有效地於政府行政中運用此項科技仍有待研究，其課題包括如何充分利用網路互動性，如何加強網頁使用及其內容，如何消化、處理民眾大量意見、心聲，如何規範網頁內容，以及如何吸引一般民眾上網、讓他們懂得上網並上得了網；此外，更重要的問題是，應用此等科技後，是否真正提高了政府行政之效率及效能，仍有待相關研究來認証。

　　全球資訊網的運用將可能為公共行政帶來多重的的影響。第一，隨著政府資訊的公開化，公共組織的運作以及各行政轄區內的動態將愈來愈如同「金魚缸」般透明；當越瞭解切身相關之事務時，民眾難免會對政府的服務、施政產生更高的期待與更多的需求，此將造成行政機關業務內容與量的增加。例如，當某縣市主動公佈轄區內分區的犯罪資料、引起民眾關切時，該政府將須增加其犯罪防治、維護公共安全工作；又如電子信箱、民眾留言板的開設，因需回覆民眾之發言，或許會增加相關單位的工作種類與份量。其次，正因為民眾對於政府服務需求的增加、以及所需服務的性質的不同，政府組織結構也許將須改變以適應、配合此新環境；而此組織回應亦將包括新的資訊管理系統以有效的、及時的整理、回覆民眾心聲。第三，政策規劃者、制定者、執行者、以及評估者將可獲取更豐富、多元的相關民意的資訊來幫助其工作之進行；由於新的溝通管道的直接、暢通，將有更多的民眾心聲、意見被納入政府運作、決策當中。最後，由於全球資訊網之特性、強大的功能、以及可以預期的普遍性，各地方政府立法機關將使用它來遂行本身的任務；尤有甚者，立法機關將關心行政機關的網頁內容，甚而立法管制之，使公器不致淪為私用，或成為其行政首長或其所屬政黨專用之媒體工具。

2000 年時的臺灣地區中，共有約三分之一的地方政府於網際網路中之全球資訊網上建置其官方首頁和網站；各主要行政轄區皆已設置其官方的全球資訊網網站，但其餘數百與民眾生活息息相關的市、鄉、鎮公所則仍未設立獨立、功能完備之網站供民眾使用。就現存地方政府網站之內容而言，其自數年前至今未出現重大改變，大多數仍為靜態、單向的宣傳資料，少見能帶給使用者附加價值、提昇民主品質的資訊和服務。臺灣地區的地方政府仍須加強並充實其網站的質與量。

就本文主題而言，對於以下議題之進一步的研究是有必要的。首先，各地方政府建置及維護網頁之政策和其組織運作、人力、資源、決策之配置、成本之多寡為何？其次，上站訪視政府網站之民眾背景為何，來作些什麼，尋取何類資訊、服務等；最後，各地網站之內容、功能與其施政效率、效果間有何關聯等，皆有待公共行政學界之探討與瞭解。

參考書目

中文部份：

行政院研考會，1996，《政府業務電腦化報告書（八十六年度版）》，台北市：行政院研考會。

孫本初，1998，《公共管理》，台北市：智勝。

許禎元，1997，《政治研究方法與統計》，台北市：五南圖書出版公司。

項靖，1997，〈線上政府：初探全球資訊網與臺灣地區地方政府行政〉，「行政發展與地方政府競爭力之提昇」學術研討會，臺灣省政府、東海大學主辦，台中市，民國 86 年 5 月 30 日。

項靖，1999，〈理想與現實：民主行政之實踐與地方政府網路公共論壇〉，《東海社會科學學報》，第 18 期，頁 149-178。

項靖、翁芳怡，2000，〈我國政府網路民意論壇版面使用者滿意度之實證研究〉，《公共行政學報》，第四期，頁 259-287。

潘彥佃，1999，《我國政府 WWW 網站與資訊公開之研究—以中央政府為例》，東海大學公共行政研究所碩士論文，1999 年 6 月。

網際網路資訊情報中心，1999，〈全球上網人口〉，<http://www.find.org.tw/observation/how_many/global/user/199901/globaluser.html> , visited 1999/3/9。

網際網路資訊情報中心，2000a，〈1996 年起台灣歷年上網人口統計〉，2000/3/29 , <http://www.find.org.tw/usage_1.asp> , visited 2000/3/29。

網際網路資訊情報中心，2000b，〈全球上網普及率排名〉，89/2，<http://www.find.org.tw/img_howmany/howmany_106.gif> , visited 2000/3/29。

網際網路資訊情報中心，2000c，〈全球連網主機數成長圖〉，<http://www.find.org.tw/img_howmany/howmany_201.gif> , visited 2000/3/29。

網際網路資訊情報中心，2000d，〈我國連網主機數成長圖〉，<http://www.find.org.tw/img_howmany/howmany_2011.gif> , visited 2000/3/29。

網際網路資訊情報中心，2000e，〈我國網路服務主機分佈情形〉，
　　　　<http://www.find.org.tw/img_howmany/howmany_301.gif>，visited 2000/3/29。
網際網路資訊情報中心，2000f，〈亞洲上網普及率排名〉，89/02，
　　　　<http://www.find.org.tw/img_howmany/howmany_107.gif>，visited 2000/3/29。
劉靜怡，2000，〈資訊時代的政府再造：管制革新的另類思考〉，《月旦法
　　　　學雜誌》，第 57 期，頁 58-65。
謝清俊，1997，〈資訊、資訊科技及其應用〉，《資訊科技對人文、社會的
　　　　衝擊與影響》，尹建中等著，台北市：中央研究院資訊科學研
　　　　究所，頁 31-52。
Golembiewski, R.T.、孫本初、江岷欽主編，1999，《公共管理論文精選 I》，
　　　　台北市：元照。

英文部份：

Angus Reid, 2000.　Face of the Web Study Pegs Global Internet Population at More
　　　　Than 300 Million, March 21, 2000, <http://www.angusreid.com/MEDIA/
　　　　CONTENT> , accessed 2000/3/29.
Atkinson, Robert D. and Jacob Ulevich, 2000.　Digital Government: The Next Step to
　　　　Reengineering　the　Federal　Government,　March　2000,
　　　　<http://www.dlcppi.org/texts/tech/digitalgovernment.htm>, accessed 2000/4/1.
Bekkers, Victor J.J.M. and Stavros Zouridis, 1999.　"Electronic Service Delivery in
　　　　Public Administration: Some Trends and Issues," International Review of
　　　　Administrative Sciences, Vol. 65, No. 2, pp. 183-195.
Bellamy, Christine and John A. Taylor, 1998.　Governing in the Information Age,
　　　　Buckingham, Philadelphia: Open University Press.
Center for Technology in Government, 1996.　Developing & Delivering Government
　　　　Services on the World Wide Web:　Recommended Practices for New
　　　　York State, Internet Services Testbed Report ISG-1, Albany, NY: University
　　　　at Albany.

DeConti, Linda, 1998. Planning and Creating a Government Web Site: Learning from the Experience of US States, Manchester: University of Manchester, <http://www.man.ac.uk/idpm>, accessed 1998/7/8.

Duncan, George T., 1999. "Managing Information Privacy and Information Access in the Public Sector," Information Technology and Computer Applications in Public Administration: Issues and Trends, Hershey, PA: Idea Group Publishing, pp. 99-117.

Frankfort-Nachmias, Chava and David Nachmias, 1996. Research Methods in the Social Sciences, 5th edition, New York, NY: St. Martin's Press.

Gore, Al, 1993. Creating a Government That Works Better & Costs Less, Report of the National Performance Review, Washington, DC: U.S. Government Printing Office.

Henry, Nicholas, 1995. Public Administration and Public Affairs, Sixth Edition, Englewood Cliffs, NJ: Prentice Hall.

Hudson, John, 1999. "Informatization and Public Administration: A Political Science Perspective," Information, Communication & Society, Vol. 2, No. 3, pp. 318-339.

Margretts, Helen, 1999. Information Technology in Government: Britain and America, London: LSE/Routledge Research on Information Technology and Society.

Milward, H. Brinton and Louise Ogilvie Snyder, 1996. "Electronic Government: Linking Citizens to Public Organizations Through Technology." Journal of Public Administration Research and Theory, Vol. 6, No. 2, pp. 261-275.

Norris, Donald F., 1999. "Leading Edge Information Technologies and Their Adoption: Lessons from U.S. Cities," Information Technology and Computer Applications in Public Administration: Issues and Trends, Hershey, PA: Idea Group Publishing, pp. 137-156.

Nunn, Samuel and Joseph B. Rubleske, 1997. "'Webbed' Cities and Development of the National Information Highway: The Creation of World Wide Web Sites by U.S. City Governments," Journal of Urban Technology, Vol. 4, No. 1, pp. 53-79.

Office of Public Service, United Kingdom, 1996. Government Direct: A Prospectus for the Electronic Delivery of Government Services. London, United Kingdom: Office of Public Service.

Ridinger, Robert B., 1996. "Mapping the National Policy Data Superhighway." Public Administration Review, Vol. 56 (March/April), p. 218.

Rocheleau, Bruce, 1999. "The Political Dimensions of Information Systems in Public Administration," Information Technology and Computer Applications in Public Administration: Issues and Trends, Hershey, PA: Idea Group Publishing, pp. 23-40.

Scavo, Carmine and Yuhang Shi, 1999. "World Wide Web Site Design and Use in Public Management," Information Technology and Computer Applications in Public Administration: Issues and Trends, Hershey, PA: Idea Group Publishing, pp. 246-266.

Seneviratne, Sonal J., 1999. "Information Technology and Organizational Change in the Public Sector," Information Technology and Computer Applications in Public Administration: Issues and Trends, Hershey, PA: Idea Group Publishing, pp. 41-61.

Stowers, Genie N.L., 1996. "Moving Government On-Line: Implementation and Policy Issues." Public Administration Review, Vol. 56 (January/February), pp. 121-125.

Stowers, Genie N.L., 1999. "Becoming Cyberactive: Local Governments on the World Wide Web," Government Information Quarterly, Vol. 16, No. 2, pp. 111-127.

Vasu, Michael L. and Ellen Storey Vasu, 1999. "Computers, Survey Research, and Focus Groups in Public Administration Research and Practice," Information Technology and Computer Applications in Public Administration: Issues and Trends, Hershey, PA: Idea Group Publishing, pp. 196-219.

Warren, Michael A. and Louis F. Weschler, 1999. "Electronic Governance on the Internet," Information Technology and Computer Applications in Public Administration: Issues and Trends, Hershey, PA: Idea Group Publishing, pp.

118-133.

Weare, Christopher, Juliet A. Musso and Matthew L. Hale, 1999. "Electronic Democracy and the Diffusion of Municipal Web Pages in California," Administration & Society, Vol. 31, No. 1, pp. 3-27.

Worthington, Paul, 1996. "Investigation of World Wide Web Use by Government Agencies in Western Australia," <http://elmo.scu.edu.au/sponsored/ausweb96/cultural/worthington/paper.html>, accessed 1998/11/3.

附錄一

2000 年三月間於全球資訊網上設有網站之

臺灣地區縣市鄉鎮地方政府名稱及其網址

直轄市	政府網址
台北市	http://www.tcg.gov.tw/
高雄市	http://www.kcg.gov.tw

福建省	政府網址
金門縣	http://www.kinmen.gov.tw
連江縣	http://www.scsrc.org.tw/jo/

台灣省	政府網址
基隆市	http://www.klcg.gov.tw/
台北縣	http://www.tphg.gov.tw/
板橋市	http://www.panchiao.gov.tw
新店市	http://shindian.tpc.gov.tw
坪林鄉	http://tacocity.com.tw/plin/photo.htm
中和市	http://www.junghe.tpc.gov.tw
土城市	http://www.tncg.gov.tw
三峽鎮	http://www.sanhsia.gov.tw
樹林鎮	http://www.shulin.gov.tw
三重市	http://www.sco.gov.tw
新莊市	http://www.chc.gov.tw
林口鄉	http://www.linkou.com.tw
淡水鎮	http://www.tamsui.gov.tw
宜蘭縣	http://www.ilhg.gov.tw/cindex.htm

頭城鎮	http://www.ilhg.gov.tw/gov/toucheng/head1.htm
礁溪鄉	http://www.ilhg.gov.tw/chiaoshi/index.htm
羅東鎮	http://www.lotong.gov.tw
三星鄉	http://www.ilhg.gov.tw/gov/sanshing
五結鄉	http://www.ilhg.gov.tw/gov/wuchieh
冬山鄉	http://www.ilhg.gov.tw/gov/dungshan/
新竹市	http://www.hccg.gov.tw
新竹縣	http://www.hchg.gov.tw
竹北市	http://www.chupei.gov.tw
尖石鄉	http://www.hccst.gov.tw
桃園縣	http://www.tyhg.gov.tw
中壢市	http://www.chunglicity.gov.tw
平鎮市	http://www.pingj.gov.tw
龍潭鄉	http://www.lungtan.gov.tw
楊梅鎮	http://www.yangmei.gov.tw
新屋鄉	http://www.shinwu.gov.tw
桃園市	http://www.taocity.gov.tw/new/index.htm
龜山鄉	http://www.kweishan.gov.tw
八德市	http://www.pader.gov.tw
大溪鎮	http://www.dashi.gov.tw
復興鄉	http://www.fu-hsing.gov.tw
大園鄉	http://www.dayuan.gov.tw
蘆竹鄉	http://www.luchu.gov.tw
苗栗縣	http://www.miaoli.gov.tw
竹南鎮	http://www.miaoli.gov.tw/city05.htm
頭份鎮	http://www.miaoli.gov.tw/city03.htm
三灣鄉	http://www.miaoli.gov.tw/city04.htm
南庄鄉	http://www.miaoli.gov.tw/city16.htm
獅潭鄉	http://www.miaoli.gov.tw/city13htm
後龍鎮	http://www.miaoli.gov.tw/city11.htm
通宵鎮	http://tuhs.tpg.gov.tw
苑裡鎮	http://www.miaoli.gov.tw/city07.htm
苗栗市	http://www.miaoli.gov.tw/city14.htm
造橋鄉	http://www.miaoli.gov.tw/city06.htm

頭屋鄉	http://www.miaoli.gov.tw/city01.htm
公館鄉	http://www.kungkuan.gov.tw
大湖鄉	http://www.miaoli.gov.tw/city12.htm
泰安鄉	http://www.miaoli.gov.tw/city15.htm
銅鑼鄉	http://www.miaoli.gov.tw/city17.htm
三義鄉	http://www.sanyi.gov.tw/
西湖鄉	http://www.miaoli.gov.tw/city08.htm
卓蘭鎮	http://www.miaoli.gov.tw/city10.htm
台中市	http://www.tccg.gov.tw
台中縣	http://www.taichung.gov.tw
大里市	http://www.dali.gov.tw
霧峰鄉	http://www.wufeng.gov.tw
烏日鄉	http://www.taichung.gov.tw/agent/m/index.htm
豐原市	http://www.taichung.gov.tw/agent/fy/home.htm
和平鄉	http://www.taichung.gov.tw/agent/hp/home.htm
新社鄉	http://www.taichung.gov.tw/agent/d/index.htm
潭子鄉	http://www.tantzu.gov.tw
石岡鄉	http://www.taichung.gov.tw/agent/sk/index.htm
大雅鄉	http://www.taichung.gov.tw/agent/f/index.htm
大肚鄉	http://www.taichung.gov.tw/agent/d/index.htm
龍井鄉	http://www.taichung.gov.tw/agent/s/index.htm
外埔鄉	http://www.taichung.gov.tw/agent/g/index.htm
神岡鄉	http://www.taichung.gov.tw/agent/n/index.htm
后里鄉	http://www.taichung.gov.tw/agent/i/index.htm
沙鹿鎮	http://www.taichung.gov.tw/agent/j/index.htm
梧棲鎮	http://www.taichung.gov.tw/agent/o/index.htm
清水鎮	http://www.taichung.gov.tw/agent/p/index.htm
太平市	http://www.taiping.gov.tw/
東勢鎮	http://www.taichung.gov.tw/agent/l/index.htm
大甲鎮	http://www.tachia.gov.tw
彰化縣	http://www.chhg.gov.tw
秀水鄉	http://www.hsiushui.gov.tw
鹿港鎮	http://www.lukang.gov.tw
埔鹽鄉	http://ems.puyen.gov.tw/govpak/
二林鎮	http://www.erhlin.gov.tw/index.htm

南投縣	http://www.nthg.gov.tw
南投市	http://www.ntc.gov.tw
草屯鎮	http://www.nantau.com.tw/ttt/
集集鎮	http://www.chi-chi.gov.tw
竹山鎮	http://www.chushang.gov.tw
嘉義市	http://www.chiayi.gov.tw
嘉義縣	http://www.cyhg.gov.tw
雲林縣	http://www.yunlin.gov.tw
水林鄉	http://www.shuilin.gov.tw
台南市	http://www.tncg.gov.tw
台南縣	http://www.tnhg.gov.tw
官田鄉	http://210.69.57.121/~kwanten/
佳里鎮	http://210.69.57.121/~chali/
學甲鎮	http://210.69.57.121/~sheicha/
新營市	http://www.such.gov.tw
後壁鄉	http://210.69.57.121/~hobi/
白河鎮	http://210.241.39.124
六甲鄉	http://210.241.39.252
柳營鄉	http://210.69.57.121/~liuxing/
高雄縣	http://www.kscg.gov.tw
仁武鄉	http://www.jenwu.com.tw
岡山鎮	http://www.gsto.gov.tw
澎湖縣	http://www.phhg.gov.tw
屏東縣	http://www.pthg.gov.tw
屏東市	http://www.ptcg.gov.tw
台東縣	http://www.taitung.gov.tw
東河鄉	http://www.tungho.gov.tw
花蓮縣	http://www.hlhg.gov.tw
秀林鄉	http://www.shlin.gov.tw

第三章

電子化政府：

Intranet 與組織溝通和再造[*]

摘　要

　　隨著十數年來網際網路的普及與成熟，許多企業將相關技術應用於建置企業內部的網路，Intranet 因而出現並迅速發展。文獻已證實 Intranet 的應用有利於組織的運作和管理；公部門組織若能善加利用其特性，將有助於組織溝通、組織學習、員工的組織承諾、知識管理、與變革管理，最終可協助促成政府再造的實現。

壹、前言

　　近年來隨著國際網際網路（Internet）技術的誕生與相關應用的普及，資訊的流通變得更加快速；面對瞬息萬變的環境，組織對資料與資訊的需求也日益增加，組織內人際間的溝通也更加頻繁（蔡淑敏，2001）。當網際網路引起

---

[*]　本文修改自〈Intranet 與組織溝通和再造〉，《研考雙月刊》，第二十八卷第二期，頁 19～32，2004 年 4 月。

廣大迴響之際，許多組織發現將網際網路技術導入內部是一項解決組織內部資訊化需求的利器，因此產生了一項新的網路應用——Intranet（組織內部網路，又稱為 Internal Internet、Corporate Internet、企業網路、企業內部網路、公司網路等）。

　　一項 1997 年 Intranet 的應用調查結果顯示，受訪的國內企業（其中有約一成的行業別為「政府機構」）中，46%已經建置 Intranet ，三成四預計在一年內建置，顯見建置 Intranet 已為普遍的作法（陳禹辰，1997）；且近六成五的企業已建置自己的內部全球資訊網網路伺服器（Web Server），較其前次調查（1996 年）的四成四增加許多，可見其普及速度相當快；綜合其 1996 年與 1997 年的兩次調查結果，該文作者認為我國企業與機構引進並建置 Intranet 將是大勢所趨（陳禹辰，1997）。

　　Intranet 之應用對於組織的管理將產生廣大且深遠的影響，尤其對於組織溝通、組織承諾、組織學習、知識管理、以至於變革管理的影響更是論者們津津樂道之議題。本文首先分別陳述組織管理中重要議題，續之以 Intranet 的介紹與定義，指出 Intranet 的採用與此些議題間之關聯性，檢討對組織帶來的可能衝擊，最後則是鋪陳未來與展望。

貳、組織管理的重要議題

一、組織溝通與組織承諾

　　組織溝通是一種組織內部的資訊、訊息、與思想的交換和流通的動態歷程。組織溝通的活動開始於客觀的環境變化（環境資訊發生）和組織對環境資訊的需求（盧偉斯，1996），而組織成員基於工作需求，透過組織的聯絡管道，與其他成員互相傳遞與交換事實、訊息、意見、觀點或態度，目的在消除歧見、滿足需求、建立共識、或協調行動，進而達成組織目標（康自立、莊柏年，1993；張紹勳，1999）。

　　因此，為有助於組織任務的達成與組織績效的提升，在組織溝通中，成員間藉由溝通媒介和管道傳遞並交換資訊與訊息。而溝通的品質與溝通的回饋是組織溝通的重要構面（康自立、莊柏年，1993），良好的組織溝通有益於成員的工作滿足感的提升、以及組織學習的進行，進而有助於組織績效的提升。研究指出，組織溝通與成員的工作滿足感間有顯著的相關性，尤其是在組織溝通的六項因素（媒介品質、上行溝通、自身回饋、水平溝通、組織前景、耳語傳聞）與工作滿足感的八項因素（上司督導、工作前景、升遷報酬、工作環境、自我展現、同事相處、工作分配、工作自主）之間更具顯著性（林為哲，1999）。

　　此外，組織承諾是「成員對一特定組織的認同以及投入之態度的相對強度」（康自立、莊柏年，1993，頁1）。當組織績效的高低繫於成員對其組織之認同與隨之而來的工作投入時，組織溝通的良好與否影響著員工的組織承諾；而組織成員之組織溝通感受程度對其組織承諾強度有著顯著的預測能力（康自立、莊柏年，1993），當組織內成員溝通滿足感愈高時，其對組織之承諾感愈高（蔡淑敏，2001）。

二、組織學習

組織學習（Organizational Learning）是一種組織成員集體知能改變的過程，其以成員個別學習為基礎，擴充知識範圍，透過成員交流共享，轉化為組織整體知能，累積儲存後轉為智慧，供組織生存發展之用（童宜慧、張基成，1998）。在一個學習型組織中，成員能持續不斷地擴充其能力以促成他們期望結果的發生、並學習如何共同學習，群體的激勵能無拘無束的發生，組織則能孕育具擴展性的新思維模式（Senge, 1990）。

自資訊和訊息流通的角度觀之，組織溝通更與組織學習（Senge, 1990; Dixon, 1994; Guns and Anundsen, 1998）息息相關。Huber and Daft 認為（1987，轉引自盧偉斯，1996，頁 24），「組織學習即為組織資訊處理和詮釋的過程，組織透過資訊的獲取、分配、解釋與記憶活動來實踐組織學習。而組織學習的研究旨在探討：組織如何採行恰當的溝通策略、結構和科技，來汲取、消化有關內外在環境的資訊，俾供決策所需，而這種學習能力的提升將使組織更能夠適應環境的變化。」由此可知，良好的組織溝通實為有效組織學習之先決條件。

除上述外，知識管理（Knowledge Management）與變革管理（Change Management）亦與組織溝通與學習甚具關聯，同時也是管理者關注的焦點，被認為有助於發展學習型組織、與提升決策品質（林嘉誠，2004）。因此，一組織的溝通良窳和品質決定了其成員的工作滿足感和對組織承諾的高低，進而影響該組織之學習成效、知識管理、組織變革、以及組織績效與生產力的高低；如何做好組織溝通實為現代管理者之首要工作。

參、Intranet 對組織管理的助益

一、溝通媒介類型與組織溝通

　　組織溝通的有效進行有賴於適當溝通機制與媒介的應用。雖然組織溝通必須透過傳播資訊的媒介方得以進行，但不同的媒介有不同的溝通效果，故組織所採用的溝通媒介影響其處理資訊的能力、組織學習的能力、以及溝通的結果；此外，組織所使用的溝通媒介與方法亦影響其行為模式（盧偉斯，1996）。例如，研究發現四種不同的溝通媒介（電話、面對面、電子郵件、與書面文件）會對不同的組織溝通因素產生相異程度的影響，且該影響力也進一步對工作滿足因素產生不同幅度與不同方向的效果（林為哲，1999）。另外，李嘉奇（2001）曾探討國小教職員工採用不同的溝通媒介類型對於其組織溝通滿足之影響，發現使用電腦網路溝通媒介的教職員工之組織溝通滿足程度高於使用傳統溝通媒介的教職員工。

二、Intranet

　　在眾多現代化的溝通媒介中，自國際網際網路（Internet）概念與應用衍生而來的 Intranet 是相當值得重視的一種。Intranet 乃是組織應用現有的網際網路相關技術建構而成，用以管理組織內部的資訊（王文泰，1996；楊令儀，2001）；其將網際網路的不分對象、不分時空和開放的溝通環境，轉換

至一組織內部加以使用，主要的目的在提供一個以共同技術標準為基礎之環境來傳播並整合組織內部資訊（Greer，1998，轉引自陳玉娟，2000）。

　　析言之，Intranet 深化並細緻化 Internet 技術之應用，將相關技術（如 TCP/IP、Web、Browser 等）所建構的 Internet 架構用於組織內部相關事務之處理，並以 Web 技術整合組織內部各種資訊作業流程以及管理資訊系統（程嘉君，1997）。林士傑（1999）也指出，Intranet 是 OA（辦公室自動化）應用之延伸，為應用於組織內部且為組織完全控制、外界無法任意使用之網路環境。自網路架構、設備、通訊標準、軟體等各方面而言，Intranet 幾乎與國際網際網路並無二致；而其最大的差別在於，Intranet 的使用者僅為組織內部的成員，所有的員工皆明確地為其唯一服務的對象和使用者。Intranet 因此結合了 Internet 的網路連結功能和全球資訊網（World Wide Web）的多媒體平台，創造了封閉而私有的網絡連結化社群。

　　尤有甚者，與從前的組織內部電腦資訊系統（如存貨管理系統、人事或薪資管理系統）不同的是，Intranet 相關技術與應用可滿足多重目的、且是高度以網路聯結的，因此 Intranet 被用以合併許多原有的資訊系統功能，整合文字、圖片、聲音、影像，被認為是可以黏合組織不同功能、部門、與層級的黏膠體（glueware）或中間體（middleware），用以建造組織原有各自獨立的資訊系統間無縫隙、方便使用的介面（Damsgaard and Scheepers, 1999）。

　　自 1990 年代中期開始，許多企業組織開始引入並使用 Intranet。Intranet 之應用功能相當多元，其分類方式亦相當龐雜，許多研究者曾試圖為其歸類[8]。綜合文獻內容與實地觀察經驗，本文將 Intranet 的功能種類分為六大類，如下表一所示。

表一　Intranet 的功能種類

功能種類	功能內容
公告（publishing）	登載或公告如首頁、新聞信、技術手冊、產品目錄、員工名錄等資訊。
紀錄（recording）	自動化文件管理，將最佳作法、商業流程、常見問題與回答等經驗資料，紀錄成電腦化的組織記憶，促成知識資源分享並有利於組織學習與知識管理。
搜尋（searching）	透過蒐尋引擎、目錄、蒐尋代理人等功能，尋找組織既有的資訊。
交易（transacting）	在 Intranet 網頁中的功能進行交易，或與組織內其他電腦資訊系統間藉由網頁介面進行資訊交換；自動化行政管理流程。
互動（interacting）	透過個人與個人間的接觸、討論團體、或協調合作的應用模組等方式，與組織中其他個人或團體互動。可分為公眾討論類（討論園地、討論資料庫）和群體討論類（線上聊天系統、網路會議、視訊會議），亦包括電子郵件的使用。
訓練（training）	網路化的線上正式學習。

---

[8]　林東樺（1998）將 Intranet 應用方式分為單向資訊公告、分享、雙向溝通協調、與決策支援等功能 Damsgaard and Scheepers（1999）將 Intranet 功能歸類為出版（publishing）、交易（transacting）、互動（interacting）、搜尋（searching）、與紀錄（recording）等五類。。陳玉娟（2000）則將企業所運用之內部網路溝通工具分為電子郵件類、資訊公告類、資源分享類、公眾討論類（討論園地、討論資料庫）和群體討論類（線上聊天系統、網路會議、視訊會議）等五類。楊震寰（2001）則將 Intranet 化程度分成七大部份，分別是電子郵件的運用程度、資訊系統整合、資料庫系統、管理公告上線、電子化學習（E-Learning）、線上群體討論、及工作資訊分享。

資料來源：修改自 Damsgaard, Jan, and Rens Scheepers, 1999, "Power, influence and Intranet implementation: A safari of South African organizations," Information Technology and People, Vol. 12, No. 4, p. 335.

三、Intranet 之潛在助益

在動態多變的環境中，傳統的金字塔型的科層組織內之單位為因應外在的變化，會加強橫向聯繫與溝通，以爭取資訊自主的空間，而形成所謂的「資訊流通分散化、決策控制集權化」的組織型態（紀文章，1997）；但隨後，往往因各自企圖實現不同目標而造成管理上的混亂，並削弱了組織整體績效與對外的競爭力。此時，組織若使用 Intranet，透過親和易用的統一介面、適當的伺服器管理、以及完善規劃的文件結構，可有效集中管理資訊以解決上述困境（紀文章，1997）；在此種架構中，組織中各單位可享高度自主能力（張卓浩，1996），單位間的協調無間，組織外、空間距離遙遠的單位亦可納入組織網路中，形成「虛擬企業」的網路組織。

企業曾表明其欲建置 Intranet 的主要原因依序為：使員工迅速取得公司資訊、方便公司內部溝通、簡化工作流程、以及節省成本（陳禹辰，1997）。林東樺（1998）曾分析使用 Intranet 前後對組織與事務性流程的影響情形，結論指出其為企業所帶來的效益大於過去的許多資訊系統；林士傑（1999）研究之結果也顯示採用 Intranet 確實可帶來較佳工作績效與效率。

以下分別論述 Intranet 的應用對於上述組織管理議題所帶來的正面影響。

（一）在組織溝通與承諾方面

研究顯示，Intranet 的使用可有效提供正確的資訊量以降低組織營運與環境中的不確定性，有助於提昇組織管理者和組織成員彼此的溝通效能（陳玉娟，2000）；企業在採用 Intranet 後，雖然並不會帶來降低投資與維護成本的效益，但卻仍有助於加速資訊流通、加強內部溝通與學習的容易度（許碩博，1998；Damsgaard and Scheepers, 1999）。Intranet 的使用亦有助於企業在運作方面及管理方面的改善，其中對於資訊傳遞的加速、溝通與作業方式的改變及對員工或分公司之績效及進度的掌控有較為明顯的幫助（翁美虹，1999）。

在 Intranet 的多元功能中，用以溝通互動的電子郵件是最基本的應用和最常見的虛擬溝通工具與管道（Pauleen and Yoong, 2001）。1997 年時，我國約有 76%的企業使用電子郵件作為對內對外溝通聯繫的主要工具（陳禹辰，1997），以增進組織各部門、各地分支機構的協調與溝通，避免因溝通不良、產生失誤所導致的成本增加以及服務品質的降低（程嘉君，1997）。對組織溝通的影響方面，電子郵件確實造成溝通習慣的改變、減少了使用其它的溝通媒介，亦促使組織內訊息更公開，增進與外界的聯繫及互動（余美貞，1999）；組織在使用電子郵件進行溝通後，能促進成員提供消息與意見的意願、提高參與溝通與決策的機會及意願（張紹勳，1999）。此外，電子郵件的運用亦有助於組織成員的溝通更具彈性、建立快速溝通環境、較多思考空間、較明確的溝通工具、溝通更加小心、建立新的溝通順序和增加非正式溝通的頻率（陳

玉娟，2000）。雖然電子郵件會過濾掉一些非語言性的溝通訊
息，但卻具有迅速回饋能力、傳達個人情感與多樣化的傳遞
方式等豐富性的特性（陳麗蘭，2000）。總而言之，Intranet
中的電子郵件節省下的有形成本、無形成本與協助任務正確
無誤的完成，為組織創造出一個具有效率的工作環境，有助
於內部工作績效與生產力的提昇（陳麗蘭，2000）。

　　在資訊公告、紀錄（資源分享和文件管理）方面，Intranet
對組織溝通之影響為增加溝通機會、資訊分權且平等、培養
主動的溝通態度、增進工作的協調和合作、有助環保、增加
溝通內容的廣度、減少溝通流程和減少重覆溝通頻率以及提
供組織成員強大的後勤支援；而在公眾討論類的功能中，討
論園地的使用有助於減少正式溝通層級和增加非正式溝通頻
率，討論資料庫的運用有助於促進團隊有效溝通和降低團隊
成員之孤單感；在群體討論類的功能中，網路會議的使用則
有助於網路上的溝通（陳玉娟，2000）。

　　對成員的工作滿足與組織承諾而言，Intranet 的使用有助
於組織提升其成員的工作滿足感與工作績效，其中對於組織
內部資訊的流通、知識的分享及工作簡化、節省工作時間上
面的表現更為明顯（翁美虹，1999）；而電子式之溝通媒介的
社會展現度與溝通效能，更對組織承諾有顯著的正面影響（蔡
淑敏，2001）。

（二）在組織學習方面

　　對組織學習而言，Intranet 所帶來的效益包括有助於消除
學習的障礙、利於知識的獲取與資訊的分享和傳播、加速資

訊的解釋過程以使成員能了解、共享與應用、以及便於組織記憶的進行等（童宜慧、張基成，1998）。

　　Intranet 使組織成員可同時扮演資訊使用者與供應者的雙重角色；組織成員不但可以主動擷取所需資訊、透過 Intranet 資訊收集與過濾工具以在適當的時機遞送相關資訊予任一地之使用者，更可將個人之經驗與知識上傳登載於 Intranet 的資料庫中，協助形塑組織記憶庫與知識庫。因此，經由 Intranet 的普遍應用，組織可以持續進行內外資訊的收集與處理，甚至透過線上的討論與互動，激發成員的創意與更多的知識，在團隊合作過程中累積組織的知識資產、促成組織的學習（紀文章，1997）。例如，Driver（2003）發現，Intranet 中的同步、即時的電子會談或聊天室，也可以當作一練習之處讓團體學習如何有技巧地進行討論與深刻的反省。Harvey 等人（1998）更證明了，在創造並維繫一個組織學習的環境上，Intranet 系統能發揮有效且重要的功能、在組織學習的所有階段中扮演推手與協助達成的角色。

（三）在知識管理方面

　　在近年來興起並受到高度重視的知識管理（Knowledge Management）現象中，Intranet 也具有舉足輕重的角色。在知識管理的系絡中，Intranet 可被視為一項資訊與策略管理工具（Edenius and Borgerson, 2003）。組織也正利用 Intranet 作為資訊的儲存體和集散中心，協助員工取得組織所處行業與環境的相關知識；當員工離開組織時，Intranet 也可以留存其經驗與知識。Intranet 協助取得並使用各種知識資源，連結位於不同地理位置的單位或員工，並突破組織層級限制、溝通的政策、實體的障礙、以及社會性團體界限等，使知識得以為所有成員使用（Begbie and Chudry, 2002）。職是之故，組織可運用 Intranet 產生群體知識（Scott, 1998），創造競爭智商（competitive intelligence）以取得永續的競爭優勢（Laalo, 1998）。

　　因此，Intranet 對於知識管理的重要性在於提供了一個可於其中運行的架構基礎；當知識管理欲形塑正確的資訊素養和網路應用文化時，Intranet 提供實現知識管理原則的技術與科技解決方案（Cumming and Cuthbertson, 2001）。

（四）在組織變革方面

　　組織需改變自身體質與行為以適應外在環境的變化。新的變革管理（Change Management）典範已經出現；在過去，組織變革被視為一個經事先計劃且有起點和終點的方案，但今日隨著環境的日益變動不居，組織變革已成為組織日常工作的一部份；在過去，組織變革是由上而下的管理工作，但今日已是由上下之間共同發起、參與，共同產生願景以導引變革的方向。職是之故，今日的組織變革是一種無時無刻不在進行的活動，以求生存於變動不居的環境；Intranet 也已不再僅是用以傳送資訊給組織成員以使其協調合作的媒介，而已成為組織持續變革的觸媒與執行工具（Pitt, Murgolog-Poore, and Dix, 2001）。

　　亦即，無時無刻的變革活動、以及組織願景的醞釀與獲致，皆需要成員間無阻流暢的溝通與協調合作；變革的想法必須在取得組織中現有的資訊與知識並了解組織現況後產生，變革的意見需要被溝通以產生反省與討論，而變革理念內容的成功實現需要成員間無間的協調與合作，此皆需要有效的內部溝通媒介和機制加以輔助與促成。尤其是當變革的步調是決勝的關鍵時，Intranet 在變革管理中扮演重要的觸發、催化、輔助、協助的角色。

　　總而言之，Intranet 對組織的可能助益在於使層級減少、組織扁平，使原本前後順序性的工作流程可變成平行同步的工程；簡化了繁瑣行政流程以及例行性事務後，人員可投注更多時間精力於專業工作品質的提昇與創新上，例如政府為了便民，結合資料倉儲的的功能，提供內部與外部顧客的查詢需求，減少人力負擔與工作干擾；Intranet 也可節省成本，因為資訊與經驗交流可避免錯誤的發生並減少錯誤帶來的傷害；使員工得知與其相關的資訊，可提升員工士氣、承諾與滿意度；其亦促成組織資訊與知識的創造、交流與共享和共用後，不但提高資料正確性與即時性，更可以有效支援組織流程的再規劃（Business Process Reengineering, or BPR）（周碩彥，1998），最終可促成組織的變革與再造。

肆、Intranet 對組織管理的可能衝擊

　　雖然 Intranet 能為組織帶來不少助益，但如同其他現代化資訊系統一般，其之採用與施行的過程亦並非完全平順、毫無負面影響的。例如，企業在推行電子郵件的過程中常遭遇的阻力為技術問題、使用者對電腦的操作能力與電腦知識不

足、資訊超載所帶來的資源浪費（陳麗蘭，2000）。另外，電子郵件類功能所面臨的溝通障礙亦包括舊有組織文化、缺乏良好溝通習性、資訊權力不平等、系統操作介面缺乏簡易性、易造成溝通誤解、和較難建立新關係等（陳玉娟，2000）。對於組織溝通氣候而言，電子郵件雖可維繫組織成員之情感，增加凝聚力，但用於決策參與的情況並不明顯，使用者的權力與自由並未因此而提昇；在開放性方面，員工雖能主動的擷取所需之資訊、促進資訊之可靠性，但若組織對系統使用者給予權限上的設限，則會喪失溝通的平等原則，使組織內的溝通氣候趨向於封閉型態（陳麗蘭，2000）。另外，雖然以電子郵件進行溝通比較自在、有條理，因而增加了參與溝通者在表達上的自信心，但電子郵件傳遞的訊息不完整，易造成資訊可靠性遭質疑（陳麗蘭，2000）。

在 Intranet 的其他功能所面臨的障礙方面，就資訊公告、資源分享和文件管理的功能而言，企業面臨的溝通障礙為訊息傳遞時效性不易掌握和溝通感受的侷限；就公眾討論類的功能而言，在討論園地方面，言語尺度的掌握是主要的溝通障礙；就群體討論類的功能而言，線上談天系統主要的溝通障礙為溝通雙方不曾見面、以及各人習性不同，而網路會議系統的通訊品質尚未健全為主要的溝通障礙（陳玉娟，2000）。

此外，除了資料安全性與隱私的考量、成本與經費的短絀等問題外，施行 Intranet 後對組織整體所造成的可能影響亦包括管理控制權的的紛爭、權力結構關係的改變和資訊共享的憂慮所造成對於變革的抗拒與排斥（童宜慧、張基成，1998；周碩彥，1998）。電子郵件與 Intranet 的使用於組織內的溝通與互動，會改變成員個人對於組織內現象與問題的感受和認知，社會互動的模式改變了、過程的公開程度增加、地位漸趨平等、資訊與情緒上的差距縮短了，整個組織的社會系絡將因此而改變（Cecez-Kecmanovic, et. al, 1999）。對於組織知識以及溝通管道的擁有權和控制權，仍然是現代組織的關鍵政治性議題；而如 Intranet 此類的溝通新工具將為組織內部的權力平衡關係投下新變數。雖然如此，Cecez-Kecmanovic, et. al,（1999）觀察到許多跡象，顯示在組織溝通與分享管道的控制與擁有上的確開始產生了深層且實質的變化，且此變化不但影響知識的創造與被接受為有效的組織知識，更具有潛在的力量可促成組織從官僚威權體制轉變為民主與參與的型態。

　　換言之，Intranet 的出現創造出前所未見的組織成員間的電子化連繫，潛藏在其中的是兩者的互相衝擊：一種是以傳統層級節制方式所組成的實體工作場所，另一種則是可能產生混亂的虛擬工作場所；後者被稱為平行虛擬組織（parallel virtual organization, or PVO），具有其獨自的價值與文化、且獨立於其所衍生來自的傳統層級官僚組織（Allcorn, 1997）。平行虛擬組織的出現，意味著管理者開始面對一種新的挑戰，其必須發展出一種轉換的過程和過渡的空間，以促使實體工作場所與平行虛擬組織最終得以合而為一，蛻變成一種具活力、能創新以適應動盪環境的全新型態組織（Allcorn, 1997）。

伍、Intranet 在公部門組織的應用現況

　　Intranet 在公部門組織中的應用現況如何？我國於 1998 年建置政府網際服務網（Government Service Network, or GSN）骨幹網路，提供的服務即包括虛擬專用網路（Virtual Private Network Service），可用以建置各機關的 Intranet（或稱 GSN Intranet）（孫百佑，2004）。筆者曾於 2003 年年中針對我國地方鄉鎮市公所進行政府數位化現況的調查，其中約三成的公所表示已建置僅供公所成員使用之內部網頁與網站，顯見 Intranet 在基層地方政府中仍不普遍。此外，蔡明杉（2002）曾探討我國中區國稅機關成員運用 Intranet 溝通媒介與其組織溝通滿意之關係，發現國稅機關員工運用其 Intranet 的情形普遍不佳，其中原因包括「組織因素」、「個人因素」與「媒介本身因素」，而在 Intranet 功能的使用程度上，以「電子郵件應用」最高，使用最少者是「線上會議」。

　　在他國，Cumming and Cuthbertson（2001）研究發現，23 個美國聯邦政府機構中，Intranet 的使用與普及度在短期間內有顯著的成長（1997 至 1999 兩年之內的普及度自 35%成長至 90%），使用的主要目的在用以改善組織內的溝通、改善效率與生產力、執行資訊管理或資訊科技使用策略、減少印刷與配送書面文件的成本。聯邦政府機構使用 Intranet 通知行政人員們最新的法令規章與消息、政策與程序，提供具一致性的政策宣達與程序指導，回應內部成員的疑問、使所有成員得到共同的答案，並提供人員訓練之用，還讓員工即時取

得顧客滿意度資訊、以鼓勵士氣並提高績效。

　　美國聯邦政府機構人員多認為管理者需要資訊管理的技巧以發展與管理 Intranet，也認為 Intranet 的確改善了溝通，且其帶來的效益高於營運所需成本，也一致認為 Intranet 對其組織帶來相當正面的影響。但或許是因為在發展的初期，有近六成的受訪者不認為 Intranet 改善了政府組織的效率與生產力，也普遍認為其仍未充分應用 Intranet 的潛力；部分員工抗拒工作方式的改變，抱怨其中資訊的架構與組織不良而導致不易有效擷取（Cumming and Cuthbertson, 2001）。

　　另有研究指出，在美國聯邦政府中，大型機構的所屬單位多半先行採用內部網路，而後整個機構的內部網路方才出現，造成欲建立一統合的 Intranet 的樞紐點的挑戰與困難；同時，高階主管的興趣與支持是一政府的 Intranet 得以建置成功的關鍵因素，而對外的網站比 Intranet 受到較多的重視與資源挹注；雖然如此，在聯邦政府機構中的 Intranet 發展是逐漸演變的、且仍在發展當中（Mahler and Regan, 2002）。

陸、結論與展望

　　以上論述在在顯示，Intranet 的妥善運用對於政府部門組織的再造將產生相當大的推力與助力。在未來網路整合的趨勢下，導入 Intranet 將是公部門組織成長及發展過程中無可迴避之重要課題。

　　雖然 Intranet 在本質上是專門用以處理組織內資訊流的革命性新工具，但其對組織溝通、管理與營運所可能帶來的衝擊與影響亦將是革命性的。成功的引入 Intranet 將不僅是管理科技或資訊的議題而已，而是關乎組織結構與文化的改變。在欲促進內部的資訊分享和資訊的快速流通、進而減化工作流程、減少組織在人力及資源上的浪費的同時，公部門必須拋下傳統的階層觀念、重新塑造組織文化與環境，並鼓勵成員體認資訊的價值且願意分享資訊，訓練成員創造、尋找、使用知識的素養與技能，以有效應用與實現 Intranet 的潛力。

參考文獻

中文部分：

王文泰，1996，〈Intranet 掀起企業的資訊革命〉，《網路通訊雜誌》，第 65 期，頁 34-42。

余美貞，1999，《電子郵件使用後對組織溝通之探討研究–以資訊電子業為例》，國立東華大學國際企業管理研究所 87 學年度碩士論文。

李嘉奇，2001，《國民小學教職員工採用的溝通媒介類型與組織溝通滿足關係之研究》，臺南師範學院國民教育研究所 89 學年度碩士論文。

林士傑，1999，《企業採用 Intranet（企業網路）之成功關鍵因素研究》，中原大學企業管理學系 87 學年度博士論文。

林東樺，1998，《企業內網路對企業流程影響之研究》，國立彰化師範大學商業教育學系 86 學年度碩士論文。

林為哲，1999，《從溝通媒介看組織溝通與工作滿足》，雲林科技大學資訊管理研究所 87 學年度碩士論文。

林嘉誠，2004，〈第二章：電子化政府的網路服務與文化〉，《電子化政府》，台北市：行政院研究發展考核委員會，頁 23-58。

周碩彥，1998，〈Intranet 引發的管理變革〉，《資訊與電腦》，第 220 期，頁 31-33。

紀文章，1997，〈Intranet 應用的組織面與管理面〉，《網路通訊雜誌》，第 75 期，頁 112-117。

翁美虹，1999，《企業網路（Intranet）接受性對組織與員工態度影響之研究》，國立東華大學國際企業管理研究所 87 學年度碩士論文。

康自立、莊柏年，1993，〈組織溝通與組織承諾〉，《職業教育學院學報》，第 2 期，頁 1-66。

孫百佑，2004，〈第七章：電子化政府基礎環境建設〉，《電子化政府》，台北市：行政院研究發展考核委員會，頁 145-161。

張卓浩，1996，〈企業 Intranet 建構實例--中國生產力中心〉，《網路通訊雜誌》，第 65 期，頁 56-58。

張紹勳，1999，〈E-mail 的使用對組織溝通民主化的衝擊〉，《民意研究季刊》，第 210 期，頁 20-54。

許碩博，1998，《影響企業採用企業內部網路（Intranet）的因素及效益研究》，淡江大學資訊管理學系 86 學年度碩士論文。

陳玉娟，2000，《企業內網路運用於組織溝通之研究》，國立東華大學國際企業管理研究所 88 學年度碩士論文。

陳禹辰，1997，〈1997 年企業 Intranet 應用調查〉，《網路通訊雜誌》，第 75 期，頁 72-75。

陳麗蘭，2000，《電子郵件的運用與組織溝通之研究》，國立東華大學國際企業管理研究所 88 學年度碩士論文。

程嘉君，1997，〈Intranet 對企業經營管理的衝擊〉，《資訊與電腦》，第 202 期，頁 62-67。

童宜慧、張基成，1998，〈運用企業內網路（Intranet）促進組織學習之初探〉，《遠距教育》，第 9 期，頁 30-35。

楊令儀，2001，《影響企業內部網路使用者滿意度因素之研究--以統一超商為例》，國立中山大學企業管理學系研究所 89 學年度碩士論文。

楊震寰，2001，《企業網路 e 化程度對組織文化及組織效能的影響研究》，中原大學企業管理研究所 89 學年度碩士論文。

蔡明杉，2002，《公部門 Intranet 運用與組織溝通滿意關係之研究—以財
政部台灣省中區國稅局為例》，東海大學 91 學年度碩士論文。

蔡淑敏，2001，《企業內溝通媒介、員工溝通滿足及組織承諾關係之研究
—以台灣電子資訊產業為例》，長榮管理學院經營管理研究所
89 學年度碩士論文。

盧偉斯，1996，〈組織學習的原理與實際–組織溝通的觀點〉，《人事月
刊》，第 23 卷第 4 期，頁 24-43。

英文部分：

Allcorn, Seth, 1997, "The theory of planned behavior," Administration & Society, Vol. 29, No. 4, pp. 412-439.

Begbie, Rosemarie, and Farooq Chudry, 2002, "The Intranet chaos matrix: A conceptual framework for designing an effective knowledge management Intranet," Journal of Database Marketing, Vol. 9, No. 4, pp. 325-338.

Cecez-Kecmanovic, Dubravka, Debra Moodie, Andy Busuttil, and Fiona Plesman, 1999, "Organizational change mediated by e-mail and Intranet: An ethnographic study," Information Technology and People, Vol. 12, No. 1, pp. 9-26.

Cumming, Maewyn, and Lucy Cuthbertson, 2001, "Wired in Whitehall: A survey of Internet and Intranet use in government," Aslib Proceedings, Vol. 53, No. 1, pp. 32-38.

Damsgaard, Jan, and Rens Scheepers, 1999, "Power, influence and Intranet implementation: A safari of South African organizations," Information Technology and People, Vol. 12, No. 4, pp. 333-358.

Dixon, Nancy M., 1994, The Organizational Learning Cycle: How We Can Learn Collectively, London: MacGraw-Hill.

Driver, Michaela, 2003, "Improving group learning through electronically facilitated skillful discussions," The Learning Organization, Vol. 10, No. 5, pp.

283-293.

Edenius, Mats, and Janet Borgerson, 2003, "To manage knowledge by Intranet," Journal of Knowledge Management, Vol. 7, No. 5, pp. 124-136.

Greer, Tyson, 1998, Understanding Intranets, Redmond, Washington: Microsoft Press.

Guns, Bob, and Kristin Anundsen, 1998, The Faster Learning Organization: Gain and Sustain the Competitive Edge, San Francisco: Jossey-Bass Publishers.

Harvey, Michael, Jonathan Palmer, and Cheri Speier, 1998, "Implementing intra-organizational learning: A phased-model approach supported by Intranet technology," European Management Journal, Vol. 16, No. 3, pp. 341-354.

Mahler, Julianne G., and Priscilla M. Regan, 2002, Federal Intranet Work Sites: An Interim Assessment, Arlington, VA: The PricewaterhouseCoopers Endowment for The Business of Government.

Mathieson, Kieran, 1991, "Predicting User Intentions: Comparing the Technology Acceptance Model with the Theory of Planned Behavior," Information Systems Research, 2(3): 173-191.

Laalo, Allan T., 1998, "Intranets and Competitive Intelligence: Creating Access to Knowledge," Competitive Intelligence Review, Vol. 9, No. 4, pp. 63–72.

Pauleen, David J., and Pak Yoong, 2001, "Facilitating virtual team relationships via Internet and conventional communication channels," Internet Research: Electronic Networking Applications and Policy, Vol. 11, No. 3, pp. 190-202.

Pitt, Leyland, Marie Murgolog-Poore, and Stephen Dix, 2001, "Changing change management: The Intranet as catalyst," Journal of Change Management, Vol. 2, No. 2, pp. 106-114.

Scott, Judy E., 1998, "Organizational knowledge and the Intranet," Decision Support Systems, Vol. 23, pp. 3-17.

Senge, Peter M., 1990, The Fifth Discipline: The Art and Practice of the Learning Organization, New York: Currency Doubleday.

第四章

資訊均富：我國數位落差
現況之探討[*]

摘要

　　雖然資訊科技正為我國經濟與其他發展奠定基礎，但卻仍有相當多的民眾是被此新的資訊時代拒於門外的，造成「資訊貧富不均」或「數位落差」；所謂「資訊富者」與「資訊貧者」之間的區隔與差距業已成為民權與經濟發展上的重要議題和隱憂。

　　為了瞭解我國資訊貧富不均現況、並為政府資訊政策之制定提供一客觀之參考指標，本研究調查我國個人與家庭使用電腦和網路現況。研究方法與步驟包括文獻分析、現存（二手）資料的蒐集與分析、針對全國民眾之電話問卷調查等，並以下列人文背景變項加以探討不同族群在資訊取用（電腦的擁有與使用、網際網絡的使用）上程度的差異：家庭收入、教育程度、性別、省籍背景、年齡、職業、及居住地區，並建構用以度量「資訊均富」程度之 Gini 係數，以具體描繪我國資訊均富之現狀圖像。

---

[*] 本文修改自〈邁向資訊均富：我國數位落差現況之探討〉，《東吳政治學報》，第十六期，頁 125~178，2003 年 3 月。

　　研究結果顯示，我國民眾在不同性別間、不同年齡層間、不同教育程度間，數位落差出現在網路使用上、上網的時數上、是否使用電腦、使用電腦的時數、以及電腦和網路對於工作和生活之重要性上；受訪者居住地區為都市、郊區和鄉村間之數位落差亦是明顯的；在不同族群間，數位落差則並不甚明顯。而就家戶收入水準間之比較而言，數位落差出現在家中是否有電腦、家中用電腦數、家中是否上網、個人是否使用電腦和網路、個人使用電腦時數、以及電腦和網路對工作和生活的重要性上。

壹、背景與資訊取用的重要性

　　在預測未來社會遠景的著作中，膾炙人口的 Toffler（1980）之《第三波》（The Third Wave）與 Naisbitt（1984）之《大趨勢》（Megatrends）二書中，宣稱「資訊社會」（Information Society）的來臨。在資訊社會中，繼土地、勞力、資本之後，資訊已成為經濟生產活動的第四大要素；資訊的無阻流通可促使附加價值的創造與利用，使稀少資源的分配更為平均，資源的利用更具效率，最終而言，可以提昇社會、國家的競爭力與公眾的福祉。在二十一世紀中，資訊社會中的個人或團體，若無充足的資訊可以運用，無疑將終遭淘汰的命運。

　　每個人需要有用的資訊和訊息幫助做決策、採取行動，以達成其目的。人所組成的組織、社會或國家是大型有機體，亦須自外界獲取資訊，然後內部作思考、作判斷、作出決策。個人的決策關係個人的成敗，組織的決策則決定組織的興衰，國家的決策關係國家的競爭力。然而，要做最好的決策，必須要有好的資訊，組織與個人才能達成目標、組織才能夠強盛、國家才會有競爭力。因此，資訊之獲取與使用之重要性不言可喻；有用的、即時的、正確的、完整的、大量的資訊，是有效決策之不可或缺的要件。

然而，世界上存有許多不平等，隨著資訊時代的來臨，亦逐漸出現所謂資訊富者（information rich or information-haves）與資訊貧者（information poor or information-have-nots）的差異。用以處理、傳遞資訊的資訊與通信科技（information and communication technologies, or ICTs）之發展已經無情及明顯的滲入日常生活中，雖然世人瞭解現代資訊科技對於任何個人、團體、社會、國家生存繁榮的重要性，且其亦正為各國經濟與其他發展奠定基礎，但卻仍有相當多的民眾與國家是被此新的資訊時代拒於門外的。其結果是，「資訊貧富不均」（information inequality）、或「數位落差」（digital divide），亦即所謂「資訊富者」與「資訊貧者」之間在資訊取用能力上的區隔與落差，業已成為國際和國內民權與經濟發展上的重要議題和隱憂，[9] 並引起論者們的討論和亟思解決之法（德托羅斯，1997; Loader, 1998; Haywood, 1998; Holderness, 1998; Aurigi and Graham, 1998; Waddell, 1999; Bridges.org, 2001; Norris, 2001）。

財富分配不均的現象存在於各類時空中，但若此種不均是來自於同樣立足點上，則此不均是可以被容忍與接受的；

---

[9] Cawkell（2001）曾於 2000 年 9 月 8 日，以 "digital divide" 於 Google 搜尋引擎中搜尋得到了約 131,000 個相關吻合網頁；而 2002 年 5 月 4 日時，筆者同樣以 "digital divide" 於 Google 搜尋引擎（http://www.google.com）中搜尋得到約 331,000 個網頁吻合結果，是 Cawkell（2001）於約一年半前查詢的結果數量將近三倍之多，可見其漸受重視的趨勢。

例如，藉由社會福利政策照顧弱勢人群，政府仍可維持相當程度的公平且和諧的社會。但此情況之前提為每人具備大致同等條件與機會，因此，多數國家保障所有人民的基本人權和民權，並以公共手段滿足其之基本需求，以確保立足點的平等，並據以發展。而今日資訊通信科技之進展與普遍應用，亦漸被認為是個人或團體所應具備之基本生存條件與技能，故民眾期待國家、政府有義務提供並賦予人民相關的環境與技能。

　　更有甚者，公眾得以取用各類資訊的程度與普及度的演變，實與一個國家民主化的進程相互輝映且互為因果（Smith, 1995）。隨著資訊社會的到來，取用（接近並使用）電信網路變成一種重要的通信資源，其被認為能夠提供公民社會與政治參與的工具；因此，普及取用電信網路就成為資訊社會中的必備條件（Skogerbo and Storsul, 2000）。

貳、資訊科技與其可能的影響

　　與其他種類工具相同的是，資訊科技本身並無特定的利弊特質，須視人們如何加以應用。但資訊科技的發展對於社會均富與公平正義將帶來何種影響？樂觀的看法認為資訊科技的使用有利於資訊取用的均衡；在科技日益進步、普及化和人性化的趨勢下，社會大眾可以藉由取用資訊科技以獲取重要的資訊，進而累積資源並藉機躍昇至較高階的社會與經濟地位。Toffler 認為資訊科技的使用有助於化解人與人間的貧富不均現象，並且形成一種更為分權的情況；因為資訊科技有別於工業革命中所需的昂貴成本，其快速的發展和成本大幅的降低，可以促進民眾迅速進入資訊社會中，並且發展出一套更適合自己的競爭與生存模式；資訊科技也可以改善教育和健康，因而加速窮國的經濟發展，並使窮人可以替富人做中間事務性工作，因而可增加收入、脫離貧困，在經濟的階梯向上攀升（德托羅斯，1997）。

　　從階級的觀點看資訊與通信科技可能帶來的影響，Lyon（1988）認為其造成的經濟繁榮將使社會中的所有人皆受益，且組織將以團隊的模式運作，而使得階級的劃分益趨模糊、成員的地位趨向平等。松田米次（1987）則認為，在電腦演進的第四個階段中，由於積體電路的發明，電腦化的對象進一步從社會普及至個人，使人人皆能透過與電腦的對話而獲致電腦資訊，進而利用資訊解決問題和追求新的發展；因此他認為電腦通訊革命所引發的資訊社會，必能帶領人類走向全球富裕的社會，實踐 Adam Smith 所預期的全球均富社會，並且在高度資訊化的發展下，促成「電腦理想國」境界的達成。美國聯邦儲備理事會主席艾倫・葛林史亦主張「數位革命」會讓窮人和無技能在身的人更接近經濟活動的中心，且縮短其與富人間收入的差距（柏斯坦、克萊，1997）。Haywood（1998）採用自由市場的觀點，認為電腦網絡的傳播是一種有利於散佈知識和分享政治、經濟利益的方法，所以在資訊社會中，因使用資訊與通信科技所帶來的利益，將自資訊富者延伸至資訊貧者，例如過去車子、電視、電力等技術。

　　相對的，悲觀的論調則認為資訊科技是一種擴大現存社會與經濟貧富不均的兇器；原本社會上就存有的不均情況，會因為資訊科技的使用而加速擴大，而形成富者愈富、貧者愈貧的兩極化情況。睽諸歷史，工業革命的發生一改過去以人力為主的生產模式，財貨的生產週期變得更為迅速；然而工業革命所引發的帝國主義，卻造成工業國對於低度開發國家的侵略，導致國際間財富與資源分配的差距越來越大。徐佳士（1997）指出，以往的國際政治局勢一直環繞著物質資源分配與爭奪的問題，但自從發明「資訊機器」以後，則又增加了「資訊分配」的問題；以往擁有強大物質優勢的國家或地區，因為它們在資訊生產方面也像物質生產一般超過傳統工業的落後國家，現在又增加了一種新的權力來源；因此，資訊機器的問世，也和產業革命一樣，將造成「分配不均、流通不平衡」的現象。

在個人方面，「階級重組論」論者強調，資訊社會的出現產生了一群從事專門性與技術性工作的新知識階層，這群人擁有並且控制資訊，因而握有社會權力；傳統的馬克思主義奉行者則多持「階級再現論」，認為擁有資訊科技的資本家將繼續擁有權力，並以自動化的機器生產取代勞工，而更惡化了剝削的情形，因此資訊科技將助長資本家與勞動工人間的鬥爭（Lyon, 1988）。工業革命和機器的使用使得大量的勞工階級面臨被裁撤的命運，也造成人們對於科技發展產生恐懼和抗拒；而且，隨著數位科技創造財富的速度不斷增長，所需的就業人口也越來越少，現在不但參與生產過程的人比以前少，當工作機會來臨時，有能力勝任的人更少（柏斯坦、克萊，1997）。

此外，如前所述，所有民眾立足點的平等和基本技能與

工具的具備，乃是維繫公平社會的最低要求。但陳百齡
（1997）認為，科技變遷腳步的過於快速卻容易造成使用者
立足點的不平等；此乃因為資訊科技的軟硬體生命週期越來
越短，其不斷推陳出新使得產品實際使用期限遠低於產品本
身可使用年限；因此有些使用者（尤其是經濟富者）可以經
由不斷升級而始終保有尖端科技，但是有些使用者（尤其是
經濟貧者）則因為無法及時升級而遭摒棄於科技主流之外，
所以資訊科技仍舊於使用者與非使用者間造成無可跨越的
鴻溝。

　　Thomas 更具體主張，資訊科技的發展不但不會創造出一
個更平等的社會，反而促成社會更加的不平等和破碎，其理
由是（1995：91）：

1. 資訊科技的發展乃是資本主義的產物，其本質是商業利
   潤取向，吾人無法期望其有助於形塑一烏托邦式的人人
   平等的社會。易言之，在資訊社會中，資訊及資訊工具
   和科技被視為一種商品加以販售，在資本市場自由競爭
   的體制下，想要達成一個資訊普及化的社會無異是難上
   加難。

2. 在可預見的未來中，資訊科技發展更新的速度將擴大使
   用資訊科技不同階級間社會或文化方面的區隔，尤其在
   能否接近並使用新科技間的差距，將更為明顯；資訊科技
   快速更新的速度更是拉大資訊貧者和資訊富者間的主因。

3. 資訊科技的發展乃根植於既有的技術、經濟、社會基礎
   上，因此在基礎建設較完備的地區中，發展數位資訊科
   技的成本與速度，是在落後地區中所不及的。

　　而世界性組織的研究報告似乎也無法平息上述的爭論。例如，聯合國發展組織（UN Development Program, or UNDP）的一九九八年年度「人類發展報告」（The Human Development Report）中指出（UNDP, 1998），網際網路正在擴大富人與貧者之間原本即已在成長中的不均狀態。但是，同樣具有高度公信力的世界銀行組織（The World Bank）在其一九九八／一九九九年度世界發展報告（World Development Report）中，卻列舉數十項包括降價的設備、遠距教學、遠距醫療等為貧窮地區與民眾帶來了顯著成長與繁榮的事例，並在結論中指出新的資訊與通信科技具有相當正面的縮短知識鴻溝、促成人類平等之巨大潛力（The World Bank, 1999）。

　　綜上所述，所有的科技因此皆如浮士德契約般，具有「擁有」及「被奪取」兩部分；數位革命即顯現其一刀之兩刃的特性：它有潛能創造社會巨大財富，但亦同時能將社會分裂為貧窮和富庶兩個截然不同的世界。在數位科技的複雜、快速變動及無遠弗屆下，在其可能影響之合理的論斷被確實釐清之前，或許將是一條漫長的道路。雖然如此，無論是樂觀的或悲觀的想法當道，資訊科技已然出現並盛行。探究公共行政與政策的吾人，寧可相信悲觀的論調在無公共手段介入的情況下將成真，而需亟思補救之道；事實證明完全的依賴自由經濟將無法造就均富的社會，而在無任何公權力存在之處，公理與正義將無法伸張。

參、數位落差的本質與成因

　　資訊貧者及經濟的貧窮者不同之處為何？經濟貧窮的人無法滿足在生活中對於食物、住所、衣服等最基本的量，而資訊貧者無法滿足的可能是得不到適當的資訊。資訊貧者無法取得適當資訊的因素可分為三類。第一類是沒有機會使用工具與科技以取得所需的資訊。第二類則是取得所需資訊的工具與科技雖然可得，但卻沒有適當的能力使用該工具與科技尋求所需的資訊。第三類則是其所需要的資訊並不存在；例如，有研究發現，多數 Internet 上的內容對於窮人或低閱讀能力者而言是沒有用的（Cawkell, 2001）；此外，資訊雖屬財富，然而其價值並不必然因單純的累加而隨之增加；單純的資訊數量和其價值並無相關，擁有較多資訊也不見得總是較好的，事實上現代社會中「資訊超載」（information overload）也已成為普遍的情況（Chan, 2001; Dennis, 2002）。

　　就人們的實際需要以及就政府公權力得以發揮之處而言，其並非資訊本身，而是獲取資訊的管道、即取用資訊科技與工具的機會。在此，重要的並不是關於特別種類或一般種類資訊之價值，而是擷取資訊的工具。資訊貧者即類似於公民被剝奪投票權或是接受公平審判的權利，資訊貧富不均因此漸漸延伸成為公民權利的議題（彭心儀，2002），致使某些民眾團體的成員在獲得接近其所需要及想要的資訊管道，比起其他團體的成員更為容易時，是被認為違反公民權的。

　　數位落差因此出現於社會與政治性議題中，並成為兼具意識型態的討論；其以政府權利有限、財產自由、以及平等為前提，出現倫理價值的擁護、權利的主張，以及要求政府須注意到弱勢團體實質上遭受的不平等。獲取資訊變成個人的基本權利之一，但接近使用資訊存在許多有形及無形的障礙，不是每個人都能夠憑一己之力獲取所需資訊，所以需要一個能提供平等資訊服務的機制。一種新的人類權利，亦即獲得資訊的權利，正在形成且獲得重視之中，並揭示政府干預的正當性與急迫性（Foster, 2000）。

　　對於數位落差概念的定義與內涵，目前各國與論者間並無一致的看法（曾淑芬，2002b）。梁恆正（2001）將數位落差定位在 Internet Access（網路取用）上的差距，認為數位落差概念來自於網際網路的興起與應用。美國商務部（NTIA, 1999, 2000）將數位落差定義為其國民在電腦與網際網路的擁有與使用上的不均現象。世界經濟合作暨發展組織（OECD）則將數位落差定義為「不同社經水準的個人、家戶、企業和地區，在其取用資訊與通信科技（ICTs）的機會上，以及在他們使用網路從事各類活動上，所呈現出來的差異」（OECD, 2001: 5）。曾淑芬（2002a）則將數位落差的內涵更廣泛地指向資訊設備近用和資訊技能素養的具備二方面，主張欲消弭數位落差必須自量能（資訊科技近用）與質能（資訊技能素養）二方面著手。而相同的，林嘉誠（2002：43）將數位落差的縮短定位為「使人民有公平的資訊取用機會（equal access）及具備適當、足夠的資訊素養及基本資訊應用技能，公平享受資訊科技所帶來的生活及工作上的便利，以免在資訊社會中成為資訊相對弱勢」。然而 Norris（2001）更進一步擴大數位落差的概念為三個面向：全球性落差（global divide）

意指已開發國家與開發中國家在網際網路取用上的差別，社會性落差（social divide）乃是一個社會當中資訊富者與資訊貧者間的隔閡，而民主性落差（democratic divide）則強調使用與未使用數位資源（尤其指的是網際網路）以參與公共事務者之間的鴻溝。

　　有關數位落差的討論則通常分成兩類，一類是國與國間的落差，另一類則是一國之內不同人群間的落差（Bridges.org, 2001; Norris, 2001）。國際間的數位落差被認為多因貧窮落後、發展遲緩所造成，而一國國內的差距則多來自於經濟以及其他社會性因素。其中，經濟因素可說並存於兩者之中；由於富人與富國具有較高的經濟能力，其通常具有較高的教育程度，同時也比較具有購買資訊設備與服務的經濟能力（Thomas, 1995; Cawkell, 2001）。但是，資訊貧窮的形成可能涉及許多經濟以外的因素；Chatman（1996）不認為資訊貧窮與經濟貧窮兩者可以直接劃上等號，但亦不否認經濟貧窮與資訊貧窮兩者之間的密切關係很難釐清，而且經濟貧窮往往就是資訊貧窮最為外顯的指標之一。此外，接近資訊資源的緊密程度與個人的教育水準是相關的；高教育水準的家庭相較於最低水準的家庭，是高度的可能擁有電腦及接近網路的（NTIA, 1999）；網路及資訊的提供對於受過教育的人是有吸引力及有用的，對於欠缺數理及讀寫能力的人而言，使其接近電腦及資料，進而大幅度的改善其生活，似乎仍是存疑的。因此，經濟能力與資訊素養對於取用資訊科技亦有重大的影響；較為富裕及受良好教育者，比貧窮者及教育程度較低者具有更多利用新科技的優勢。

　　在有關一國國內資訊貧富不均的實證研究中，Schement and Forbes（2000）曾檢視白人、黑人與西班牙裔美國人家庭電話普及率所產生的落差情況；藉由比較分析過去以及當時收音機、無線、有線電視、錄影機、以及先進的資訊設備電腦的普及程度，他們發現多數的資訊技術落差與個人的社會經濟情況、技術選擇或生活模式相關，少數民族例如西班牙裔的美國人或黑人與白人之間的資訊技術普及程度總是存在著相當大的差距；個人的電話普及落差可能受到多種因素的影響，但並非所有的落差都會持續，例如收音機與電視的落差就會逐漸縮小；另外，地理上的差異也是導致資訊差距的原因。

　　綜合上述所言，數位落差一詞意謂：(一)取用（或近用、access to）數位化資訊科技與工具（包括電腦與網際網路）之機會的差別；(二)應用數位化資訊科技與工具的技巧、知識與能力上的差別，或稱資訊素養；以及(三)取用適合的數位化資訊與服務之機會的差別（適合的數位化資訊與應用服務之存在與否）。此三種差別可存在於不同的人與人之間、人群與人群之間、團體與團體之間、甚或國家與國家之間，且其成因可能是群體間的種族、性別、年齡、教育程度、家庭背景、居住地區、經濟水準、社會地位、可得之數位化資訊內容、以及對於數位化資訊與資訊科技之重要性的認知不同。一群體的取用數位化資訊與資訊科技之機會多寡、以及應用數位化資訊的技巧、知識與能力高低，被認為將影響其福祉；而一群體的取用數位化資訊與資訊科技之機會、以及應用數位化資訊的技巧、知識與能力之改變，可能又會影響該群體之教育程度、經濟水準、社會地位、以及對於數位化資訊與資訊科技之重要性的認知。

肆、如何消弭數位落差

　　如何能夠消除資訊貧富不均？在文獻中與實務中可見包括普及服務（Universal Service）（劉崇堅、莊懿妃，1996；高凱聲，1998）和普及取用（Universal Access）兩類觀念與作法，且多針對取用資訊科技與工具之機會的落差，少數則針對使用資訊科技與工具的能力、和資訊與應用內容的落差作努力。普及服務一詞最早出現於美國的電話業務管制中；其由 AT & T 總裁 Vail 於一九〇七年時所提出，原始的意義不同於現今普及服務的概念，而是意指建構一個整合性的網路以使全部的電話使用者相互連接；而後來在一九三四年美國通過的「聯邦通訊法案」中，則明白要求政府應該儘可能以合理的價格提供全美人民快速、有效率、無區域限制的電信服務（Preston and Flynn, 2000）。時至九〇年代，國家資訊基礎建設（National Information Infrastructure, or NII）成為各國戮力的目標；在 NII 架構中，普及服務的觀念轉變為一種減少取用障礙的過程（Miller, 1996），普及服務不再是一種福利、或是將財富從富者轉移給貧者的過程，而是一種可帶動經濟活動更有效率、更公平的誘因；每個人能有機會使用新研發的資訊與電信系統，以有意義、有效率的參與社會、經濟、文化、政治生活的全部面向；易言之，普及服務的措施實等同於達成均富社會理想的財富重分配政策（Mueller, 1999）。

　　普及取用（Universal Access）則是更近代的新名詞，意指在社會打造網路硬體的同時，也應該致力於提升國民的網路使用能力，並提供與使用者切身相關的資訊內容，使其得以接近使用該資訊（陳百齡，1997）；資訊貧富不均被認為是尚未達成普及取用的情況，因此，欲改善資訊貧富不均的情況，勢必要徹底落實普及取用。Miller（1996）認為欲落實普及取用必須滿足下列五個要件：

1. 可取用性（Access）：無論在何居所和工作場所，民眾擁有雙向傳輸的能力，而不會因其所在之空間而被排除在外。

2. 可使用性（Usability）：創造容易使用的裝置和介面，使人們不會因為無法使用資訊設備而被排除在外。

3. 教育訓練（Train）：依據個人的背景提供充份的相關訓練和協助，並且幫助他們融入日常生活的系絡中，使其不會因為缺乏技能而被排除在外。

4. 目的（Purpose）：確保普及取用系統能夠達成個人和社會的需求，使人們不會因為系統無法滿足他們的需求而被排除在外。

5. 負擔得起（Affordability）：確保一般民眾的經濟能力可以負擔普及取用系統的使用，使他們不會因為缺乏經濟能力而被排除在外。

　　陳百齡（1997）引述論者之研究，進一步指出普及取用應包括三項概念：可取得性（Availability）是讓想要連上網路的人都能夠連結上網路，可負擔性（Affordability）指使用網路的經濟負擔必須在一般使用者的能力範圍內，可使用性

（Usability）則是指網路能夠讓社會大眾方便的使用，而不致發生操作上或內容讀取上的困難。Clement and Shade（1998）更進一步提出「取用彩虹（Access Rainbow）模式」[10] 以建構有助於普及取用之基礎建設。

在達成普及取用的途徑中，公共圖書館被認為是可用以消弭數位落差不可或缺的工具（楊美華，2001；梁恆正，2001；王梅玲，2002）。一九九五年版之聯合國教科文組織「公共圖書館宣言」，強調公共圖書館所提供的服務應是建立在「全體平等獲取」的基礎上，不因年齡、種族、性別、宗教、國籍、語言或社會地位而有所不同；公共圖書館應扮演平衡資訊差距的角色，包括提供電腦及線上服務給缺乏資訊設備的兒童與成人、提供資訊弱勢者基本的素養資訊、協助他們取得醫療保健及就業等切身的資訊（顏淑芬，2000）。薛理桂（1997）進一步主張，臺灣公共圖書館應具備的六種中心角色中之「全球電子資訊中心」，強調公共圖書館與網際網路連接後將扮演

---

[10] 奠定普及取用基礎的七個層面，由核心至外圍包括：(1)運輸設備（carriage facilities）：即有關儲存、傳送資訊的設備與服務，例如電話、有線和無線電視、廣播、網路等；(2)硬體裝置（devices）：人們實際操作的硬體裝置，例如電話、電視、廣播、數據機等；(3)軟體工具（software tools）：驅動硬體並且連結人與硬體的裝置，例如 e-mail、搜尋引擎等；(4)內容/服務（content/services）：人們認為有用的資訊和傳遞服務的應用方式，例如全球資訊網、電子郵件、新聞群組等；(5)服務和取用的提供（service/access provision）：提供民眾取用網路的機構與組織，例如學校、圖書館、網路服務提供業者等；(6)素養/社會支持（literacy/social facilitation）：人們使用資訊設備所需要的技術能力，以及取得該技術的訓練和教育等相關社會性援助；(7)治理（governance）：由立法機關、人民團體、市場所制訂有關基礎建設的政策。

資訊富有者與貧者之間的平衡者,「特殊民眾資訊中心」是對弱勢使用者提供公平的服務,而「資訊素養中心」之資訊素養的傳授則是縮小有無電腦及網路素養者之間差距的必要措施。此外,行政院研考會與中央研究院資訊所及財團法人資策會等單位於民國九十年七月間合辦「資訊社會與數位落差研討會」,會議結論中建議以公共圖書館、社區大學及社區工作站做為公共教育中心,以普遍提升資訊素養(研考會,2001)。

是故,在一個資訊均富的社會中,任何人在任何時間、任何地點皆可並有能力取得其所需之任何資訊,即是普及取用的最高理想。雖然如此,能否達成如此崇高的理想尚是一個未知數,不過它可以作為縮減資訊不均的藍圖和指標,為解決資訊不均的問題提供方向和建議。

伍、我國現行促成資訊均富的作法

進入九〇年代之後,以美國為主的先進國家已轉型為「資訊經濟」的結構,臺灣也迅速加入高科技加工出口區經營的行列,創造出 280 億美金產值的「資訊科技產業」,並在一九九六年超越德國,成為美國、日本之後的第三大生產基地,造就臺灣「科技島」的形象,變成電腦共和國(Republic of Computer);但留在臺灣的電腦並不多,顯示我國勤於生產,卻疏於運用。一九九八年時的副總統連戰因此於當年九月指出(中央日報,1998/09/25),臺灣雖是受惠於電腦產業而興起的「資訊新富」,但若就使用狀況而言,卻並非資訊運用的先進國家，且存在資訊分配貧富不均的問題，因此，由「資訊新富」到「資訊均富」是我國必須追求的目標。

時至今日，我國雖然已有近三分之一的人口為網路與電腦使用人口，但如同其他國家一般，各種經驗與資料顯示，亦尚無法擺脫國內存在各式資訊貧富不均與數位落差的現象；[11]其不但引起社會與政府的重視，也促成了某些消弭落差的政策與方案。其中最早的方案可說是在一九九六年開始推行的「國家資訊通信基礎建設」（National Information Infrastructure, or NII）。NII 乃是我國政府在過去幾年以來用以解決資訊貧富不均的主要政策措施；在其相關計畫中，不但提供資訊和通信應用的硬體環境，也獎勵數位影音軟體的開發，並積極將政府資料庫加以網路化，引導民間企業和媒體一起投入內容加值的產業，用合理化的經營模式降低成本、擴充服務，使我們的社會可以充分享受網路的方便，讓資訊不再為少數人獨占或壟斷，徹底消除資訊的貧富差距。因此，

---

11 例如，2002 年 4 月間，桃園縣多所學校表示，1999 年間中央政府以擴大內需補助款購置的電腦，到 2002 年 7 月已屆三年使用期限，必須維修，但中央政府已停止補助，縣府又沒有經費，學校擔心若不維修，電腦隨時可能故障，資訊教學全要停擺（聯合報，2002/04/19）。另外，我國綜合所得稅申報作業自 2002 年起開放民眾上網查詢所得資料，並免附扣繳憑單；但依照財稅單位規劃，民眾只有上網才能查詢所得資料，且基於個人所得資料的隱密性，必須先連上政府管理憑證管理中心，以取得公鑰和憑證；如此一來，為數達 420 萬戶不用電腦、沒有電腦的申報戶，即無法上網查詢所得資料，且又因國稅局擔心一旦所得資料查詢擴及臨櫃查詢，則稽徵所無論場所、人員和設備都無法負荷，故未明確承諾非網路使用者可至稽徵所櫃台要求查詢所得資料；因此，查詢所得資料僅獨厚網路族的質疑，陸續出現於在報章民意論壇版面（民生報，2002/03/05）。

「國家資訊通信基礎建設」的最終目標就是要利用網路達成全民資訊普及。

　　此外，我國政府近幾年規劃與推動運用網路以建構「電子化政府」的構想，亦嘗試藉以達成全民普及資訊取用的效果。例如，為了確實達到方便民眾使用電腦的目的，行政院研考會進行「村里便民服務資訊化」的籌劃，試圖運用現代化資訊科技與網際網路資源環境，以達到「村村有電腦，里里上網路」的境地。一九九九年四月間，研考會為推動偏遠地區村里上網，在綠島啟用了公用資訊站（kiosk），讓當地民眾得以取用現代化的資訊科技。研考會亦於二○○○年在花東地區設置了 20 個公用資訊服務站，並於全省共設置 150 處供民眾上網的電腦設備；而如同國外的做法[12]一般，這些設在偏遠地區的上網電腦，結合了當地的社團服務人力資源，以提供必要的支援服務。此外，政府除了於一九九八年實施「擴大內需方案」，大幅充實國中小學資訊教育設備與內涵外，行政院更於二○○二年三月正式啟用「我的 e 政府——電子化政府入口網站」（http://www.taiwan.gov.tw），正式宣告走入 24 小時全年不打烊的電子化政府服務時代；其中建置了「偏遠地區資訊服務網」[13]以及二個示範網站，並規劃「偏遠地區網站建置評選活動」，鼓勵居住於偏遠地區或是關心偏遠地區的民眾，參與網路活動，以縮短城鄉差距，解決數位落差問題。

---

[12] 如 Lentz et al., 2000。

[13] 「偏遠地區資訊服務網」提供多項應用先進技術的創新服務，包括網站編輯器（Site Builder）、地圖產生器（Map Generator）、搜尋引擎、留言板、意見箱、氣象台以及通訊錄等供民眾使用。

　　許多地方政府也嘗試以創新的方式達到數位普及。例如，截至二〇〇二年三月底止，台北縣市、台中縣市、以及高雄市政府已與國內固網寬頻電信業者合作，除提供市民免費上網訓練外，並免費提供電話撥接線路供民眾使用、便利民眾在家中或任何地方連接網際網路，還提供市民免費電子信箱、以及設置多處的公用資訊服務站；二〇〇二年五月間，新竹市政府也與通信及資訊廠商合作完成市民免費網站，提供 300 線撥接電話方便市民免費永久使用（中國時報，2002/05/08），並包括免費電子信箱與網站服務。另外，國內教育機構與非營利組織亦擔負重要角色；例如，淡江大學經常辦理「盲人電腦教育訓練」，指導盲人使用電腦，以觸覺代替視覺讀取電腦上的資訊，使盲人也能透過電腦吸收資訊與充實新知（中國時報，2002/04/30）；台灣微軟公司則協助南投縣東埔及其他偏遠地區原住民建置社區資訊中心與網站，並使該地區農產品經銷可以打破時空的電子商務方式進行。

　　針對未來，行政院於二〇〇二年五月提出六年國家發展重點計畫之《挑戰 2008：國家發展重點計畫》（行政院，2002），其中數項措施對於國內數位落差之消除具有正面功能。在國家建設七項「挑戰目標」中，「數位台灣計畫」將於未來六年內使寬頻普及率提高至超過六百萬戶、上網人口比例達 50％，使我國成為亞洲最為 E 化的國家。在「E 世代人才培育計畫」中之「建構全民網路學習系統」，是有鑑於我國網路資訊內容質與量偏低，故加強不同年齡層之網路素養（Internet Literacy），以提高運用並創造網路數位資訊之能力，並平衡城鄉間之網路資訊服務品質、縮小中小學城鄉數位落差。「數

位台灣計畫」中並以「消弭數位落差」為其「e化生活」三大
願景之一，希望藉由「為偏遠地區民眾及視聽障民眾建置公
共資訊服務站，輔導中小企業運用網路學習，推動農民終身
學習等計畫，來有效縮短社會上弱勢族群的數位落差，提高
全體人民的生活品質，建立一個具有公平數位機會的電子化
台灣」（行政院，2002：28）。

　　以上在在顯示我國政府與民間於邁向資訊均富上的體認
與努力。此外，我國在促成國際間的資訊均富上亦不遺餘力；
例如在二〇〇一年的亞太經濟合作組織（APEC）會議中，我
國提出「化數位落差為數位機會」的研究計畫，倡議資訊的
普及與應用應使得全球人民皆享有公平擷取資訊的機會、藉
以縮小國際間差距，並允諾代為訓練亞太地區弱勢國家之資
訊人才。

　　然而，綜觀我國目前消除數位落差之各項策略，可見其
將重點置於城鄉地區、以及身體上之不均所造成的差距，而
並未顧及其他方面（例如收入水準、教育程度、年齡等）的
不均。可能的原因是現存的文獻中或政府報告中未能發現相
關的事實和依據，以作為政策的基礎與指引。

陸、數位落差之現況與衡量

　　在數位落差現況的衡量上，可見的文獻大多將焦點置於
國家、區域、人們取用資訊科技與工具之機會的落差，針對
各類群體使用資訊科技與工具的能力、和適合的資訊與應用
內容的落差之調查則極少見。在資訊的取用工具與科技上，
早期的電話普及率、以及現代的電腦普及率、上網率、和其

他相關測量已成為一地區資訊化、數位化和落差情況的重要指標。Schement and Forbes（2000）曾檢視白人、黑人與西班牙裔美國人家庭電話普及率所產生的落差情況，藉由比較分析過去以及當時收音機、無線、有線電視、錄影機，以及先進資訊設備電腦的普及程度，發現數類資訊貧富不均現象存在。此外，Hoffman and Novak（1998）曾檢視種族背景與取用網際網路之間的關聯性，Katz and Aspden（1998）探究曾是網路使用者但後來不再使用網路的人之背景與其退卻的原因。

更重要的是，美國商務部（The US Department of Commerce）的國家通信與資訊局（National Telecommunications and Information Administration, or NTIA）分別於一九九五、一九九八、一九九九、二〇〇〇、及二〇〇二年出版一系列針對其國內資訊貧富不均情況所作的調查結果（NTIA, 1995, 1998, 1999, 2000, 2002）。NTIA 調查所使用的資訊取用變項包括：電話服務的擁有、電腦的擁有、網際網路服務的擁有與使用、使用網路的用途、使用網路服務的地點，而人文背景變項則包括：家庭型態、收入、種族背景、教育程度、年齡、居住地區等。在其二〇〇〇年的報告中發現（NTIA, 2000），整體而言，美國民眾與家戶的資訊化普及程度正在快速增加中，且此種增加趨勢同時出現於不同類別（收入層級、教育程度、種族、地域、年齡、以及性別）的人群中；更重要的是，美國的各類數位落差亦多正在逐漸縮減中，包括城鄉家庭連接上網的比例、不同性別的上網比例、以及不同年齡層的上網比例。雖然如此，數位落差仍舊存在、且在某些面向上反而在擴大中。

　　有關我國之資訊化程度指標則可見於數種調查與研究
中。例如，行政院主計處每年出版之「臺灣地區家庭收支調
查報告」可見家用電腦普及率，網路評量機構 NetValue 定期
公布相關調查結果，[14]尼爾森市場研究公司（Nielsen/Net
Rating）亦定期從事網路趨勢調查。[15]此外，台灣電力公司亦
曾進行相關調查。[16]

　　而有關我國數位落差現況調查的相關文獻則包括資策會
網際網路資訊情報中心（簡稱 FIND）的「網際網路應用調查」
（FIND，1999）、澳洲 ACNielsen 調查公司的「二○○一年
台灣網際網路市場調查報告」（FIND，2002）、蕃薯藤的歷年
的「台灣網路使用調查」（蕃薯藤，1999，2000，2001）、以
及《天下雜誌》的「一九九九網路大調查」（陶振超，1999）。
此四項調查皆針對網路使用人口與行為進行研究，[17]其研究結

---

[14] NetValue 之調查資料顯示（經濟日報，2002/05/02），2002 年 4 月份時，
台灣家庭連線上網普及率為 45%，家戶網路活躍使用者人數為 612 萬人，
男女比例分別為 57.6%和 42.4%。根據這份調查顯示，網際網路使用者的
年齡層方面，在 15 至 24 歲年齡層的使用者人數為 37.8%，25 至 34 歲的
使用者為 28%，35 至 49 歲的為 27.8%。

[15] 尼爾森市場研究公司於 2002 年 4 月份所作的網路趨勢調查報告顯示，台
灣的網路人口為 1,160 萬人（經濟日報，2002/04/24）

[16] 根據台灣電力公司於 2000 年 5 月至 2001 年 4 月進行之調查結果顯示，國
內電腦普及率超過六成（60.05%），較一九九九年調查時成長了 11.67%，
且住宅用戶平均每日使用電腦的時間長達 2.53 小時（民生報，
2002/04/20）。在此調查中，台電自其全國 1,000 餘萬戶民生用戶中抽樣
17,000 餘戶，進行問卷、人員親訪及電話訪問。

[17] FIND 所進行的調查活動自 1999 年 12 月 3 日至 12 日，使用傳統書面問
卷，調查地點為台北資訊月會場，總計回收有效問卷 7,709 份，其中曾上
網者佔 91%，未曾上網者佔 9%。蕃薯藤的研究採用網路線上問卷調查法，

果透露了部分我國近幾年資訊貧富不均的現況及其演變，顯示我國網路使用者高度集中在都會地區（台北縣市、桃園縣、台中市及高雄市），都會區與非都會呈現嚴重的差距；網路人口平均年齡為 26.6 歲，顯示出網路人口年輕化的趨勢；教育程度越高者通常上網的比例也就越高，不過目前這個現象有逐漸縮小的趨勢；女性與男性的上網比例差距正在縮小當中；中等收入的使用者佔使用網路者的絕大比例，然低收入的使用者使用網路的比例亦不低；家中是上網者最主要的上網地點，但在公司、學校的上網人數亦佔一定比例；未上網的主要原因包括「上網塞車」、「垃圾資訊太多」、「怕中毒」以及「外語閱讀障礙」等。

柒、研究目的與方法

一、研究目的

上節所述之 NetValue、ACNielsen、蕃薯藤、FIND 與《天下雜誌》對於我國網路使用的調查，雖顯示網路人口在居住地、年齡、教育程度、性別、收入等特質上存有不均的情況，但其所能揭露的我國國內資訊貧富不均情況是偏頗的，對於學術研究的貢獻以及公共政策制定的影響是有限的。理由有

調查對象為一般網路使用者。《天下雜誌》的調查時間則是 1999 年 10 月 30 日至 11 月 14 日，有效樣本 2,987 份；該調查使用電話訪談的方式，採取分層系統隨機抽樣，以台灣地區電話號碼簿為抽樣母體，按照各縣市的人口比例抽出樣本。

四。第一，以上數項研究僅針對網際網路的使用作調查，卻
忽略了網路只是眾多資訊傳遞與儲存媒介中的一種，同等重
要的是用以產生、處理、分析資訊的電腦之個人與家庭擁有
與使用情況，在此些調查中並未加以深究。第二，蕃薯藤與
FIND 之調查對象為已上網者或參觀資訊相關展覽者，研究母
體非為全體國民，因此其結果不具有任何代表性、無法展現
問題的全貌。第三，這些研究僅針對使用者作調查，研究單
位為個人，卻忽略了至少有同等重要性、政府制定政策重要
依據的經濟單位——家庭情況的探討。第四，此數項研究並
未建構出可用於進一步研究、提供政策制定重要參考、長期
追蹤該現象的指標。本研究即在改善這些缺失。

　　資訊的貧富不均可能帶來或加深經濟貧富不均和社會地
位階級的不均。但就政府決策的觀點來看，究竟我國目前國
內資訊貧富不均的情況為何？文獻中並無一確切的答案。吾
人目前正處於一個快速變動和競爭的資訊化社會，無論是它
的影響層面和發展速度都超越工業社會。而其主要特徵實為
電腦和網際網路的使用；雖說電腦和網際網路的使用是邁向
資訊社會的必備條件，但另一方面資訊科技快速的發展也有
可能會拉大資訊不均的差距。所以，本研究之目的主要在探
究我國資訊貧富不均的實況，選擇國人對於電腦和網際網路
等資訊科技的取用程度加以操作化，作為測量資訊不均現象
的指標，並定義數位落差為個人與家戶間在數位化資訊工具
的取得、應用、和其重要性認知上的不同。

本研究試圖回答下列研究問題：

主要問題：我國國內數位落差的現況為何？

細目問題：

1. 我國家庭取用電腦和網際網路之程度為何？
2. 我國個人取用電腦和網際網路之程度為何？
3. 家庭收入與取用電腦和網際網路程度之間的關聯性為何？
4. 居住地與取用電腦和網際網路程度之間的關聯性為何？
5. 籍貫背景與取用電腦和網際網路程度之間的關聯性為何？
6. 個人教育程度與取用電腦和網際網路程度之間的關聯性為何？
7. 個人年齡與取用電腦和網際網路程度之間的關聯性為何？
8. 個人性別與取用電腦和網際網路程度之間的關聯性為何？
9. 個人就業別與取用電腦和網際網路程度之間的關聯性為何？
10. 國人在電腦和網路對其工作與生活之重要性上的認知為何？

　　商業利益取向的市場力量無法落實資訊均富，因此需要政府扮演關鍵性領導角色，及早重視資訊貧富不均的問題，制訂相關資訊政策，以防止資訊不均的擴大。由以上研究問題的回答，吾人可據以有系統的了解與分析資訊貧富不均的現象、程度與內涵，以作為政府制定相關政策時之參考，方能對症下藥，不致犯下「第三類型錯誤」（Dunn, 1994），以更有效率、效能地施政；此實為當前政府所應面對的首要課題。

二、研究方法

為有系統的探究我國目前國內資訊貧富不均的情況及解決之道，本研究以我國台澎金馬地區滿十八歲之居民及其家庭為研究母體與調查對象，採取電話訪問方式進行抽樣問卷調查。研究對象與分析單位為我國台澎金馬地區的個人與家庭；研究變項是家庭之擁有使用電腦和網際網路的程度、收入、族群背景、居住地區等，以及個人之擁有使用電腦和網際網路的程度、性別、年齡、教育程度、職業、使用電腦和網路的地點、與重要性的認知等變項。在進一步蒐集、檢閱相關文獻後，筆者研擬訂定調查所使用之問卷題目，包括受訪者個人與家庭之背景以及資訊設備使用情形；並於正式訪問前、及訪問初期，對問卷進行測試、修改，以確保問卷信度、效度及調查品質。

為使調查結果能平衡地反映全國各地之狀況，本研究採取分層比例系統抽樣方法。抽樣所使用之母群體清冊（抽樣架構）為中華電信公司出版之二○○○年版台灣地區各縣市住宅部電話號碼簿。在決定各縣市十八歲以上之人口比例後，依其比例決定個別地區應有之樣本數，於個別地區內進行電話號碼之系統抽樣。抽樣出電話號碼後，並以此抽出之電話號碼末尾兩位隨機的方式決定實際樣本電話號碼；撥通實際樣本電話號碼後，並進行戶內抽樣，選取合格受訪者進行訪問。

三、Gini 係數之建構

本研究中用以度量資訊均富程度的指數[18]為 Gini Coefficient（Gini 係數）。在公共經濟學領域以及相關實務中，常以 Lorenz Curve 以及 Gini Coefficient 度量一國之財富與收入分配均衡的程度，以呈現家戶所得收入不均的現象（Stiglitz, 1986; Apgar and Brown, 1987; Thompson, 1997；曹添旺，1996；吳慧瑛，1998），[19]亦有論者曾以該係數表示各類資源

---

[18] 指數（index）乃一複合性的測量方法，其之建立結合了二個或二個以上的變項，而這些變項是以指標（indicators）的方式來代表。而本研究之所以採用指數的方式以度量資訊均富程度，乃因其具有下列優點（Frankfort-Nachmias and Nachmias, 1996）：(一)使研究者能夠以單一數字來代表數個變項，進而降低處理複雜資料的困難性；(二)提供量化的測量方式，能用以進行較精確的統計分析；(三)可增加測量的信度；因為指數上的一個數字比起根據單一問題或項目的回答而言，會是一種較可信的特質測量標準。

[19] 度量財富分配均衡程度的 Lorenz Curve，是在一個二度空間中的座標圖上建構的；其中，縱軸與橫軸有著等距離的刻度，並相同程度地代表著自零至 100 的累加相對次數（cumulative frequency）；橫軸呈現的是自貧至富之不同財富收入等級家庭數（或其他種類經濟單位）的累加相對次數，而縱軸則代表這些自貧至富之不同財富收入等級家庭的財富收入佔全國總收入的累加相對次數。就每一等級之家庭收入狀況在此座標圖中標示定位點後，將所有點相連接所得之曲線即為一 Lorenz Curve。均富的理想狀況下，此曲線應為自左下至右上角的一對角直線（絕對均等線）；但在現實情況中，此曲線多向右下角曲張，代表財富收入等級高的家庭擁有較多比例之全國收入。Gini 指數即是以 Lorenz Curve 以上至對角線（絕對均等線）的面積為分子，以對角線以下的三角形面積為分母，所計算出的數值；其中愈接近對角線的 Lorenz Curve、或越小的 Gini 指數代表分布愈均衡。而

分配不均衡之現象，如醫療人力地理分布（洪錦墩、李卓倫，1989; Waters, 2000；黃偉堯、張睿詒、江東亮，2001）。Gini 係數可用以進行長期性追蹤與比較，並與重要政策變項進行關聯性分析、以瞭解政策效用，而近來更開始被用以衡量一國國內的數位落差現狀（NTIA, 2002）。在相同的原理之下，本研究藉由 Lorenz Curve 以呈現我國的資訊貧富不均之情形，並以 Gini Coefficient 建構不均程度的指數。[20]

捌、研究發現

一、調查歷程與受訪者背景

電話訪問於二○○一年六月六日（星期三）至六月十一日（星期一）之平日的晚間以及週末、假日時間進行，共計完成 2,162 筆有效樣本；調查結果在 95％的信心水準下，抽樣誤差為 2.16%。[21]

Gini Coefficient 基本上代表著此曲線向右下角曲張的程度；完全均富的理想狀況下，此曲線為一直線，Gini Coefficient 等於 0；財富收入越不均時，Lorenz Curve 越向下彎曲，Gini Coefficient 越往 1 逼近。

[20] 以自低至高收入水準排序之家庭數累加百分比為 X 軸，相對應組別之變數(例如家中擁有電腦數量)的累加百分比為 Y 軸，繪出 Lorenz Curve，並以下列公式計算其之 Gini Coefficient（Thompson, 1997; Rodrigue et al., 2002; The World Bank Group, 2002）：

$$G = \left| 1 - \sum_{i=1}^{N} (\sigma Y_i + \sigma Y_{i-1})(\sigma X_i - \sigma X_{i-1}) \right|$$

[21] 以上調查結果精確度決定方法係參考自以下書籍：Naiman, Rosenfeld, and Zirkel, 1996；McClave and Sincich, 1997；賴世培等，1996。

受訪者中，男性佔49％，教育程度以高中職最多，佔32％；職業以家管最多，佔17％，商、工、服務業居次，約為13％左右，學生約佔8％；受訪者父親籍貫以本省閩南最多，佔78％，大陸各省為13％，本省客家則為8％；居住地區（由受訪者自我評述）以都市最多，佔51％，鄉村為30％，郊區則為19％。

二、電腦的擁有與使用

在個人之電腦使用方面，表示不會使用電腦者佔總受訪人數的41％，會使用者佔近六成。在過去一個月內曾使用過電腦的處所方面，如下表一所示，43％的受訪者曾在家中使用電腦，29％曾在工作場所使用，一成則曾在學校使用；人們最常使用電腦的地方亦分別為家中（48％）、工作場所（41％）、學校（6％）；平均一天使用電腦時間（不含上網路）約為3.1小時。

表一　個人使用電腦與網路的地方

地點 電腦與 網路的使用	電腦訓練/補習班	家裡	學校	上班、工作場所	公共圖書館	網路咖啡店	公共資訊站	社區中心	鄰里辦公室	朋友那裡	在其他地方	過去一個月沒有使用過電腦/上網
過去一個月內曾使用過電腦的處所比例(n=2162)	0.8	42.8	10.2	28.5	0.8	3.3	0.3	0.1	0.1	2.2	1.1	4.3
最常使用電腦的處所比例(n=1216)	0.7	48.0	6.4	41.2	0.2	1.7	0.1	0.0	0.0	0.9	0.8	N/A
過去一個月內曾使用網路的處所比例(n=2126)	0.3	35.4	8.4	18.2	0.5	5.0	0.3	0.0	0.0	1.3	0.4	4.7
最常上網的處所比例(n=1080)	0.6	55.2	7.4	28.9	0.3	5.6	0.2	0.0	0.0	1.0	0.7	N/A

（資料來源：本研究整理）

　　在家戶之電腦的擁有方面，家中具備使用中的電腦者佔總家戶數的 71%，而具備電腦的家中其電腦數平均為 1.11台，且約三成的受訪者表示家中最新的電腦是於最近一年內購置。然在家中無電腦的原因方面，如下圖一所示，約 16%的受訪者表示其不覺得有需要或不想要有，僅約三個百分比表示買不起電腦設備。

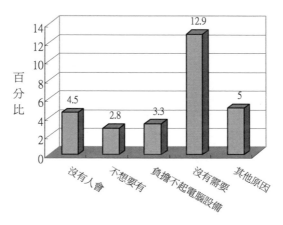

圖一　家中無電腦的原因（n=2162）

三、網路的使用

　　在個人的上網行為方面，表示不會或沒有使用網路者佔總受訪人數的 49%，會使用網路者為 51%。而在過去一個月內曾使用過網路的處所方面，如表一所示，有 35%的受訪者曾在家中使用過網路，18%曾在工作場所，8%曾在學校；而其中最常上網的地方，亦分別為家中（55%）、工作場所（29%）、學校（7%）、網路咖啡店（6%）；平均一天使用網路的時間約為 1.8 小時。

　　在家戶的網路連結方面，53％的受訪者表示家中有上網，約二成的受訪者表示家中是在最近一年內開始連結上網的；而有上網的家庭中其上網方式以電話撥接為主，佔約八成，以寬頻方式（固接方式/專線、ISDN、ADSL、有線電視纜線數據機、衛星）連接上網者約為二成。此外，家中未連結上網的原因以沒有需要為最多，約佔未上網家戶的一成。

四、電腦或網路的重要性與其他方面之關聯性分析

　　關於個人不會用電腦或網路的原因，如下圖二所示，近二成的受訪者表示是因為自己沒有需要，一成六的受訪者則因為沒有興趣或不想學，但亦有一成一的受訪者想學但苦無機會。而當被問及電腦和網路對於受訪者其工作和生活的重要性，並以 1 分（完全不重要）至 7 分（極重要）加以評價

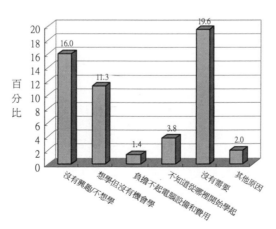

圖二　不會使用電腦或網路的原因（n=2162）

時，如下圖三所示，近四分之一（約二成三）的受訪者評定為 1 分，另約二成二的受訪者評定為 2 至 4 分，約二成八者認為有 5 至 6 分的重要性，一成八的受訪者則認為電腦和網路對其之工作和生活非常重要；總平均分數約為 4.1 分（n=1984）。

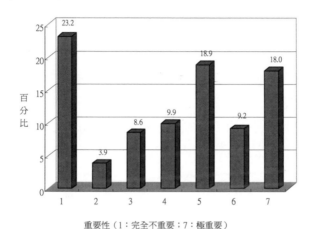

重要性（1：完全不重要；7：極重要）

圖三　電腦和網路對於個人工作和生活之重要性（n=1984）

五、數位落差

數位落差可能存在於不同的個人性別、年齡、教育程度、族群背景、就業類別、居住地區、以及家戶收入水準和所屬地域等面向。以下就本次調查結果作一說明，如表二所示。

表二　個人背景與其電腦使用行為和認知交叉分析表

數位化面向	性　別		年齡層								教　育　程　度					就業類別		
	男性	女性	18-21	22-25	26-29	30-39	40-49	50-59	60-69	70-	小學以下	國中	高中職	專科	大學以上	未就業	學生	就業
使用電腦比例	61%	58%	94%	95%	87%	75%	54%	31%	12%	5%	5%	24%	67%	93%	96%	27%	99%	70%
平均每日使用電腦時數	3.2	3.0	2.0	3.4	4.2	3.4	2.7	2.6	3.2	2.5	1.2	1.9	2.4	3.3	3.9	1.6	2.2	3.5
上網比例	55%	48%	91%	88%	78%	64%	43%	25%	6%	3%	2%	17%	52%	86%	91%	20%	98%	61%
平均每日上網時數	2.0	1.5	2.0	2.1	2.2	1.7	1.2	1.5	1.5	1.6	0.8	1.4	1.5	1.7	2.2	1.4	2.0	1.8
電腦與網路重要性評價	4.1	4.0	4.9	4.8	5.0	4.5	4.1	3.1	2.5	1.9	2.0	3.1	4.2	4.9	5.3	3.1	5.1	4.4

（資料來源：本研究整理）

（一）性別間之數位落差

在使用電腦與否上，經卡方分析後發現，男性與女性使用電腦的比例間並未呈現顯著之差異性；就上網行為而言，經卡方分析後，顯示其間之差異性顯著。此外，在過去一個月內平均一天使用電腦（不含上網路）小時數上，使用電腦的男女性間其平均數差異性並不顯著，皆在 3 小時左右；在平均一天上網的小時數當中，上網的男性的平均數是 2.04 小

時，女性則是 1.47 小時，其間之差異性經過平均數相等的 T
檢定後，結果是顯著的。在電腦和網路對工作和生活的重要
性上，則顯示受訪者（無論其為電腦、網路使用者或非使用
者）中男女性其自評分數平均數間之差異並不顯著。

（二）年齡層間之數位落差

　　一如所料，個人使用電腦與否在不同年齡層間其比例之
差異性是顯著的，個人上網與否和其年齡之高低亦呈顯著差
異性；基本上，年齡層越低者其會使用電腦與上網的比例越
高。此外，就電腦或網路的使用者而言，其在過去一個月內
平均一天使用電腦的小時數（不含使用網路）上、以及平均
一天上網的小時數上，各個年齡層其平均數間之差異經變異
數分析 F 檢定，結果乃為顯著的；在平均一天使用電腦的小
時數中，以二十六至二十九歲的年齡群其平均數 4.2 為最高，
其次為三十至三十九歲的 3.44；而平均一天上網小時數當中
以二十六至二十九歲的 2.18 為最多，其次則為二十二至二十
五歲的 2.1。就個人對於電腦和網路對工作和生活的重要性之
自評分數而言，各年齡群間其平均數差異性經檢定後，其結
果顯著；其中以二十六至二十九歲者平均值 5.03 分為最高，
六十至六十九歲是 2.5 分、七十歲或以上者則僅為 1.9 分。

　　以自低至高年齡層排序之人口數百分比與相對應之人口
電腦使用者的百分比做 Gini 係數計算，如下表三所示，Gini
係數是 0.271；而年齡層與上網人口之對應之 Gini 係數是
0.31，顯示出在上網與否方面不同年齡層間的落差是較電腦的
使用更大。

（三）教育程度間之數位落差

　　如預期一般，不同教育程度的國人與其在資訊科技的使用與認知上呈現顯著的相關性。就個人使用電腦與否、以及個人上網與否而言，不同教育程度間其比例之差異性是顯著的，且與教育程度間呈正向關係。另外，在過去一個月中平均一天使用電腦小時數上，各個不同教育程度間的平均值經檢定後其差異性亦顯著；其中教育程度越高者其平均一天使用電腦小時數越多；同時，在平均一天上網的小時數上，其差異性亦顯著，教育程度越高者其一天上網小時數亦越多。在電腦和網路對工作和生活的重要性上，各種不同教育程度之受訪者間其自評分數平均值之差異性亦呈顯著，並與教育程度成正向關係；其中大學學歷以上者平均值為 5.3 分，而小學以下者則為 2 分。此外，在不同教育程度的受訪者中，其家中使用的電腦數亦呈現顯著的差異性，且為正向關係。

　　以自低至高排序不同教育程度之人口數百分比與相對應之人口電腦使用者的百分比做 Gini 係數計算，如下表三所示，Gini 係數是 0.307；而年齡層與上網人口之對應之 Gini 係數則是 0.354，顯示出在上網與否方面不同教育程度間的落差亦是較電腦的使用更大。更重要的是，表三顯示出個人方面的數位化不均情況實以教育程度面向最為嚴重，其皆在 0.3 以上，其次則是不同年齡層間在使用網路上的差距亦超過 0.3。

（四）族群間之數位落差

　　本研究發現，在我國族群之間存在著少許的數位落差。

無論受訪者父親籍貫為本省閩南、本省客家、台灣原住民或者是大陸各省，其家中擁有電腦之比例間的差異性，經分析後並未呈現顯著的差異性，顯示在家中是否擁有電腦上族群之間並不存有落差。雖然如此，其中父親籍貫為本省閩南者家中擁有電腦比例為73％，本省客家為74％，大陸各省為70.4％，但父親籍貫為台灣原住民者其家中有電腦的僅為55％，是值得正視與注意的。此外，家中是否連結上網與受訪者父親籍貫的交叉分析下，其間亦未呈現顯著的差異性；但其中，受訪者父親為本省閩南籍家中有連結上網的比例為55.1％，本省客家為50.6％，大陸各省為52.2％，而台灣原住民則僅有36.4％。

至於個人平均一天使用電腦小時數、平均一天上網的小時數、電腦和網路對工作和生活重要性的自評、以及家中使用電腦數而言，無論受訪者的父親籍貫或母親籍貫為何，經過變異數分析F檢定，皆未呈現顯著差異性。但值得重視與注意的則是，在家中用電腦數量上，本省閩南、本省客家、大陸各省受訪者皆為介於平均1至1.1台左右，但父親籍貫為台灣原住民的受訪者家戶中，平均卻只有0.73台電腦可以使用。

雖然以上各面向中未出現統計上的明顯族群落差，但父親籍貫與受訪者自身使用電腦、網路與否卻呈明顯差異性，且皆以父親籍貫為原住民為較弱勢者。父親籍貫為本省閩南、客家、或大陸各省者中各有約59％至64％使用電腦，而父親籍貫為原住民的受訪者中僅36％為電腦使用者。此外，在是否為網路使用者方面，父親籍貫為本省閩南、客家、或大陸各省者中各有約51％至56％為網路族群，而父親籍貫為原住民的受訪者中僅 27％為網路使用者。

（五）個人就業別間之數位落差

在個人就業別之間的數位落差方面，本研究將個人原屬之職業類別分為三類就業別：第一類是「未就業者」，包括家庭主婦、退休者、與失業者；第二類是「學生」；第三類則是「就業者」，包括所有其他種類職業者，以此三種就業別進行數位落差的分析。在個人是否使用電腦上面，就業者、學生和未就業者間呈現顯著的差異性；如表二所示，學生族群當中 99％使用電腦，就業者當中有 70％使用電腦，而未就業者當中則僅有 27％使用電腦。此外，在個人有無上網方面，亦呈類似的顯著差異性，其中以學生族群的 98％的上網率為最高。

此外，在平均一天使用電腦小時數上，不同就業別之受訪者間其平均數呈現顯著的差異性；如表二所示，就業者一天用電腦的平均小時數是 3.49，學生是 2.21，未就業者則為 1.59。雖然如此，就平均一天上網的小時數而言，三種就業別間並未呈現顯著的差異性。而在電腦和網路對於工作和生活的重要性上，三個就業別間則又呈現顯著的差異性；就業者之自評重要性平均分數為 4.36 分，學生的平均值為 5.13 分，而未就業者其平均值則僅為 3.06 分。

就家庭而言，不同就業別者間家中是否具備電腦也呈現明顯的落差；受訪者是學生的有 97％其家中有電腦，有就業的受訪者家中有電腦的百分比則是 76％，而受訪者是未就業者其家中有電腦的比例僅有 57％。在家中是否有上網方面，不同就業別受訪者間亦呈現明顯差距；在受訪者是學生的家庭當中有連結上網的佔 87％，有就業的受訪者家庭中有上網的僅為 59％，而未就業的受訪者家中有上網的僅為 33％。此外，三種不同就業別間受訪者家中使用的電腦數平均數也呈現顯著的差異性；有就業者受訪者家中用電腦數平均為 1.17 台，受訪者是學生的家中平均電腦數是 1.46 台，而未就業的受訪者家中則僅有 0.86 台。

以個人原屬之職業類別而言，自高至低排序各職業類別中電腦使用者佔總電腦使用者的比例，並對應之以各職業類別人數佔總人數的比例，如下表三所示，其 Gini 係數是 0.156；而原屬職業類別與上網人口之對應之 Gini 係數則是 0.185，顯示出在上網與否方面不同職業類別間的落差亦是較電腦的使用更大。

（六）家戶收入水準間之數位落差

本研究將受訪者過去一年來家庭平均每個月的總收入高低分成七級，[22]以之與各相關變項間進行關聯性分析。就家中有無電腦而言，不同收入水準間之差異性是顯著的，家庭月收入愈高的群體中擁有電腦之比例也愈高；其中，家庭月收入在十萬整或以上的家中有電腦的比例高達至 90％以上。此外，不同收入的家庭中使用之電腦數的平均值亦呈現顯著的差異性，月收入愈高的家庭其家中擁有的電腦數平均值也愈高。

---

[22] 第一級為二萬元以下，第二級為二萬整至四萬元以下，第三級為四萬整至六萬元以下，第四級為六萬整至八萬元以下，第五級為八萬整至十萬元以下，第六級為十萬整至十二萬元以下，最後第七級則為十二萬元整或以上。

　　以自低至高收入水準排序之家庭數百分比與相對應之家中擁有電腦數量的百分比做 Gini 係數計算，如下圖四與表三所示，Gini 係數是 0.198；而若以自低至高排序收入水準之家庭數百分比與其中擁有電腦的家戶數之百分比計算，如下圖五與表三所示，則 Gini 係數為 0.140。此結果顯示，就電腦之擁有與否而言，其在經濟貧富間之差距是較小的；相對而言，就電腦之擁有數量而言，則其在經濟貧富間所呈現的不均現象是較大的。

　　至於不同等級收入之家庭是否上網，其間之差異性亦是顯著的，百分比隨著家中月收入的增加而增加；在其中，家中月收入在二萬元以下的家庭連結上網的比例僅為 16％，而在十萬整至十二萬元以下的家庭中有上網的比例則高達 83％。以收入水準自低至高排序之家庭數百分比與相對應之有連結上網的家戶數百分比計算，如表三所示，其 Gini 係數為 0.206，呈現的是較電腦的擁有與否更大的分配不均。而就家戶是否以寬頻方式上網而言，以自低至高排序收入水準之家庭數百分比與相對應之以寬頻方式連結上網的家戶數百分比計算，如表三所示，其 Gini 係數為 0.285，呈現的是比上網情況更大的不均。

　　然而，若以自低至高排序家庭收入與相對應之家戶數百分比計算在此調查中所呈現的財富（收入）分配不均情形（即一般的 Gini 係數應用目的），如表三所示，則 Gini 係數為 0.337 之多，與我國行政院主計處之估算接近。[23]若以此二類家戶收

---

[23] 行政院主計處以家庭可支配所得按戶數五等分位組之所得分配比與所得

入分配情況的 Gini 係數與以上呈現的數位落差的 Gini 係數相
較顯示，除了個人教育程度與上網與否間的 Gini 係數（0.354）
為較高外，國內其他數位化貧富不均的情形是較緩和於經濟
貧富不均的情況；亦即，在台灣家戶間其收入上的貧富不均
較嚴重於家戶間在資訊化、在電腦的擁有以及在上網與否之
間的落差。

　　對個人而言，受訪者是否使用電腦與其家庭收入水準間
之關聯性亦是顯著的，其使用者的比例隨著家庭收入水準的
提高而增加。而受訪者平均一天使用電腦小時數與其家庭收
入間之關聯性亦是顯著且正向的。此外，受訪者使用網路的
比例亦與其家庭收入水準間呈正向顯著關聯性。然而，在平
均一天上網的小時數上，則如同上述多數分析結果一般，受
訪者的家戶收入等級與其一天上網小時數之間並未呈現顯著
的關聯性。雖然如此，在電腦和網路對於工作和生活的重要
性上，不同收入水準家庭的受訪者間具顯著差異性；家庭收
入愈高的受訪者所表示的重要性平均而言也愈高。

差距計算 Gini 係數，2000 之係數為 0.326（資料來源：
http://www129.tpg.gov.tw/mbas/income189.htm 2001/12/04）。

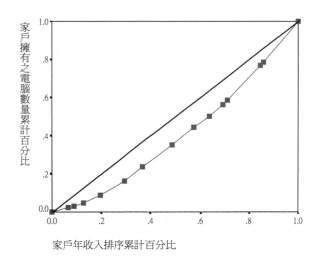

圖四 家戶收入與擁有電腦數量間差距之 Lorenz Curve（Gini=.198）

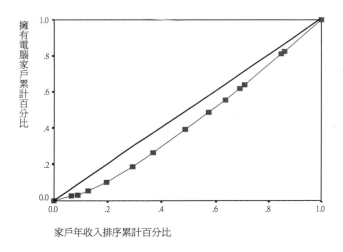

圖五 家戶收入與擁有電腦間差距之 Lorenz Curve（Gini=.140）

表三 各類 Gini 係數

比較面向	Gini Coefficient
家戶收入 vs 家戶數	0.337
家戶擁有之電腦數量 vs 家戶收入	0.198
家戶擁有電腦 vs 家戶收入	0.140
家戶上網 vs 家戶收入	0.206
家戶以寬頻方式上網 vs 家戶收入	0.285
家戶擁有電腦 vs 居住縣市	0.057
家戶上網 vs 居住縣市	0.093
家戶以寬頻方式上網 vs 居住縣市	0.219
個人使用電腦 vs 個人年齡	0.271
個人使用網路 vs 個人年齡	0.310
個人使用電腦 vs 個人教育程度	0.307
個人使用網路 vs 個人教育程度	0.354
個人使用電腦 vs 個人職業	0.156
個人使用網路 vs 個人職業	0.185
個人使用電腦 vs 居住縣市	0.072
個人使用網路 vs 居住縣市	0.089

（資料來源：本研究整理）

（七）地域間之數位落差

本調查除詢問受訪者居住縣市外，亦由受訪者自行表示其居住地區是屬於都市、郊區、或是鄉村。分析結果顯示，受訪者居住地區與受訪者個人使用電腦與否間之關聯性是顯著的，如表四所示；表示其居住地區是都市的受訪者中，會使用電腦的百分比為 69％，表示住在郊區的則為 59％，表示住在鄉村的則僅有 45％使用電腦。此外，在受訪者個人使用

網路上、以及在平均一天使用電腦的小時數上，也呈現類似
的顯著差異性。

表四　地域間之數位落差現況

地域＼面向	個人使用電腦比例	一天用電腦(不含上網路)小時數	個人上網比例	平均一天上網小時數	電腦和網路對於工作和生活重要性	家中有電腦比例	家中用電腦台數	家中上網比例
台北縣	66.4%	3.63	60.1%	2.03	4.25	80.4%	1.21	61.6%
台中市	62.2%	3.22	54.1%	1.46	3.90	77.6%	1.27	59.2%
台中縣	60.9%	2.39	49.0%	1.59	4.09	72.2%	1.03	52.3%
台北市	73.3%	3.48	68.9%	1.92	4.70	81.5%	1.45	70.0%
台東縣	36.4%	1.50	18.2%	0.72	3.13	45.5%	0.50	31.8%
台南市	49.3%	3.34	39.7%	1.95	4.11	69.9%	1.07	47.9%
台南縣	57.5%	2.33	45.1%	1.55	4.05	54.9%	0.93	38.1%
宜蘭縣	54.3%	1.83	39.1%	1.40	3.78	60.9%	0.93	41.3%
花蓮縣	56.3%	3.26	50.0%	1.23	3.27	68.8%	0.97	53.1%
金門縣	42.9%	0.25	42.9%	0.92	2.43	42.9%	0.57	28.6%
南投縣	33.3%	2.28	29.2%	1.19	3.02	56.3%	0.72	27.1%
屏東縣	41.3%	1.73	35.0%	1.90	3.65	57.5%	0.87	38.8%
苗栗縣	68.8%	2.83	54.2%	1.26	4.00	81.3%	1.10	47.9%
桃園縣	61.6%	3.71	56.7%	2.07	4.36	73.2%	1.21	57.9%
馬祖(連江縣)	28.6%	4.00	28.6%	2.00	3.86	57.1%	0.83	28.6%
高雄市	63.2%	3.10	54.8%	1.78	3.80	75.5%	1.27	57.4%
高雄縣	52.7%	2.58	40.3%	1.16	3.56	65.1%	0.90	40.3%
基隆市	69.2%	2.79	59.0%	2.02	3.74	76.9%	1.05	56.4%
雲林縣	38.6%	2.88	35.7%	1.27	3.16	54.3%	0.79	34.3%
新竹市	68.6%	3.26	62.9%	1.73	4.81	80.0%	1.26	71.4%
新竹縣	61.9%	3.57	52.4%	1.90	4.68	78.6%	1.37	59.5%
嘉義市	60.0%	2.96	52.0%	0.88	4.46	68.0%	1.17	60.0%
嘉義縣	42.0%	2.67	38.0%	1.71	3.42	52.0%	0.60	42.0%
彰化縣	53.7%	2.81	38.9%	2.01	4.28	66.7%	0.97	48.1%
澎湖縣	11.1%	0.50	11.1%	1.00	2.89	33.3%	0.33	22.2%
都　市	68.6%	3.43	60.5%	1.88	4.36	79.9%	1.27	62.3%
郊　區	59.2%	2.71	52.7%	1.60	4.09	72.9%	1.11	56.2%
鄉　村	45.3%	2.54	36.0%	1.59	3.54	59.6%	0.82	38.8%

（資料來源：本研究整理）

　　但就平均一天上網的小時數而言，不同居住地區的受訪者其間未呈顯著的差異性；雖然如此，就電腦和網路對於工作和生活的重要性而言，都市、郊區、和鄉村之間又再次呈現類似的顯著差異性。除此之外，在不同地區中之家庭中有電腦的比例、家中平均電腦數、家中連接上網等面向，亦呈現類似的明顯落差。

　　若就各縣市之間的比較而言，多數的差異性是顯著的，且多以北部地區及都會地區為領先者，如表四與圖六至圖十所示。如圖六所示，就受訪者家中擁有電腦的比例而言，各縣市間之差異性是顯著的；其中，家庭擁有電腦的比例最高的分別是台北市、苗栗縣、台北縣和新竹市，比例最低者集中於偏遠和離島地區，分別為澎湖縣、金門縣和台東縣。就受訪者家中所使用的電腦平均數量而言，如圖七所示，各縣市之平均數的差異性是顯著的；其中，電腦平均數量最高的分別是台北市、新竹縣、台中市、高雄市和新竹市，最低者集中於偏遠和離島地區，分別為澎湖縣、台東縣以及金門縣。最後，如圖八所示，受訪者家中連接上網的比例在各縣市間之差異性亦是顯著的；其中，家庭連接上網的比例最高的分別是新竹市、台北市、和台北縣，比例最低者分別為離島的澎湖縣以及金門和馬祖。

　　使用電腦的受訪者所佔比例在各縣市中之差異性是顯著的；居住於台北市的受訪者中有 73％是電腦使用者，獨佔鰲頭。而各個縣市受訪者平均一天使用電腦的小時數間之差異性亦是顯著的；其中，馬祖地區的受訪者一天使用電腦（不含上網路）的小時數之平均數 4 小時為最高（但其樣本個數僅為 2），其次是桃園縣為 3.71、台北縣的 3.63、新竹縣的 3.57、

以及台北市的3.48，[24]皆集中於北部地區。在平均一天上網的
小時數上，如同多數其它類別的關聯性分析結果一般，不同
縣市之間其差異性並不顯著。然而，在電腦和網路對於工作
和生活的重要性上，各縣市受訪者所表示出的重要性平均數
之間的差異性則是顯著的；其中，最高的是新竹市、台北市、
新竹縣等，平均值最低者則為金門縣與澎湖縣。另外，各縣
市中使用網路的受訪者所佔比例之差異性亦是顯著的；居住
於台北市的受訪者中有69%是網路使用者，其次是新竹市以
及台北縣，比例最小的則是澎湖地區與台東縣。

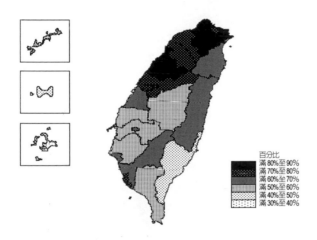

百分比
滿80%至90%
滿70%至80%
滿60%至70%
滿50%至60%
滿40%至50%
滿30%至40%

圖六　各縣市家戶具備電腦比例分配情況

---

[24]此結果或許與一般的預期（認為使用電腦最頻繁者應為如台北市與新竹市
的居民）有些許不同，但卻也與天下雜誌（陶振超，1999）等調查結果相
似；與一般預期不同的可能原因包括：(1)此小時數為僅使用電腦本身功
能而非上網的時數；(2)每一縣市之個別樣本數並不大，難免存在誤差。

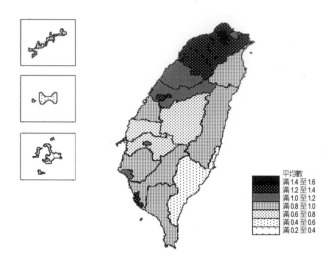

圖七　各縣市家中用電腦數量分配情況

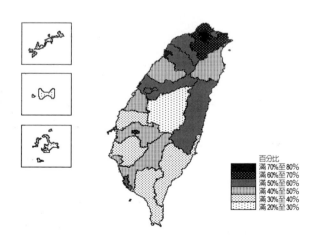

圖八　各縣市家戶上網比例分配情況

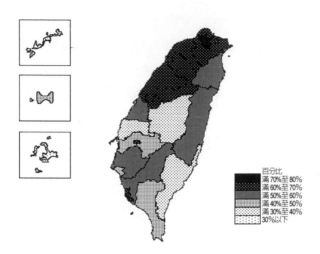

圖九 各縣市個人使用電腦比例分配情況

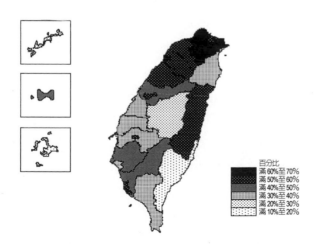

圖十 各縣市個人上網比例分配情況

　　在 Gini 係數的衡量上，如前表三所示，以自高至低排序各縣市中電腦使用者佔總電腦使用者的比例，並對應之以各縣市人數佔總人數的比例，其 Gini 係數是 0.072；而各縣市人數與上網人口對應之 Gini 係數則是 0.089。各縣市家戶數與擁有電腦家戶數對應之 Gini 係數是 0.057，與上網家戶數對應之 Gini 係數是 0.093；而各縣市家戶數與以寬頻方式上網家戶數對應之 Gini 係數則高達 0.219，顯示在新科技的應用上縣市間存在著更大的落差。

玖、結論與省思

一、結論

　　總結本研究結果，我國之數位落差概況如下表五所示。性別間出現某些數位落差；在網路的使用上是呈現落差的，以男性上網的比例為較高，在平均一天上網的時數上男性亦明顯高於女性；至於在其他面向上，性別間並未呈現顯著的數位落差。在年齡上，落差則呈現於個人是否使用電腦、個人是否上網、使用電腦的時數、上網的時數、以及電腦和網路對於工作和生活之重要性上，基本上是與年齡層的高低呈反向關係。在教育程度上，顯著差異存在於個人是否使用電腦、個人是否有上網、使用電腦時數、上網時數、電腦和網路對於工作和生活的重要性、以及家中電腦數量上，且皆呈正向關係，隨著教育程度的提高而提高。

　　在不同族群間，數位落差並不甚明顯；受訪者之父親或母親的籍貫與多數的數位化變項間並無顯著關聯性存在。但值得重視的是，父親籍貫為台灣原住民的受訪者家中有電腦的比例、家中有上網的比例、使用電腦時數、上網時數、電腦和網路對工作和生活的重要性，尤其是家中電腦數上，其樣本比例或平均數均一致性地小於其它族群；除此之外，在電腦以及網路的使用與否方面，原住民更是明顯的弱勢族群。

　　在個人就業別上，就業者、學生、與未就業者間之使用電腦、使用電腦時數、家中是否有電腦、家中是否上網、家中用電腦數、以及電腦和網路對工作和生活的重要性等面向上，其差異性皆是顯著的，且多以學生之百分比或平均數最高、就業者次之、未就業者最低，僅在使用電腦時數上以有就業者為最高。這些現象反映出我國在過去這幾年來於中小學、以及其他各級學校之資訊教育上所做的努力得到的結果。亦即，有計畫的資訊教育方案促使學生本身和其家庭在資訊化的程度上和在電腦與網路的使用上皆高於非學生族群或無學生的家庭。

表五　我國數位落差現況

個　人								
背景 數位化面向	性別	年齡	教育程度	族群 (父親籍貫)	就業別	城鄉地區	縣市	家庭收入水準
使用電腦與否	✕	○	○	○	○	○	○	○
使用電腦時數	✕	○	○	✕	○	○	○	○
使用網路與否	○	○	○	○	○	○	○	○
使用網路時數	○	○	○	✕	✕	✕	✕	✕
電腦和網路對於工作和生活的重要性	✕	○	○	✕	○	○	○	○

家　庭				
背景 數位化面向	族群 (父親籍貫)	受訪者就業別	城鄉地區	縣市	收入水準
擁有電腦與否	✕	○	○	○	○
擁有電腦數量	✕	○	○	○	○
連接網路與否	✕	○	○	○	○

註：○代表存有顯著落差；✕代表顯著落差不存在。

　　就不同收入水準的家戶間之比較而言，數位落差出現在家中是否有電腦、家中用電腦數、家中是否上網、個人是否使用電腦和網路、個人使用電腦時數、以及電腦和網路對工作和生活的重要性上。以家戶收入百分比計算各類不同的資訊化指標 Gini 係數後發現，在家戶擁有的電腦數量上，Gini 係數是 0.198；在擁有電腦的家戶數上，Gini 係數是 0.140，分配不公情況較輕微；而在上網之家戶數上，Gini 係數為 0.206，顯示分配不均情況較嚴重；而以上分配不均情況大多小於純綷的家戶收入 Gini 係數 0.337，顯示我國數位落差情況並不如經濟貧富不均情況嚴重；但值得注意的則是個人教育程度與上網與否間的差距似乎較經濟貧富不均情況更為嚴重。

　　受訪者居住地區為都市、郊區和鄉村間之數位落差亦是明顯的。除了個人使用網路的平均時數並無顯著不同外，落差出現於個人使用電腦的比例、個人上網的比例、使用電腦時數、電腦和網路對工作和生活的重要性、家庭擁有電腦的比例、家中使用電腦的數量、以及家中連接上網的比例上；不但如此，這些差異性同樣也出現於 23 個縣市之間，且多以北部或都會地區為領先者。

二、省思

　　以上所呈現的數位區隔現象是否反映了舊有的經濟社會不平等？或與舊有的經濟社會不平等如影隨形？觀諸本研究的結果，答案似乎是肯定的。而若答案是肯定的，則如同經濟社會的不平等一般，數位落差是否可能完全被消弭？則答案似乎是否定的。雖然在電腦與網路設備的擁有與使用上，分配不均的情況並不及經濟的貧富不均，但在最新科技（如寬頻方式上網）的擁有與使用上之較大程度的落差，則印證了許多論者的觀點，亦即，社經地位較低者似乎永遠趕不上地位較高者在科技化與數位化上的進程，兩者之間的時間差似乎將永遠存在。觀諸過去百年來主要的生活科技如汽車、收音機、電視機及室內水管等之創新與普及歷程的典型路徑，總是由社會菁英及富有者開始，再移至多數的普遍大眾；電視機在剛問世初期時雖為富有家庭的奢侈設備，但在市場機制的自由運作下，現今幾乎已可見於每個家庭之中，且在先進國家中早已不復存在所謂的電視富者及電視貧者之區隔。電腦與網路是否也將依循相同的軌跡，在毋須公權力過度介入的情況下，終將滲透於社會各階層？並且以近幾年來新資訊與通信科技快速普及的速度看來，近乎全面普及的時日似乎也不遠了？如此一來，前述對於資訊科技影響持悲觀看法的論點似乎過慮了，因為資訊科技將快速普遍於所有人群中，並使他們所擔憂的負面影響降至最低；而持樂觀看法者則亦過於天真，因為在資訊科技如電視機一般將林立於家庭和工作場所時之前，社經地位較高者的確較傾向於領先使用、享受其帶來之利益、並將之轉化為更高的競爭力。

　　數位落差、或資訊貧富不均是絕對的或是相對的概念？其內涵若如論者的定義所指涉者，則真的是一種不公平的現象嗎？抑或僅是論者與主政者自身主觀價值的判斷，而將其強加諸於各類群體身上。在經濟的分配不均中，貧者多半親身體驗未達基本生活水準的貧困之苦，眼見他人富裕生活，而清楚明瞭自身的弱勢地位,並進一步提出平等的要求;論者與主政者和待救濟者在其經濟上不均問題的看法與認知是大同小異的。但在資訊的貧富不均中,被視為是資訊貧者是否也與論者與主政者具有相同的認知?答案恐是存疑的。一項在二○○○年針對全美國成年人的調查顯示,當時並非網路使用者中之 57%表示將來也不打算使用網路(Lenhart, 2000)。而本研究結果亦顯示,一成六的我國受訪者表示其家中沒有電腦的原因是沒有需要或不想要有,三成六的受訪者表示其沒有需要或沒有興趣、所以不會或不使用電腦或網路,更有二成三的民眾認為電腦或網路對於其生活與工作而言完全不具任何重要性。因此,當被認為是資訊貧者或數位落差中的弱勢的一方本身並不認為他們是弱勢者時,所謂的落差問題存在嗎?負面的影響會出現嗎?或是吾人仍認為他們只是尚不瞭解問題的嚴重性、而終究會領悟的?當公共資源的有限性仍然存在時,論者與主政者需深刻思索此疑問,以期有效率運用民眾繳納的稅賦。

既有的文獻多認為經濟因素是造成資訊貧富不均和數位落差的主要成因。但自本研究發現(見圖一與圖二)與建構之各類 Gini 係數(見表三)可知,比較而言,目前在我國經濟問題並不是與數位落差息息相關的主要因素,較重要的變數實為民眾的年齡、教育程度、以及對於資訊與通信科技重要性的認知。經濟因素之所以並不特別突出,或許是因為現代資訊相關產品的快速普及與平民化所致,使得一般家庭與民眾有能力擁有並應用基本配備;此現象除可歸因於自由市場機制的運作,亦可說是我國政府在過去數年來相關政策(尤其是 NII 計劃）的成效。

　　如前所述，我國目前消除數位落差之各項作法之重點在於城鄉地區、以及身體上之不均所造成的差距。以 Gini 係數比較各類不均現況，本研究發現，在各縣市之間的落差情形的確較其他種類落差緩和許多，亦顯示政府目前的政策已具有一定的成效。但本研究亦發現，以 Gini 係數觀之，事實上目前較大的落差存在於不同的年齡層與教育程度的民眾之間，並以年齡層愈高、或教育程度愈低者愈可能是弱勢的族群。因此，雖然吾人不可否認年齡和教育程度與經濟地位間存有若干關聯性，但若欲有效縮短我國國內數位鴻溝，針對高年齡層、以及低教育程度者的資訊教育和素養養成，甚至將其視為國民義務教育的延伸，實為當務之急。此外，在資訊取用為個人基本權利、或是成熟的資訊社會必備條件的前提下，吾人的省思除了在於如何協助實現無法負擔者的取用機會、以及提供不會使用者必要之基礎學習外，對於那些在本研究中所揭露的認為現代資訊科技的取用是沒有必要或是不重要者，論者與相關政府部門更應進一步探索如何釐清其真正的需求、或提升其資訊與相關科技的取用意識。

　　針對正在如火如荼地積極進行電子化和數位化的各級政府，本文必須提出警訊。縱然政府行政與服務遞送的數位化是時代趨勢、亦是提升效率與效能的一大利器，但自本研究結果可知，至少目前仍有許多民眾是置身於此潮流之外、無能力或無意願應用現代資訊科技的。自此衍伸出來的課題是，儘管其內部再怎麼電腦化與數位化，政府也千萬不可將與民眾切身相關、有直接接觸的行政措施與服務遞送的流程完全僅以單一、民眾非以電腦網路無法完成的方式進行，宜仍須與傳統服務管道並存，以保障人民權利、避免相關爭議與糾紛[25]的再度發生。

　　對於數位落差的全面性探討而言，本研究仍有力有未逮之處。首先，本研究主要在衡量我國民眾與家戶間之取用數位科技與工具的落差、以及部分有關資訊素養之議題面向，雖然已初步瞭解國人在電腦與網路對於自身重要性上的自評現況，但並未及適當資訊內容與應用服務的落差。此外，縱然已知落差現象的存在，但其成因以及可能造成的影響究係為何，本研究無法提供確切答案，故數位落差的相關因果關係仍不明。此皆為後續的研究者可努力的方向。

參考書目

中文資料：

〈不能上網 不能參觀水庫？〉。2001。《聯合報》2001/03/20：15。
〈抗議用電腦寫作業 東勢高職學生罷課〉。2002。《聯合報》2002/09/27：3。
〈查詢所得 獨厚網路族？〉。2002。《民生報》2002/03/05：A9。
〈連戰：追求資訊新富到資訊均富〉。1998。《中央日報》1998/09/25。
〈網路「導盲鼠」 搜尋全自動〉。2002。《中國時報》2002/04/30。
〈撥接上網 竹市市民免付費〉。2002。《中國時報》2002/05/8。
王梅玲。2002。〈數位差距與公共圖書館的使命〉。《臺北市立圖書館館訊》19，3：1-13。

---

[25] 例如 2002 年 9 月 27 日《聯合報》3 版「焦點」之〈抗議用電腦寫作業 東勢高職學生罷課〉、2002 年 3 月 5 日《民生報》A9 版「理財熱線」之〈查詢所得 獨厚網路族？〉、2001 年 3 月 20 日《聯合報》15 版「民意論壇」之〈不能上網 不能參觀水庫？〉等案例。

行政院。2002。〈挑戰 2008：國家發展重點計畫（2002-2007）（簡版）〉。
　　　in http://www.cepd.gov.tw/service/board/coun-dev.htm。2002/05/09。

吳慧瑛。1998。〈家戶人口規模與所得分配，1976-1995〉。《經濟論文》26，
　　　1：19-50。

林嘉誠。2002。〈政府資訊建設與公義社會〉。《研考雙月刊》26，1：32-44。

松田米次（YONEJI MASUDA）。1987。《21 世紀的資訊社會——電腦理想
　　　國的省思》。洪榮昭譯。台北：幼獅文化。

柏斯坦、克萊（Daniel Burstein and David Kline）著。1997。《決戰資訊高速
　　　公路：第二波資訊革命的契機與反思》。查修傑譯。台北：遠流。

洪錦墩、李卓倫。1989。〈以 GINI 係數分析臺灣地區的醫師人力分佈〉。
　　　《公共衛生》16，3：225-232。

研考會。2001。〈「資訊社會與數位落差研討會」結論與建議〉。in
　　　http://w3.rdec.gov.tw/govpakt/rdec/main/head8.htm。2001/12/08。

徐佳士。1997。《資訊爆炸的落塵：今日傳播與文化問題探討》。台北：
　　　三民書局。

高凱聲。1998。〈論電信普及服務制度之設立〉。《經社法制論叢》21：
　　　105-131。

曹添旺。1996。〈臺灣家庭所得不均度的分解與變化試析，1980～1993〉。
　　　《人文及社會科學集刊》8，2：181-219。

梁恆正。2001。〈面對數位落差：圖書館 e 化服務之新課題〉。《國立臺灣
　　　師範大學圖書館通訊》49：2-7。

陳百齡。1997。〈網際網路的「接近使用」問題〉。《圖書與資訊學刊》20：
　　　1-21。

陶振超。1999。〈1999 網路大調查，上網人口成長大幅趨緩〉。《天下雜誌》
　　　223：298-304。

彭心儀。2002。〈由資訊通信法制之發展趨勢論數位落差之消弭〉。《經社
　　　法制論叢》29：259-298。

曾淑芬。2002a。〈社會公平與數位落差〉。《研考雙月刊》26，1：56-62。

曾淑芬。2002b。〈數位落差〉。《資訊社會研究》2：234-237。

黃偉堯、張睿詒、江東亮。2001。〈臺灣醫師人力地理分布之變遷

（1984-1998）〉。《醫學教育》5，1：13-20。

楊美華。2001。〈網路時代公共圖書館的新思維：尋找知識服務的切入點〉。《圖書館學與資訊科學》27，2：89-91。

資策會推廣處網際網路資訊情報中心（FIND）。1999。〈網際網路應用調查〉。in http://www.find.org.tw/ybook/88yb/0101.htm。1999/11/13。

資策會推廣處網際網路資訊情報中心（FIND）。2002。〈2001 年台灣網際網路市場調查報告出爐〉。in http://www.find.org.tw/0105/news/0105_news_disp.asp?news_id=1907。2002/5/14。

劉崇堅、莊懿妃。1996。〈電信產業普及服務〉。《經社法制論叢》17／18：1-23。

德托羅斯（Michael L. Dertouzos）。1997。《資訊新未來》（What Will Be: How the New World of Information Will Change Our Lives）。羅耀宗譯。台北：時報文化。

蕃薯藤數位科技股份有限公司。1999。〈蕃薯藤 1999 年台灣網路使用調查〉。in http://www.survey.yam.com.tw/98/98usage.htm。1999/10/15。

蕃薯藤數位科技股份有限公司。2000。〈蕃薯藤 2000 年台灣網路使用調查〉。in http://survey.yam.com/survey2000/index.html。2001/02/25。

蕃薯藤數位科技股份有限公司。2001。〈蕃薯藤 2001 年台灣網路使用調查〉。in http://survey.yam.com/survey2001/result.html。2002/05/14。

賴世培 等著。1996。《民意調查》。台北：國立空中大學。

薛理桂。1997。〈展望二十一世紀公共圖書館〉。《書苑》34。in http://public.ptl.edu.tw/publish/suyan/34/text_01.html。2001/12/16。

顏淑芬。2000。〈網路資訊時代公共圖書館的任務與角色〉。《臺北市立圖書館館訊》17，1。in http://tml-132.tpml.edu.tw/publication/periodical/view_cat.php?vol_no=1701。2001/09/01。

西文資料：

Apgar, William C. and H. James Brown. 1987. Microeconomics and Public Policy. Glenview, IL: Scott, Foresman and Company.

Aurigi, Alessandro and Stephen Graham. 1998. "The 'Crisis' in the Urban Public

Realm," in Brian D. Loader ed. Cyberspace Divide: Equality, Agency and Policy in the Information Society. London: Routledge: 57-80.

Bridges.org. 2001. "Spanning the Digital Divide: Understanding and Tackling the Issues." in http://www.bridges.org/spanning/pdf/SpanningTheDigitalDivide.pdf. 2002/01/07.

Cawkell, Tony. 2001. "Sociotechnology: the Digital Divide." Journal of information science 27, 1: 51-53.

Chatman, Elfreda A. 1996. "The Impoverished Life-World of Outsiders," Journal of the American Society for Information Science 47, 3: 205-206.

Clement, Andrew and Leslie Shade. 1998. "The Access Rainbow: Conceptualizing Universal Access to the Information/Communications Infrastructure." Information Policy Research Program, Faculty of Information Studies, University of Toronto. Working Paper No. 10, July 1998. in http://www.fis.utoronto.ca/research/iprp/dipcii/workpap10.htm. 1999/07/01.

Dunn, William N. 1994. Public Policy Analysis: An Introduction. 2nd ed. Englewood Cliffs, NJ: Prentice Hall.

Foster, Stephen Paul. 2000. "The Digital Divide: Some Reflections." International Information and Library Review 32, 3/4: 437-451.

Frankfort-Nachmias, Chava and David Nachmias. 1996. Research Methods in the Social Sciences. 5th ed. Scientific American/St. Martin's College Publishing Group Inc.

Haywood, Trevor. 1998. "Global Networks and the Myth of Equality: Trickle Down or Trickle Away?" in Brian D. Loader ed. Cyberspace Divide: Equality, Agency and Policy in the Information Society. London: Routledge: 19-34.

Hoffman, Donna L. and Thomas P. Novak. 1998. "Bridging the Racial Divide on the Internet." Science 280: 390-391.

Holderness, Mike. 1998. "Who Are the World's Information-Poor?" in Brian D. Loader. ed. Cyberspace Divide: Equality, Agency and Policy in the Information Society, London: Routledge: 35-56.

Katz, James E. and Philip Aspden. 1998. "Internet Dropouts in the USA: the Invisible

Group." Telecommunications Policy 22, 4/5: 327-339.

Lenhart, Amanda. 2000. "Who's Not Online: 57% of Those without Internet Access Say They Do Not Plan to Log on." Washington, D.C.: Pew Internet & American Life Project. in http://www.pewinternet.org. 2001/01/16.

Lentz, Becky, Joseph Straubhaar, Antonio LaPastina, Stan Main, and Julie Taylor. 2000. "Structuring Access: The Role of Public Access Centers in the 'Digital Divide'" in http://www.utexas.edu/research/tipi/Reports/joe_ICA.pdf. 2002/11/16.

Loader, Brian D. 1998. "Cyberspace Divide: Equality, Agency and Policy in the Information Society." in Brian D. Loader ed. Cyberspace Divide: Equality, Agency and Policy in the Information Society, London: Routledge: 3-16.

Lyon, David. 1988. The Information Society: Issues and Illusions. Cambridege: Polity Press.

McClave, James T. and Terry Sincich. 1997. A First Course in Statistics. 6th edition. Upper Saddle River, NJ: Prentice-Hall International.

Miller, Steven E. 1996. Civilizing Cyberspace: Policy, Power, and the Information Superhighway. New York, NY: ACM Press.

Mueller, Milton. 1999. "Universal Service Policies as Wealth Redistribution." Government Information Quarterly 16, 4: 353-358.

Naiman, Arnold, Robert Rosenfeld, and Gene Zirkel. 1996. Understanding Statistics. 4th edition. New York: The McGraw-Hill Companies.

Naisbitt, John. 1984. Megatrends. New York: Warner Books.

Norris, Pippa. 2001. Digital Divide: Civic Engagement, Information Poverty, and the Internet Worldwide. New York, NY: Cambridge University Press.

NTIA. 1995. "Falling Through the Net: A Survey of the 'Have Not' in Rural and Urban America." Washington, DC: US Department of Commerce. in http://www.ntia.doc.gov/ntiahome/digitaldivide/. 2002/05/01.

NTIA. 1998. "Falling Through the Net II: New Data on the Digital Divide." Washington, DC: US Department of Commerce.in http://www.ntia.doc.gov/ntiahome /digitaldivide/. 2002/05/01.

NTIA. 1999. "Falling Through the Net: Defining the Digital Divide." Washington, DC: US

Department of Commerce.in http://www.ntia.doc.gov/ntiahome/digitaldivide/. 2002/05/01.

NTIA. 2000. "Falling Through the Net: Toward Digital Inclusion." Washington, DC: US Department of Commerce.in http://www.ntia.doc.gov/ntiahome/digitaldivide/. 2002/05/01.

NTIA. 2002. "A Nation Online: How Americans Are Expanding Their Use of the Internet." Washington, DC: US Department of Commerce. in http://www.ntia.doc.gov/ntiahome/dn/nationonline_020502.htm. 2002/11/01.

OECD. 2001. "Understanding the Digital Divide." in http://www.oecd.org/dsti/sti/prod/ Digital_divide.pdf. 2002/02/06.

Preston, Paschal and Roderick Flynn. 2000. "Rethinking Universal Service: Citizenship, Consumption Norms, and the Telephone." The Information Society 16, 2: 91-98.

Rodrigue, Jean-Paul et al. 2002. "Transport Geography on the Web." Hofstra University, Department of Economics & Geography.in http://people.hofstra.edu/ geotrans. 2002/11/23.

Schement, Jorge Reina and Scott C. Forbes. 2000. "Identifying Temporary and Permanent Gaps in Universal Service." The Information Society 16, 2: 117-126.

Skogerbo, Eli and Tanja Storsul. 2000. "Prospects for Expanded Universal Service in Europe: The Cases of Denmark, the Netherlands, and Norway." The Information Society 16, 2: 135-146.

Smith, Elizabeth S. 1995. "Equal Information Access and the Evolution of American Democracy." Journal of Educational Media and Library Science 33, 2: 158-171.

Stiglitz, Joseph E. 1986. Economics of the Public Sector. 2nd ed. New York, NY: W.W. Norton & Company.

The World Bank Group. 2002. "Poverty Manual." in http://www.worldbank.org/wbi/ povertyanalysis/manual/index.html. 2002/11/23.

The World Bank. 1999. "World Development Report 1998/99." in http://www.worldbank.org/ wdr/wdr98/contents.htm. 2002/04/23.

Thomas, Ray. 1995. "Access and Inequality." in Nick Heap, Ray Thomas, and Geoff Einon eds. Information Technology and Society: A Reader. London: Sage/Open University Press: 90-99.

Thompson, J. J. 1997 "A Tool for Measuring Income Inequality." Nieman Reports 51, 1: 42-43.

Toffler, Alvin. 1980. The Third Wave. New York: Bantam Books.

Waddell, Cynthia D. 1999. "The Growing Digital Divide in Access for People with Disabilities: Overcoming Barriers to Participation." Conference on the Understanding the Digital Economy Conference of US Department of Commerce. May 1999. Washington, DC.

Waters, Hugh R. 2000. "Measuring Equity in Access to Health Care." Social Science & Medicine 51, 4: 599-612.

第五章

資訊均富：數位化政府的城鄉差距[*]

摘　要

　　近十數來，數位化的政府利用現代資訊與通信科技，使政府內部作業得以完全自動化，並提供民眾更方便的服務。以網際網路和資訊科技為基礎的數位化政府，對政府再造具有潛在的貢獻，並已成為各國政府再造的策略性措施。

　　而與民眾生活、工作息息相關的地方政府之數位化進展為何？在城鄉發展中可能發生的差距問題，是否延伸至地方政府數位化的發展中？本文以台灣地方鄉鎮市公所作為實證研究對象，經由以自填式問卷全面普查台灣地區的鄉鎮市公所電子化政府業務承辦人員，並以人口數、人口密度、農牧人口比例、專科教育程度人口比例、以及地理區域為城鄉指標進行比對。本研究結果發現，除少數面向與預期相違外，城強鄉弱的差距現象的確存在於我國鄉鎮市公所之數位化過程與程度中。尤其是在專業人力、數位化應用方式、電子化政府方案的評估、獲得民間的支援與協助、數位化過程中參考民眾意見、鼓勵民眾使用電子化服務上，多以北部地區、人口規模較大、人口密度較高、非農牧人口以及專科教育程度人口比例較多者

---

[*]　本文修改自〈數位化政府的城鄉差距：以我國鄉鎮市公所為例〉，即將刊登於《國立政治大學公共行政學報》，第十五期，2005 年 6 月。

表現較佳，並且在數位化發展過程中面臨的困境與限制較少。而南部與離島地區則在多數面向上是屬於弱勢的一方。

　　為使各地方社區與政府得以在數位化政府的建構上不致過於失衡而影響其發展和居民福祉，本文提出政策建議與研究意涵。

壹、研究背景與目的

一、數位化治理與政府

　　進入資訊社會後，盤據二十世紀已久的工業社會型經濟已漸為新的全球性資訊經濟所取代。全球性市場及其資訊科技基礎建設，將生產方式自製造與運送有形、由原子所構成之物品，漸轉變為以資訊作為主要生產要素、或以資訊作為商品（齊若蘭，1995）；尤有甚者，這些資訊商品是由超越地理疆界的先進數位網路所遞送的。在此新經濟模式中，欲取得競爭上優勢地位的動機正驅使各國政府了解、適應、開發此正成形中的全球性資訊經濟體；而欲成功地在此新經濟體中佔有一席之地，許多國家正努力改善自身的體質，一方面營造國家資訊通信基礎建設，一方面配合行政革新的潮流，改造政府內部作業流程和服務遞送的方式。

　　以位元作為傳播媒介的資訊與通信科技不僅被認為可以打破傳統時空的限制、提供民眾即時和快速的服務與資訊，有效地使用資訊科技與網際網路，更被認為可以幫助重塑政府，使政府更具創新性、有效率、並對公眾更具回應性。資訊科技與網際網路使用的進展，正在轉變政府部門通訊、資訊的利用、服務遞送及業務運行的方式，而電腦和網際網路的發展對於當代公部門治理的影響力更是與日俱增，包括逐漸成熟的國家資訊基礎建設（National Information Infrastructure, or NII）、電子商務、電子化政府等，都是在近十數年內因電腦和網際網路快速發展中而衍生出來的現象與議題。

　　電腦與網際網路的發達和普及，因此造就了政府以新穎的方式遞送傳統服務、以及創造新的服務類型的可能；其中，具體的表徵即為「數位化/電子化/網路化政府」（以下簡稱數位化政府或電子化政府）的觀念與作法（丘昌泰，2000）。利用現代化資訊與通信科技，使政府內部作業得以自動化、並提供民眾更方便的服務的數位化政府，業已成為各國政府再造的策略性措施之一（Bellamy, 2002; Ho, 2002）。亦即，當各國汲汲於政府再造之際，科技的發展亦適時地提供了再造工程的方向與工具[26]。而後，自九○年代初期起，世界各主要國家為提高其國際競爭優勢，又進一步相繼推動「國家資訊基礎建設（NII）」，建構以網際網路（Internet）為基礎之「電子化政府」（Electronic government）或「連線政府」（Government Online）。

　　我國亦參酌上述國家之經驗與作法，由行政院研考會於民國八十六年制訂通過「電子化／網路化政府（八十七至八

---

[26] 自從一九八○年代中期開始，一些走在時代尖端的民主先進國家以及美國地方政府，普遍應用資訊與通訊科技於政府行政上，以改善地方權威當局與民眾之間的聯繫、提昇公共服務遞送的品質、並鼓勵民眾參與公共事務（Bryan, 1998; Docter and Dutton, 1998; Francissen and Brants, 1998; Schmidtke, 1998; Tambini, 1998; Tsagarousianou, 1998）。

十九年度）中程計畫」，後來又於九十年四月研訂後續的「電子化政府推動方案（九十至九十三年度）」，全面推動「電子化／網路化政府」，帶動政府再造。其中，初期是由行政院各部會及地方政府共同推動政府網際網路骨幹網路、骨幹網路基礎服務、網際網路行政、網際網路便民、網際網路電子認證、網際網路資訊安全稽核、網網相連電子閘門、識別證卡合一等應用服務；在後期則導入「服務型政府」的理念，以逐步實現 e 化便民的數位化政府理想。

　　是故，面對二十一世紀的來臨，各國為了回應國內外政經環境的急遽變化與挑戰，業已進行各類革新工作，希望將整個政府改造成為精簡、彈性、能夠不斷創新、有應變能力的「企業導向」組織。許多政府也如同企業一般，正處心積慮地進行大規模的內部再造工程；其中重要、醒目的一部分即是欲藉現代科技以電子化方式遞送服務予民眾、改善效率（謝清俊，1995），藉以提高國家競爭力。而近年來，網際網路的發展突飛猛進，各國政府更將網路的建設及普及應用視為提高國家競爭力的利器（林宜諄，1997），探討政府數位化的學術性文獻出現驚人的、近二十倍（2000 至 2002 年）的成長（Stowers and Melitski, 2003），也因此，Dunleavy and Margetts（2000）甚至建議以一個新的數位國家典範（Digital State Paradigm）取代新公共管理（New Public Management）典範，以詮釋並引領現代公共行政與公共管理的發展。

二、地方政府與數位化治理

　　以新資訊與通信科技進行政府改造的作法可分為三大類

（6, 2000）：電子化的服務遞送、電子化民主、以及電子化治理，後者意指以數位化方式支援決策制定與政策過程。因此在數位化政府的應用中，新資訊與通信科技不應僅被視為過程性技術用以執行新的交易功能，而應將其視為用以承載、傳輸新型態的內容與資訊（Bellamy, 2002），包括進一步將其應用於政府知識管理、以提供決策相關資訊方式協助決策過程並提昇決策品質。而在公共治理的探討中，地方政府是從未曾被忽視的關注焦點。地方政府被創造與設置以將政府及其服務送達至基層的民眾，並賦予民眾一種涉入於將影響、控制他們日常生活的政治性過程中的參與感（Reddy and Sabelo, 1997）。政府的三個主要功能（Musgrave and Musgrave, 1989，轉引自葉嘉楠，2002）中，屬全國性質的經濟穩定（economic stabilization）與所得分配（income distribution）功能屬於中央政府，而在資源配置（resource allocation）功能上，地方政府有必要扮演關鍵角色以滿足當地居民的需求及偏好。

　　在當代歐美先進國家中，地方政府的角色隨著與中央政府、各式民間及國際組織所建構的新關係更已有所轉換，已自「地方政府」轉變為「地方治理」（劉坤億，2002），中央與地方的關係在分權化的潮流下已經轉變成更為寬闊的府際關係網絡，地方政府須提升本身的專業能力、並結合民間私部門與志願性組織的力量以回應日益增加的公共服務需求，同時必須在全球化的挑戰下、跨越國家界限與其他國家的城市或地方發展出各種競合關係。

　　地方政府的結構有潛力扮演三種角色：地方性民主、公共政策決策、以及直接的服務遞送，而新資訊與通信科技即有助於此三種角色的有效發展與實現（Pratchett, 1999）。同時，地方政府亦需要電子化以改變原有內部的溝通方式、提升處理業務的效率與效能、並解決其資源不足的問題（呂育誠，2003）。

新資訊與通信科技的應用亦正改變地方政府的本質與角色。Griffin and Halpin（2002）指出，隨著電子商務的發展，大多數的英國地方政府漸已成為服務與產品供應者與消費者間價值鍊中一環的數位中介者（digital intermediary），藉由政府網站與資訊系統，執行促成（facilitation）、媒合（matching）、信任建構（trust）以及總合（aggregation）等中介者的功能，帶給消費者（即公民）前所未有的附加價值。其他研究亦顯示，地方政府組織正以快速的步調採行數位化的方案與加強提供複雜的電子化服務（Holden, Norris, and Fletcher, 2003），它們積極發展全球資訊網網站提供民眾資訊與服務（項靖，2000；李仲彬、黃朝盟，2001）、並同時藉由新科技以落實民主和民主行政的價值與精神（項靖，1999；黃東益、黃佳珊，2003；蕭乃沂、陳敦源、黃東益，2003）。

新資訊與通信科技因此正再造地方政府，網際網路更促成地方性公共服務遞送的典範轉移，促成地方治理從強調標準化、部門化、以及作業成本效率的傳統的官僚典範的行政取向，轉變至強調協調的網絡建立、與外部的協力合作、以及顧客服務取向的「數位化政府典範」（"e-government" paradigm）（Ho, 2002）。

雖然如此，地方政府數位化發展猶仍在早期、未盡成熟的階段。2000 年的一項調查顯示，3749 個美國基層地方政府中，超過九成並不具備有用以指導數位化發展的策略性計畫（Holden, Norris, and Fletcher, 2003）；此外，多數地方政府僅正從 Layne and Lee（2001）的電子化政府發展模型中的目錄階段成長至交易以及垂直層級間整合的階段，地方政府的電子化功能主要仍在單向溝通而鮮少交易功能（Moon, 2002），進階且更複雜的服務仍未可見。Kuk（2003）因此曾結論，英國的地方政府仍未能充分應用新資訊與通信科技的潛能以遞送較佳的政府服務。尤有甚者，由於科技特性、地方政治與政策網絡的動態關聯與互動，地方政府似乎仍僅偏執於應用新資訊與通信科技於服務遞送的發展，而忽略了地方政府其他二種應有的角色（地方性民主、公共政策決策），此對於地方發展將有嚴重且深遠的影響（Pratchett, 1999）。

但也有論者仍樂觀地預期，未來可見的趨勢是政府組織將持續提供更多更複雜的電子化服務（Holden, Norris, and Fletcher, 2003）。在此同時，Jaeger and Thompson（2003）則指出，在數位化政府的發展中，未來應面對的政策議題與挑戰包括：確保民眾有能力使用相關科技、教育民眾使其瞭解數位化政府的價值、確保民眾得以取用有用的資訊與服務、協調整合地方、區域、和中央層級的數位化方案與作法、以及發展用以評估數位化政府服務與標準的方法和指標。

三、城鄉差距與數位化政府

制度與機構的安排、預算與資源的有限性、群體間的競爭與合作、文化與傳統的規範、以及當代的社會與政治行為型模等因素，將同時共同形塑著政府的任何行動和結果

（Fountain, 2001），而其中任一因素將影響並限制科技得以改變、轉換社會與政治運作的能力與程度（West, 2004）。因此，政府機關的本質與特性，將影響其數位化的發展與成效。研究指出，許多(尤其是小型的)地方政府行政人員自認其缺乏足夠的專業知識、人員、以及財力用以發展數位化政府，且不同政府層級與單位間數位化內容與成熟複雜度存在相當程度的差異性（Holden, Norris, and Fletcher, 2003）。另外，政府網站中所提供的內容與品質亦可能因該政府機關屬性與層級不同而有差異，例如美國州政府與聯邦政府的網站在無障礙性、資料、線上服務、與可讀性方面存在著差異性（West, 2003），且經濟發展部門最缺乏無障礙的可及性。然而，政府機關的數位化程度卻又決定了民眾是否上網使用政府的電子化服務（Kuk, 2003）和能享受多少政府數位化後帶來的益處、甚至可能影響整體社會資訊化的進程，地方政府機關的本質與特性如何影響其數位化的發展程度，實為吾人不可忽略的關注焦點。

　　城鄉差距所造成的地方與區域間在經濟、社會、人文、政治上表現的不同，早已為許多文獻所討論與記載（例如：吳德美，1999；黃樹仁，2002）；地方政府轄區的相關背景特徵、尤其是自其自然環境衍生而來者，因此亦可能是影響其數位化發展的重要因素。不同的人口規模、人口密度、教育程度、收入水準、都市化程度的地方政府，或因政府機關自身的能力、民眾的需求、經費的充裕程度、民間人力與技術資源的豐富程度等的差異，而造成在數位化發展上有不同的表現。

　　證據顯示，如此的差異性可能影響新資訊與通信科技的應用。例如，論者發現，美國地方政府新科技的採用受到人口規模、政府類型、組成型式、地區、位於都會區與否等因素的影響（Norris and Demeter, 1999; Norris and Campillo, 2002; Holden, Norris, and Fletcher, 2003），以人口規模較大、城市、市經理制、中、西、南部地區、位於都會區者電子化程度與複雜度較高。莊伯仲（2000）也發現，在台灣的公職人員選舉中，候選人應用網路進行文宣與選戰上，即呈現城鄉差距，以在北、中、南三大都會區的利用率為最高。Nicholas（2003）亦指出，地理空間因素、公共政策、以及在資訊基礎建設上的投資等三者的結合，可能構成鄉村地區取用網際網路的障礙。另外，比起轄區中網路較普及的地方政府，轄區中網路較不普及的英國地方政府之政府網站品質，包括資訊內容與 e 化服務種類等，的確是比較貧乏的（Kuk, 2003）。另外，研究也發現，人口較多的轄區中，其民眾較認為政府應提供線上服務，而其政府實際亦提供了較多的線上服務（Ho and Ni, 2004）；此外，或許是因為其電子化歷程開始的早，較大的、或都會區的地方政府表示其較明顯感受流程改造、行政成本減少、效率提高等效益，較小的地方政府則表示其較缺乏相關技術與知識、與新應用方式的資訊（Holden, Norris, and Fletcher, 2003, pp. 336-340）

　　諷刺的是，新資訊與通信科技以其打破時空藩籬的特性，一直被認為可以消除人類社會當中的不均與不平等；論者亦主張，藉由積極、創新的政策作為，政府運用新資訊與通信科技有助於消弭城市中的經濟、社會地位的不均和兩極化情況（Graham, 2002）、有助於消除都市中貧富地區間的數位差距（Servon and Nelson, 2001a; 2001b）、且有利於鄉村的發展（Falcha and Anyimadub, 2003）。數位化的發展與資訊社會的形成究竟有助於縮短或擴大城鄉之間的差距，仍是未解的疑問，但可以確定的是，居社會、經濟發展領導地位的各地政府機關應儘可能相同程度地進行數位化工程，將其潛在益處公平地帶給各個轄區的民眾。

　　就我國台灣地區而言，多山少平原的自然地理特徵是其城鄉均衡發展的先天環境限制。而自一九七Ｏ年代初期開始，以農立國的傳統觀念、為保障戰時糧食可充分供應無虞的需求、以及平均地權觀念的提倡，使我國產生對於農業與糧食的危機感，農地農用的意識型態於焉出現，因此而出現的立法嚴格限制農地的轉為其他用途，限制了日後城鄉的健康發展（黃樹仁，2002）。演變至今，台灣的城鄉發展特徵包括（台灣省政府住宅及都市發展處，1998）：（1）南北直轄市都會地區兩極化的發展，偏遠及發展緩慢地區因公共設施及建設投資不足，導致人口外流；（2）由於早期都市計畫的實施不良，「蛙躍式」的不連續都會區擴張迅速，加上未具整體性的公共建設，導致生活環境品質不均。此外，台灣的城鄉發展問題亦在於（台灣省政府住宅及都市發展處，1998）：（1）空間計畫體系尚未健全，影響各類計畫（綜合開發計畫、區域計畫與都市計畫）功能的發揮；（2）運輸路網之規劃與建設未均衡考量城鄉發展之目標，導致道路交通建設較集中於都市地區，助長城鄉不均衡發展；（3）公共建設較乏整體考量，部分公共設施不足，無法滿足現代都市與鄉鎮的需求。

　　同時，相較於世界各國，我國地方政府之層級數過多，相當不利於各級地方政府之財源分配、人力運用、行政效率及政府競爭力之提昇，更易造成府際間權限之釐清不易、以及中央與地方間政治衝突與矛盾；其中，多數地方鄉鎮市長缺乏足夠權力、資源與人力，造成鄉鎮市自治條件相當缺乏，長期以來受制於黑金政治、派系分裂、自治財源不足等因素（黃正雄，1997），再加上各鄉鎮市之人口、面積規模差異懸殊，導致其間之發展程度不一。

　　以上這些特徵與問題所造成的影響是，台灣的城鄉間在許多方面存在著某種程度的歧異。因產業的不發達，鄉村地區就業機會較少，導致青壯人口外移，連帶使人口總數、密度、以及高教育人口比例下降，再加上地處偏遠、交通不便、資訊流通緩慢，此皆對當地政治、經濟、人文的發展造成負面影響，並形成惡性循環。反觀都會地區，因身處政治、經濟中心，就業機會多，收入水準高，各行各業因足夠的需求經濟規模而得以存續，再加上交通便利、資訊發達且流通快速，因而吸引大量青壯且教育水準高者進住，形成人文薈萃、經濟繁榮的都市景象。

　　影響所及，在數位化政府的發展上，若無全國一體適用、徹底落實的標準和規制、以及相同水準的經費、技術、與人力的提供，鄉村地區的地方政府不但將可能因其先天的弱勢條件而在數位化的發展上居於劣勢的地位，無法與都市化程度較高的地方政府並駕其驅、同享數位化所能帶來的好處，更可能因此更深化了上述的在各方面的落差。

　　在我國政府資訊化的歷程中，政府在民國 70 年代架構了

「全國行政資訊體系」，而後建置「管理資訊系統」，主要重點在稅務、監理、警政等系統；民國 80 年推動「辦公室自動化」，81 年規劃健保與國土資訊系統，86 年推動電子化政府。為了落實推動政府再造工作，行政院並於民國 87 年初通過「政府再造網領」，將政府再造之總目標定為「引進企業管理精神，建立一個創新、彈性、有應變能力的政府，以提升國家競爭力」，行動方針則包括精簡組織、建立小而能的政府，精實人力、培養熱誠幹練的公務員，以及簡化業務、建立現代化、高效率的法令制度（行政院研考會，1998）；其中並將原已於 86 年開始推動的「電子化／網路化政府」列為政府再造的策略性措施之一，以提高行政效率及加強便民服務。近年來，在電子化政府的發展上更已朝向 U-Government（Ubiquitous Government、亦即無所不在的政府，或 Unbounded Government、亦即無限制的政府）的目標努力（林嘉誠，2004；萬以寧，2004）。

然而，我國政府機關在推動電子化政府與資訊業務上，被認為缺乏共通性規範而使其之整合面臨挑戰、中央與地方政府間在推動資訊化上的角色分工不明確、中央與地方政府間缺乏有效的協調推動機制、且相較於他國資訊計畫預算配置比例偏低（王秉鈞、劉俞志，2004）。為此，根據行政院研究考核委員會的九十一年度電子化政府報告書，我國最新的電子化政府計畫中的推動策略除包括「照顧偏遠地區及資訊應用弱勢群體，縮短數位落差」外、更要「配合地方自治，協助地方資訊發展」；在後者中，強調中央與地方政府的電子化發展關係密切，需要有全國標準與規範一致、共同、互通的資訊系統，並建立中央與地方間的互動合作機制，以求電子化政府能發揮整體綜效（郭月娥，2004）。另外，論者亦認為我國在電子化政府的發展中，有必要將其目標及策略提升至法律位階，以「藉由法律之規定，要求中央與地方相互配合，以齊一中央及地方各機關電子化的腳步」（林逢慶，2004，頁 93-94），其並再三強調我國在中央與地方均應配置適當的資訊人力，規劃並推廣電子化政府業務（林逢慶，2004）。

以上現象的意涵是，由於缺乏全國齊一的標準、規制、協調、與資源配置，再加上我國政府體制中向來重中央、輕地方的傾向，我國不但在中央政府與地方政府間在數位化的發展上已出現相當的差異性（張順教，2000；曾淑芬，2004），地方政府之間亦可能存在類似的明顯落差。

城鄉間在電子化政府發展上的差距，實可視為另一種的數位落差（digital divide）。雖然行政院研考會在過去數年曾經委外研究我國行政機關數位應用能力落差情形[27]，但綜觀我國官方在普及政府服務與縮短數位落差上的規劃與作法（黃文樞、趙涵捷、張耀中，2004；紀國鐘，2004），似乎僅偏重於協助民間的資訊弱勢族群取得 e 化政府服務，而忽略了為數眾多的基層地方政府當中亦可能存在的不均和城鄉間政府數位化落差的情形。

---

[27] 其中研究發現，我國行政機關的資訊應用能力，在地理區域上以北部領先、中南部次之、東部與離島地區落後，各縣市政府間亦存在顯著的數位落差，並與機關層級成正向關係，地方基層機關的數位應用能力顯著低於中央機關，尤其以電子化服務應用方面差距最大，資訊素養與基礎建設次之（曾淑芬，2004）。

貳、研究問題與分析架構

地方的永續性發展已是聯合國與世人所關注的迫切議題（張世賢，2003；廖俊松，2003）。我國中央政府的電子化工作中，至少在政府網站的表現上是令人刮目相看的，在美國布朗大學的連續幾年的全球性評鑑中均名列前矛。但我國與民眾生活最貼近的基層地方政府的數位化情況又如何？更重要的是，數位落差情形是否存在於我國基層地方政府之間？其又與基層地方政府轄區的都市化程度間是否有關聯？現存的文獻並未能提供充分的答案，是本文欲探索的重點。

地方政府必須先具有完整的基礎設施與建設，方能有效的善加利用資訊科技資源與服務（Norris and Kraemer, 1996）；而此基礎設施與建設可包括專業人員、預算、設備、人員專業能力等。此外，電子化或數位化政府不應僅限於政府網站，亦即，數位化政府包括政府網站以及網站以外的事物（Pardo, 2000）。因此在本文中，「數位化政府」意指政府機關運用現代之數位化資訊與通信科技（主要為電腦、網際網路、以及其所衍生之相關技術、設施與應用方式），提供機關內部、民眾、企業及其他政府機關即時、方便、自動化之服務與交易的內容、過程、和影響之總體概念。如下圖一所示。數位化政府的內涵包括：（1）政府數位化的整備程度；（2）數位化政府之具體應用型態與對外動態關係（Jaeger, 2003）：G to C(Government to Citizens, or G2C，亦即政府與民眾間之互動)、G to B (Government to Business, or G2B，亦即政府與企業間之互動)、與 G to G(Government to Government, or G2G，亦即政府機關與政府機關間之互動)；（3）政府數位化的效益：效率、效能、服務品質與種類、以及民眾的參與之提升。

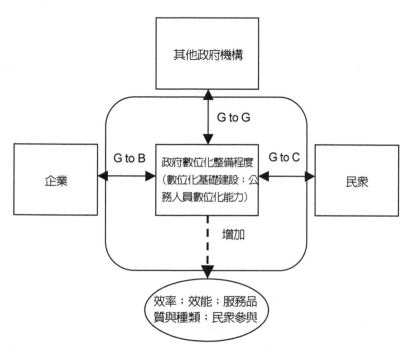

圖一　政府數位化與城鄉差距概念架構圖

（☐ 表示數位化程度將受限於組織內部與外部因素、包括城鄉差距）

　　由於有關我國地方政府研究之理論建構與重建之不足（高永光，2001a），且可見之電子化政府相關文獻中並未特別區分，本概念架構因此適用於一般之政府機關、無論其屬何種類型或層級。但圖一中所提示者特別適用於地方政府，因其較其他層級與類型政府機構更須與民眾互動、且更須注重數位化效益中的民眾參與的增加。就地方政府的數位化整備程度而言，政府機關首先須資訊化、數位化其自身，包括建構數位化基礎建設與服務環境、以及使其成員具備數位化能力[28]。在建構數位化基礎建設與服務環境、以及使其成員具備數位化能力的過程中，可發展出數位化政府之三類具體應用型態與對外關係：G to G[29]、G to C、以及 G to B[30]；此外，

---

[28] 在具體的實證面向上，就政府機關對於數位化的策略性作法而言，可以以評量者包括是否有策略與計畫以發展電子化政府與數位化行政？與其他業務相比較，發展電子化政府與數位化行政在政府機關中的受重視程度？機關內電子化政府與數位化行政是由何單位或部門負責推動？負責相關業務的人力是否充足？在電子化政府與數位化行政的推動及運作上所使用的經費預算情況如何？就硬體設備建置而言，包括政府機關是否連結上網際網路？有多少部電腦可供使用？有多少部電腦連接上網際網路？是否建置有區域網路系統（LAN）？是否建置有僅供公所成員使用之內部網頁/網站（Intranet）？是否架設有如防火牆或防毒軟體等電腦防護安全系統？是否獨立設置並維護全球資訊網（WWW）網站？成員中使用 WWW 瀏覽器上網、擁有和使用電子郵件信箱、套裝辦公室軟體與應用軟體的情形？成員接受與數位化行政相關訓練之情況？政府機關的成員在電子化政府與數位化行政發展與施行過程中之配合度？承辦人員是否具有資訊相關專業之背景？是否應用電子表單系統於機關內部用途（如會議安排、用品請領等）、及已上線使用的電子表單類別？在施行電子化政府與數位化行政後，是否評估其成本與效益？是否以基準（標竿）資料評估公所在運作效率上的改善？

[29] 在 G to G、亦即政府機關與政府機關間之互動面向中，可加以評量者包括：使用電子公文交換之情況？政府機關在發展電子化政府與數位化行政過程中，分別在技術、經費、與規劃三方面獲得中央政府與上級縣政府的支援與協助程度？在推行電子化政府與數位化行政的過程中，是否曾與其他地方政府的相關人員交換經驗與心得？或與其他地方政府有合作關

在電子化政府與數位化行政的發展過程中，影響因素包括是否曾受到經費、資訊專業人才缺乏、網路取用、政府策略不完整、民眾反應不熱烈、立法機關不支持等困難與限制的負面影響及影響程度？民眾不使用地方政府電子化服務的可能原因？而政府數位化後所能帶來的效益包括效率、效能、服務品質與種類、以及民眾參與的提升[31]。

　　同時，組織的採取創新措施（innovation adoption）（例如數位化方案的施行）與否和程度，實決定於其組織內部因素（如決策者對其好處的認知、是否符合現有組織文化、是否為上級指令、資源可得性）以及組織外部因素（如外界利害關係人的特徵與需求、鄰近或全國其他政府機關與人員的

係？或曾與其他政府與行政機關進行協同、整合之工作？

[30] 在 G to C、亦即政府與民眾間之互動、以及 G to B、亦即政府與企業間之互動面向中，在具體的實證面向上，可加以檢驗者包括地方政府是否有申辦表單可供外界下載使用？外界實際下載使用申辦表單的情形？政府機關在發展電子化政府與數位化行政過程中，分別在技術、經費、與規劃三方面獲得民間的支援與協助的程度？在發展電子化政府與數位化行政過程中，採取委外方式進行的項目與曾遭遇的問題為何？是否具有可供一般民眾與企業進行網路申辦的服務項目？民眾與企業實際使用網路申辦的情況？是否設置有借助電腦科技、可「一處交件、全程服務」之單一窗口作業？在推行電子化政府與數位化行政過程中，地方政府是否曾參考當地民眾之意見？於轄區內的公共場所設置供民眾免費使用電腦與網路的情況？在電子化服務上有無保障民眾隱私權之措施？曾經採用哪些方式以鼓勵居民利用網際網路來取得線上服務？曾經採用何種方式以減少轄區內的數位落差？

[31] 以上數位化政府概念架構、以及數位化發展的過程與困境之具體實證與操作化方式、以及相對應之自填式問卷內容，係作者整理綜合自訪談地方政府相關業務負責人、文獻（如 Norris and Demeter, 1999；Layne and Lee, 2001；Holden, Norris, and Fletcher, 2003）整理結果而得。

學習與影響等）（Ho and Ni, 2004），且文獻如曾淑芬（2004）亦指出我國行政機關資訊應用能力已出現地域上的差異性，因此，圖一中以弧角方形勾勒出政府機關在數位化過程中具影響力之組織內部與外部因素，且強調包括城鄉差距此項外部因素所可能在 G to C、G to B、與 G to G 等關係與互動上、以及政府數位化的過程與效益上所可能產生的差異性影響。

參、研究方法與過程

本研究目的在比較不同都市化程度的基層地方政府之數位化過程與現況，研究對象與分析單位為我國台灣地區之台灣省與福建省的 319 個鄉鎮市公所。為測量基層地方政府的數位化過程與現況，筆者以文獻分析及深度訪談（訪談對象為公所與縣政府相關業務負責人）所得理解為基礎，依據上節所述之概念架構設計一自填性問卷，經預試、並確認其具足夠之信度與效度後，郵寄發放至各鄉鎮市公所，要求其電子化政府相關業務承辦人確實填答寄回。筆者於民國 92 年 4、5 月間對國內鄉鎮市公所共發出 319 份問卷，經以電話聯繫、催收後，截至該年 6 月底止，共回收有效問卷 291 份，總計有效回收率為 91.2%；在 95%信心水準下，此調查結果之抽樣誤差在 1.8%以內[32]。

---

[32] 調查結果之精確度與抽樣誤差之計算係參考自許禎元（1997，頁 99）、Neter, Wasserman, and Whitmore（1993, p. 732）。

　　在鄉鎮市公所的都市化程度量測方面，本研究的指標採用總人口數、人口密度、專科以上教育人口比例、和農牧戶內人口數佔全體人口比例，其各自定義與測量方式如下表一所示。以各鄉鎮市公所的總人口數、人口密度、專科以上教育人口比例、和非農牧戶內人口數佔全體人口比例（以 1 減去農牧戶內人口數佔全體人口比例）進行 Pearson 相關性分析，結果如表二所示，彼此間呈現顯著的高度正向關聯性；另以 Cronba's 信度分析此四指標的內部一致性，結果得到 standardized item alpha（標準化信度係數）為 0.8216，顯示此四指標大致相同程度地反映著公所的都市化程度（邱皓政，2002）。此外，本研究亦以現存部分文獻（例如李朝賢，1990；羅啟宏，1992）所使用之地區或區域作為都市化程度之參考指標，以其作為分類檢驗基層鄉鎮市公所之數位化情況[33]；但必須注意的是此種分類方式實較為粗略、且測量層次較低（僅為名目尺度），因此所得結果僅供參考。

　　為探索城鄉間政府數位化落差情形，本研究選取調查問卷中所有數位化程度變項、用以與上述各都市化程度指標間進行交叉與關聯性分析；依據變項原有之測量層次、以及適度變換後的測量層次，分別以卡方檢定、變異數分析、與相關性分析等統計方法驗證變項間關聯之顯著性。下節研究結果中敘述者主要為上述交叉與關聯性分析中二變項間差異性

---

[33] 地區或區域分為北部（台北縣、桃園縣、宜蘭縣、新竹縣）、中部（台中縣、彰化縣、南投縣、雲林縣、苗栗縣）、南部（嘉義縣、台南縣、高雄縣、屏東縣）、東部（台東縣、花蓮縣）、及離島地區（澎湖縣、金門縣、連江縣）。

或關聯性達顯著水準（p-value＜0.05）者。

表一　都市化程度指標內涵*

指標名稱	指標說明與衡量方式	資料來源／附註
人口數 （轄區規模）	人口數（民國91年12月）	行政院主計處 91 年統計要覽
人口密度	人口密度（每平方公里人口數；91 年12月人口數除以各鄉鎮市91年面積平方公里數）	行政院主計處 91 年統計要覽
專科以上 人口比例	專科（肄業或畢業）以上教育程度人口佔總人口比例（民國91年12月各鄉鎮市專科肄業或畢業以上教育程度人口數除以同期總人口數）	行政院主計處 91 年統計要覽
農　　牧 人口比例	農牧戶內人口數佔全體人口比例（主計處89年農林漁牧普查之各鄉鎮市農牧戶內人口數除以各鄉鎮市90年1月人口數）	行政院主計處 89 年農林漁牧普查

*參考自李朝賢（1990）、羅　宏（1992）、高永光（2001b）。

表二　都市化程度指標間之相關性分析結果

變項	統計值	專科以上教育程度佔總人口比例	人口數	人口密度
專科以上教育程度佔總人口比例	Pearson Correlation	1		
	N	291		
人口數	Pearson Correlation	0.528***	1	
	N	291	291	
人口密度	Pearson Correlation	0.386***	0.882***	1
	N	291	291	291
非農牧戶內人口數佔全體人口比例	Pearson Correlation	0.454***	0.524***	0.437***
	N	291	291	291

***Correlation is significant at the 0.001 level (2-tailed).

肆、研究結果

　　我國地方鄉鎮市公所在其數位化政府的發展上是否出現城鄉差距現象？以下分別自地方政府的數位化整備程度、G2G 之具體應用與對外關係、G2C 與 G2B 之具體應用與對外關係、數位化的效益、以及數位化發展過程的困境等面向分別敘述之。

一、地方政府的數位化整備程度

　　表三至表八呈現基層地方鄉鎮市公所在數位化整備程度上的城鄉差距。以下分別簡述之。

表三　基層地方政府數位化整備程度在地理區域上的差異

項次	地區 數位化程度	東部	北部	離島	中部	南部	整體
1	每一編制人員可用電腦部數平均值***	1.07 (n=26)	1.07 (n=52)	0.93 (n=13)	0.73 (n=85)	0.71 (n=88)	0.83 (n=264)
2	所有人員中每一人員可用電腦部數平均值***	0.77 (n=26)	0.59 (n=52)	0.53 (n=13)	0.47 (n=85)	0.44 (n=89)	0.52 (n=265)
3	每一編制人員可用連網電腦部數平均值***	1.03 (n=25)	1.03 (n=51)	0.79 (n=13)	0.67 (n=83)	0.65 (n=87)	0.78 (n=259)
4	所有人員中每一人員可用連網電腦部數平均值***	0.73 (n=25)	0.57 (n=51)	0.46 (n=13)	0.44 (n=83)	0.41 (n=88)	0.49 (n=260)
5	建置有僅供公所成員使用之內部網頁/網站（Intranet）百分比*	55.6% (n=27)	32.8% (n=58)	20.0% (n=15)	29.4% (n=85)	26.0% (n=96)	29.9% (n=291)
6	架設防火牆百分比***	85.2% (n=27)	61.0% (n=59)	68.8% (n=16)	94.5% (n=91)	78.6% (n=98)	80.1% (n=291)
7	獨立設置並維護專屬的全球資訊網 (WWW) 網站百分比***	65.4% (n=26)	79.3% (n=58)	53.3% (n=15)	64.0% (n=86)	44.3% (n=97)	58.1% (n=291)
8	電子化政府業務承辦人員具有資訊相關專業背景之比例*	7.4% (n=27)	30.5% (n=59)	18.8% (n=16)	11.1% (n=90)	7.1% (n=98)	13.8% (n=290)
9	曾經以基準（標竿）資料評估公所在運作效率上的改善情況之比例**	45.8% (n=24)	65.5% (n=55)	26.7% (n=15)	43.4% (n=83)	36.8% (n=95)	44.9% (n=272)

*:sig.<.05；**: sig.<.01；***: sig.<.001。

表四 基層地方政府數位化整備程度在轄區規模上的差異

項次 數位化程度 轄區規模	小（30000 人以下）	中（30000 至 60000 人）	大（60000 人以上）	整體
1 獨立設置並維護專屬的全球資訊網（WWW）網站百分比***	51.8% (n=141)	53.9% (n=76)	87.7% (n=57)	59.9% (n=274)
2 受訪之承辦人具有資訊相關專業背景之比例**	8.2% (n=147)	16.5% (n=79)	26.3% (n=57)	14.1% (n=283)

*:sig.<.05；**: sig.<.01；***: sig.<.001。

表五 基層地方政府數位化整備程度在轄區人口密度上的差異

項次 數位化程度 人口密度（每平方公里人口數）	500 以下	500~ 1000	1000~ 2000	2000 以上	整體
1 獨立設置與維護全球資訊網（WWW）網站之比例***	54.3% (n=138)	51.6% (n=64)	65.3% (n=49)	93.3% (n=30)	59.8% (n=281)
2 目前已上線的電子表單類別包括意見反映類之比例*	13.1% (n=145)	18.8% (n=64)	19.6% (n=51)	36.7% (n=30)	17.9% (n=290)
3 電子化政府業務承辦人員具有資訊相關專業之背景之比例*	11.7% (n=145)	12.5% (n=64)	9.8% (n=51)	33.3% (n=30)	13.8% (n=290)

*:sig.<.05；**: sig.<.01；***: sig.<.001。

表六　基層地方政府數位化整備程度在農牧人口比例上的差異

項次	數位化程度 農牧戶內人口數佔全體人口比例		50%~100%	25%~50%	0~25%	整體
1	獨立設置與維護全球資訊網 (WWW) 網站之比例*		52.7%（n=91）	55.5%（n=110）	73.8%（n=80）	59.8%（n=281）
2	發展電子化政府與數位化行政的受重視程度*	最優先或優先之比例	19.1%（n=94）	22.9%（n=109）	38.0%（n=79）	25.9%（n=282）
		與一般業務相同之比例	62.8%（n=94）	64.2%（n=109）	54.4%（n=79）	61.0%（n=282）
		不及其他業務之比例	18.1%（n=94）	12.8%（n=109）	7.6%（n=79）	13.1%（n=282）
3	目前已上線的電子表單類別包括意見反映類之比例*		9.4%（n=96）	22.3%（n=112）	22.0%（n=82）	17.9%（n=290）
4	目前已上線的電子表單類別包括通知及消息公布類（如會議通知、公告事項等）之比例*		7.3%（n=96）	16.1%（n=112）	20.7%（n=82）	14.5%（n=290）
5	電子化政府業務承辦人員具有資訊相關專業之背景之比例*		8.3%（n=96）	11.6%（n=112）	23.2%（n=82）	13.8%（n=290）

*:sig.<.05 ；**: sig.<.01 ；***: sig.<.001。

表七 基層地方政府數位化整備程度在專科人口比例上的差異

項次	專科以上教育程度佔總人口比例 數位化程度		0~10%	10~15%	15%以上	整體
1	獨立設置與維護全球資訊網（WWW）網站之比例*		50.0% (n=78)	58.9% (n=129)	71.6% (n=74)	59.8% (n=281)
2	發展電子化政府與數位化行政的受重視程度**	最優先或優先之比例	30.0% (n=80)	15.4% (n=130)	40.3% (n=72)	25.9% (n=282)
		與一般業務相同之比例	60.0% (n=80)	66.9% (n=130)	51.4% (n=72)	61.0% (n=282)
		不及其他業務之比例	10.0% (n=80)	17.7% (n=130)	8.3% (n=72)	13.1% (n=282)
3	目前已上線的電子表單類別包括意見反映類之比例*		11.0% (n=82)	16.5% (n=133)	28.0% (n=75)	17.9% (n=290)
4	電子化政府業務承辦人員具有資訊相關專業之背景之比例*		6.1% (n=82)	14.3% (n=133)	21.3% (n=75)	13.8% (n=290)

*:sig.<.05 ；**: sig.<.01 ；***: sig.<.001

表八　基層地方政府數位化整備程度在不同城鄉指標上的差異

項次	城鄉指標＼數位化程度		人口數	人口密度	農牧戶內人口數佔全體人口比例	專科以上教育程度佔總人口比例
1	所有人員中每一人員可用電腦部數平均值	Pearson Correlation	-0.126*	-0.077	0.123*	-0.220***
		N	265	265	265	265
2	每一編制人員可用電腦部數平均值	Pearson Correlation	-0.006	0.065	-0.027	-0.086
		N	264	264	264	264
3	所有人員中每一人員可用連網電腦部數平均值	Pearson Correlation	-0.142*	-0.100	0.0739	-0.261***
		N	265	265	265	265
4	每一編制人員可用連網電腦部數平均值	Pearson Correlation	-0.0618	-0.010	-0.0646	-0.161**
		N	259	259	259	259

*Correlation is significant at the 0.05 level (2-tailed).
**Correlation is significant at the 0.01 level (2-tailed).
***Correlation is significant at the 0.001 level (2-tailed).

（一）專業人力

　　政府的任何一項業務均需學有專精人員負責規劃與執行，方能產生應有的效能；而數位化的業務所涉及的專業非一般人員所具有或能勝任的，更需要具有相關專長與背景者。本研究發現，電子化政府業務承辦人員具有資訊相關專業背景之比例在數類都市化程度指標上存在顯著的差異性。就地區而言，承辦人員具有資訊相關專業背景之比例以東部公所中與南部公所中的各佔百分之七為最低，而以北部的近三成一受訪者具資訊專業背景為最高（請見表三第八項）。此外，二成六之大型轄區公所的業務承辦人員具有資訊相關專業背景，明顯高於中型（一成七）與小型轄區（百分之八）的比例（見表四第二項）。人口密度在每平方公里二千人以上者則有三分之一的受訪的業務承辦人員表示具有資訊相關專業背景，明顯高於其他人口密度程度的公所的百分之十左右的比例（見表五第三項）；其轄區內農牧戶內人口數佔全體人口比例愈低（見表六第五項）、或其轄區內專科以上教育程度佔總人口比例愈高的公所（見表七第四項），其受訪的承辦人員亦有較高的比例擁有資訊相關專業背景。

　　綜上所述，或因人口較多、或因人口素質較高，北部、大轄區、人口密度較高、農牧人口比例較低、專科人口比例較高的鄉鎮市公所擁有的資訊相關專業專業人力較多。

（二）硬體設備

　　理想中，硬體資源充足程度的衡量方式應視設備資源是否滿足其業務種類與業務量，然而欲以自填式問卷正確衡量實有其困難，本研究因此以人員數與電腦數量間關係衡量硬體資源充足程度。研究發現，在公所每一編制人員可用電腦部數或可用連網電腦部數平均值、或所有人員[34]中每一人員可用電腦部數或連網電腦部數上，皆以東部與北部的平均值最高、離島與中部次之，南部相對而言似乎較匱乏（見表三第1至4項）。轄區人口數、以及轄區中專科以上教育程度佔總人口比例，與所有人員中每一人員可用電腦部數或可用連網電腦部數平均值之間呈現顯著的負向關係（見表八第1、3項）。此外，農牧戶內人口數佔全體人口比例亦與所有人員中每一人員可用電腦部數呈顯著的正向關係（見表八第1項），且轄區中專科以上教育程度佔總人口比例亦與每一編制人員可用連網電腦部數平均值呈顯著的負向關係（見表八第4項）。

　　亦即，都市化程度較高的鄉鎮市公所似乎其硬體資源充足程度卻較低。可能的解釋是，都市化程度較高的公所其人力較多，因此降低了人機比。此外，相關設備的新舊亦是須加以考慮的；雖然都市化程度較低的公所擁有較多的硬體資源，但其可能多屬較老舊機種、無法發揮較新設備所具備的功能，而都市化程度較高的公所或因擁有較多的資源，硬體汰換率較高，雖人機比較低，卻較能使用新設備所具備的功能與效能。

---

[34] 「所有人員」包含機關編制人員、機關約聘僱人員、以及機關其他人員（含臨時人員）。

（三）受重視程度

電子化政府與數位化行政是否受到公所足夠的重視？專科以上教育程度佔總人口比例屬於最高等級的公所（見表七第2項）、以及農牧戶內人口數佔全體人口比例最低的公所中（見表六第2項），其表示發展電子化政府與數位化行政在其公所中的受重視程度優先於公所內的其他業務的比例最高，表示重視程度不及其他業務的比例最低。

（四）數位化應用方式

調查結果顯示，所有的鄉鎮市公所表示其已連上網際網路。但至於是否獨立設置並維護專屬的全球資訊網（WWW）網站，則在區域間呈現顯著的差異性；北部地區中以近八成的公所表示其獨立設置並維護專屬的全球資訊網網站為最高，東部與中部皆近六成五次之，而以南部的四成四為最少（見表三第7項）；此外，大型轄區公所中有近八成八獨立設置並維護專屬的全球資訊網網站，明顯高於中型與小型轄區的各五成三左右的比例（見表四第1項）；人口密度愈高者，亦似乎有愈高比例獨立設置並維護全球資訊網網站（見表五第1項）。農牧人口比例在25%以下者有近四分之三的公所獨立設置並維護專屬的全球資訊網網站，遠高於農牧人口比例較高的鄉鎮市公所（見表六第1項）。專科以上教育程度佔總人口比例愈高者，其獨立設置並維護網站的比例亦愈高（見表七第1項）。

　　東部公所中有近五成六建置有僅供公所成員使用之內部網頁/網站（Intranet），比例最高，北部與中部在三成左右，離島地區僅五分之一（見表三第 5 項）。在用以維護資訊系統安全的防火牆的架設上，則以中部（九成五）與東部（八成五）表現最佳，北部（六成一）與離島（六成九）最須改善（見表三第 6 項）。

　　公所的使用電子表單系統於其機關內部用途（如會議安排、用品請領等）亦出現些許城鄉差距。目前已有意見反映類的電子表單上線使用的比例似乎與公所轄區的人口密度成正向關係；人口密度最高（每平方公里 2000 人以上）的有三成七使用意見反映類電子表單，明顯高於其他的不及二成（見表五第 2 項）。農牧人口比例在 50%以上的公所中有低於百分之十者表示已使用意見反映類與通知及消息公布類的電子表單，明顯低於農牧人口比例較低的鄉鎮市公所（見表六第 3、4 項）。專科以上教育程度佔總人口比例愈高的公所，其有愈高的比例已使用意見反映類的電子表單（見表七第 3 項）。

（五）電子化政府方案的評估

　　在施行電子化政府與數位化行政中，公所的評估其成本與效益，以及以基準（標竿）資料評估公所在運作效率上的改善，似乎僅在地理區域上出現差異性。北部公所中高達六成六表示曾經於施行電子化的過程中以基準（標竿）資料評估其在運作效率上的改善情況，東部與中部以接近四成五次之，南部與離島地區最少（見表三第 9 項）。

二、地方政府 G2G 之具體應用與對外關係

在現代的地方治理過程中，政府機關、準政府組織、私部門、志願性團體、以及社區團體彼此形成一種網絡關係，共同涉入並且影響公共政策的制定和公共服務的提供（劉坤億，2002）。亦即，在地方政府的數位化過程中，其將依賴並與其他相關的各層級政府機構、民間團體合作以取得或提供經費、技術等支援與新知。這種對外網絡關係是否因都市化程度而有所差異？

本研究發現，城鄉差距並未出現在公所的電子化與網路化的 G to G 業務、與對其他行政機關關係上，包括過去三個月來使用電子公文交換佔總公文交換量、政府機關在發展電子化政府與數位化行政過程中分別在技術、經費、與規劃三方面如何獲得中央政府與上級縣政府的支援與協助、過程中公所與公所的人員是否曾與其他公所或人員有正式或非正式的合作關係、是否曾與其他鄉鎮市公所相關人員交換經驗和心得、以及公所是否曾與其他鄉鎮市公所有合作關係、協同整合之工作等面向。

此現象的出現或可歸因我國政府機關的組成方式仍以科層體制為主，因此各層級政府在施行研考會的電子化政府方案、以及其他絕大多數政策與措施時，有著某種最低程度的一致性，例如在公文電子化的實現程度上、以及在上級政府對下級政府的標準化的對待上，不因城鄉差異而有所區別；此外，平行層級的政府機關之間、以及行政人員之間的互動協力關係，亦因此不因城鄉間差異而有

所不同，且亦不會在處理電子化業務時而改變原有的互動模式。

三、地方政府 G2C 與 G2B 之具體應用與對外關係

此外，在地方政府的數位化過程中，其與民間團體合作以取得經費、技術等支援與新知的對外網絡關係是否因都市化程度而有所差異？表九至表十四呈現基層地方鄉鎮市公所在 G to C 與 G to B 之具體應用與對外關係上的城鄉差距，以下分別簡述之。

表九　層地方政府數位化過程在地區上的差異

項次	地區 數位化過程	東部	北部	離島	中部	南部	整體
1	網路架構之發展曾採用委外的方式進行之比例*	51.9% (n=27)	57.6% (n=59)	31.3% (n=16)	47.8% (n=90)	34.7% (n=98)	44.8% (n=290)
2	網站維護曾採用委外的方式進行之比例*	48.1% (n=27)	33.9% (n=59)	0.0% (n=16)	34.4% (n=90)	33.7% (n=98)	33.4% (n=290)
3	硬體維護曾採用委外的方式進行之比例**	85.2% (n=27)	74.6% (n=59)	56.3% (n=16)	88.9% (n=90)	86.7% (n=98)	83.1% (n=290)
4	在推行電子化政府與數位化行政過程中，曾參考很多或有一些當地民眾之意見之比例*	22.2% (n=27)	37.3% (n=59)	18.8% (n=16)	15.6% (n=90)	16.5% (n=97)	21.1% (n=289)
5	在電子化服務上有很多或有一些保障民眾隱私權之措施之比例**	30.8% (n=26)	46.6% (n=58)	6.3% (n=16)	26.1% (n=88)	25.3% (n=91)	29.4% (n=279)
6	曾經設置公共電腦/網路使用站以減少轄區內的數位落差之比例*	37.0% (n=27)	32.2% (n=59)	56.3% (n=16)	20.0% (n=90)	38.8% (n=98)	32.4% (n=290)

*:sig.<.05 ； **: sig.<.01 ； ***: sig.<.001 。

表十　層地方政府數位化過程在轄區規模上的差異

項次 \ 數位化過程	小（30000人以下）	中（30000至60000人）	大（60000人以上）	整體
1	網站架設曾採用委外的方式進行之比例**	45.6%（n=147）	50.6%（n=79）	71.9%（n=57）	52.3%（n=283）
2	網路架構之發展曾採用委外的方式進行之比例*	38.1%（n=147）	43.0%（n=79）	61.4%（n=57）	44.2%（n=283）
3	在發展電子化政府與數位化行政過程中，在技術方面獲得民間的支援與協助非常多或還算多之比例*	21.5%（n=144）	29.3%（n=75）	40.7%（n=54）	27.5%（n=273）
4	在發展電子化政府與數位化行政過程中，在規劃方面獲得民間的支援與協助非常多或還算多之比例**	7.8%（n=141）	12.5%（n=72）	24.1%（n=54）	12.4%（n=267）
5	持續加強一般民眾對電子化政府與相關服務的認識以鼓勵居民利用網際網路取得公所服務之比例**	17.7%（n=147）	21.5%（n=79）	38.6%（n=57）	23.0%（n=283）
6	委外時遭遇過的問題包括售後服務不如機關所預期之比例*	32.7%（n=147）	25.3%（n=79）	45.6%（n=57）	33.2%（n=283）
7	在電子化服務上有很多或有一些保障民眾隱私權之措施之比例*	23.4%（n=141）	29.9%（n=77）	43.6%（n=55）	29.3%（n=273）
8	在推行電子化政府與數位化行政過程中，曾參考很多或有一些當地民眾之意見之比例***	12.9%（n=147）	20.5%（n=78）	43.9%（n=57）	21.3%（n=282）

*:sig.<.05；**: sig.<.01；***: sig.<.001。

表十一　層地方政府數位化過程在人口密度上的差異

項次	人口密度（每平方公里人口數） 數位化過程	500 以下	500~ 1000	1000~ 2000	2000 以 上	整體
1	於轄區內公共場所設置供民眾免費使用電腦與網路之處所之比例*	34.5% （n=145）	53.1% （n=64）	25.5% （n=51）	43.3% （n=30）	37.9% （n=290）
2	網站架設曾採用委外的方式進行之比例*	48.3% （n=145）	45.3% （n=64）	60.8% （n=51）	73.3% （n=30）	52.4% （n=290）
3	舉辦宣傳活動鼓勵居民利用網際網路取得公所服務之比例**	15.2% （n=145）	15.6% （n=64）	21.6% （n=51）	43.3% （n=30）	19.3% （n=290）
4	持續加強一般民眾對電子化政府與相關服務的認識以鼓勵居民利用網際網路取得公所服務之比例*	17.2% （n=145）	20.3% （n=64）	33.3% （n=51）	33.3% （n=30）	22.4% （n=290）
5	在發展電子化政府與數位化行政過程中，自民間獲得的規劃支援與協助非常多或還算多之比例*	9.5% （n=137）	10.2% （n=59）	14.6% （n=48）	28.6% （n=28）	12.5% （n=272）
6	在推行電子化政府與數位化行政過程中，曾參考很多或有一些當地民眾之意見之比例**	14.5% （n=145）	20.6% （n=63）	29.4% （n=51）	40.0% （n=30）	21.1% （n=289）
7	在電子化服務上有很多或有一些保障民眾隱私權之措施之比例**	23.4% （n=137）	25.4% （n=63）	35.3% （n=51）	57.1% （n=28）	29.4% （n=279）

*:sig.<.05 ；**: sig.<.01 ；***: sig.<.001 。

表十二 層地方政府數位化過程在農牧人口比例上的差異

項次	農牧戶內人口數佔全體人口比例 / 數位化過程	50%~100%	25%~50%	0~25%	整體
1	委外時遭遇過的問題包括解決方案不如機關所預期之比例**	25.0%（n=96）	19.6%（n=112）	42.7%（n=82）	27.9%（n=290）
2	在推行電子化政府與數位化行政過程中，曾參考很多或有一些當地民眾之意見之比例***	14.6%（n=96）	15.3%（n=111）	36.6%（n=82）	21.1%（n=289）

*:sig.<.05；**: sig.<.01；***: sig.<.001。

表十三 層地方政府數位化過程在專科人口比例上的差異

項次	專科以上教育程度佔總人口比例 / 數位化過程	0~10%	10~15%	15%以上	整體
1	委外時遭遇過的問題包括解決方案不如機關所預期之比例*	22.0%（n=82）	24.1%（n=133）	41.3%（n=75）	27.9%（n=290）
2	在發展電子化政府與數位化行政過程中，自民間獲得的技術支援與協助非常多或還算多之比例*	21.8%（n=78）	24.6%（n=130）	39.4%（n=71）	27.6%（n=279）
3	在發展電子化政府與數位化行政過程中，自民間獲得的規劃支援與協助非常多或還算多之比例**	10.7%（n=75）	7.2%（n=125）	23.6%（n=72）	12.5%（n=272）
4	在推行電子化政府與數位化行政過程中，曾參考很多或有一些當地民眾之意見之比例***	14.6%（n=82）	15.9%（n=132）	37.3%（n=75）	21.1%（n=289）

*:sig.<.05；**: sig.<.01；***: sig.<.001。

表十四 層地方政府數位化過程在城鄉指標上的差異

都市化程度指標 數位化過程		人口數	人口密度	農牧戶內人口數佔全體人口比例	專科以上教育程度佔總人口比例
轄區內公共場所設置供民眾免費使用電腦與網路的處所數目	Pearson Correlation	0.413***	0.448***	-0.149	0.170
	n	104	104	104	104

***Correlation is significant at the 0.001 level (2-tailed).

（一）民間的支援與協助

當代的地方治理中，為有效回應日益增加的公共服務需求，除提升本身的專業能力外，地方政府必須依賴民間私部門與志願性組織的力量。而本研究發現，地方政府在發展電子化政府與數位化行政過程中，分別在技術與規劃兩方面獲得民間的支援與協助程度，在不同的轄區規模間呈現顯著的差異；人口數愈多的公所中（見表十第 3、4 項），或專科以上教育人口愈多者（見表十三第 2、3 項），似乎在技術與規劃方面獲得民間的支援與協助亦愈多。同時，人口密度愈高者，其亦有愈高比例表示得到非常多或還算多的來自民間在規劃上的支援與協助（見表十一第 5 項）。此研究結果意謂，在居民人數愈多的轄區中，似因愈具民間資源的豐富度而愈有機會出現具支援能力的民間企業或組織以協助在地政府機關。

在公所發展電子化政府與數位化行政過程中，依賴民間的協助、尤其是採取委託外包的業務內容，亦出現城鄉差距。

從地理區域觀之，公所的網路架構發展曾採用委外的方式
者，以北部最多，東部與中部次之，南部與離島最少（見表
九第1項）。網站維護曾採用委外的方式者，則以離島最少（見
表九第2項）。離島地區亦有最低的比例表示其硬體維護曾採
用委外的方式進行（見表九第3項）。就轄區規模和人口密度
而言，公所的網路架構發展與網站架設曾採用委外方式進行
的比例，與轄區人口數呈正向的關係（見表十第 1、2 項），
且網站的架設曾採用委外的比例亦與轄區人口密度呈大致正
向的關係（見表十一第2項）；亦即，在人口較多、密度較高
的公所中，或許是因為民間資源較豐沛，使公所得以借助外
界專業與人才的機會與意願亦較高。地處偏遠的公所受訪者
則指出，因其地理上的弱勢，廠商通常較欠缺維護其設備的
意願。

　　電子化政府與數位化過程中，在委託外包時是否曾經遭
遇過任何困難或問題？或許是因為得以委外的機會與次數較
多，最大規模的轄區有最高比例表示委外時遭遇過的問題包
括售後服務不如機關所預期（見表十第6項），農牧戶內人口
比例最低、或專科以上教育人口比例最高的公所（見表十二
第1項、表十三第1項），亦有明顯最高的比例表示其曾遇見
的問題包括解決方案不如公所的預期。

（二）意見的參考與服務使用的鼓勵

　　在推行電子化政府與數位化行政過程中，基層地方政府
是否曾參考當地民眾之意見？北部地區的公所中有三成七表
示曾參考了很多或至少參考了一些當地民眾的意見，高於其

他地區（見表九第 4 項）。公所轄區規模最大（六萬人以上）者有明顯最高的比例（四成四）表示曾參考了很多或一些當地民眾的意見，多於中型公所的二成一、以及小型公所的一成三（見表十第 8 項）。基層地方政府在推行電子化政府與數位化行政過程中，曾參考當地民眾意見之比例，亦隨著轄區人口密度的增加而增加（見表十一第 6 項）；轄區內每平方公里二千人以上的公所，有四成作如是的表示，一千至二千人者有二成九，五百至一千人者有二成一，而人口密度在每平方公里五百人以下的公所則僅有一成五表示曾參考過居民的意見。農牧戶內人口比例最低（見表十二第 2 項）、或專科以上教育程度人口比例最高的公所（見表十三第 4 項），亦有明顯最高的比例表示曾經參考居民的意見以推行電子化政府與數位化行政。

在電子化服務中保障民眾隱私權之措施，亦因都市化程度而顯現差異。北部地區的公所中有最高的比例（四成七）表示採取了很多或一些用以保障民眾隱私之措施，離島地區最少，僅六個百分點（見表九第 5 項）。公所轄區人口規模愈多者（見表十第 7 項）、或人口密度愈高者（見表十一第 7 項），有愈高比例的公所表示曾採取至少一些措施以保障民眾隱私權。

為發揮電子化政府的效益，公所採用哪些方式鼓勵居民利用網際網路取得公所的線上服務？公所轄區人口規模愈大者（見表十第 5 項）、或人口密度愈高者（見表十一第 4 項），似乎有愈高的比例表示曾持續加強一般民眾對電子化政府與相關服務的認識以鼓勵居民利用網際網路取得公所服務。同

時，人口密度較高的公所亦有較高的比例表示曾舉辦宣傳活
動以鼓勵居民利用網際網路取得公所服務(見表十一第3項)。

　　公所於其轄區內的公共場所設置供民眾免費使用電腦與
網路的情況亦出現差異性。公所在其轄區內的公共場所設置
供當地民眾免費使用電腦與網路的處所數目，與轄區人口數
以及人口密度成顯著的正向關聯性（請見表四）。曾經設置公
共電腦/網路使用站以減少轄區內的數位落差的公所，以離島
（五成六）的比例最高，而以中部的二成為最少（見表九第6
項）。值得注意的是，有此作為的公所以人口密度介於每平方
公里五百至一千人的轄區比例最高，約有五成三，人口密度
最高（二千人以上）的比例四成三次之，最少的是人口密度
介於每平方公里一千至二千人的轄區，僅約四分之一（見表
十一第1項）；亦即，似乎在密度大的轄區中，可能因其民眾
擁有資訊設備的較高，地方政府並未感受設置公共設施的需
要，而密度中等的轄區相對而言則較需面對此需求。

四、地方政府數位化的效益

　　政府的數位化目的在獲取某些預期的效益。表十五至表
十八呈現基層地方鄉鎮市公所的電子化與數位化產生正面成
效之城鄉差距。以下分別簡述之。

表十五　層地方政府數位化效益在地區上的差異

地區 數位化效益	東部	北部	離島	中部	南部	整體
在發展電子化政府與數位化行政過程中，提高了民眾實際參與政府事務程度為「非常多或有一些」百分比**	61.5% (n=26)	40.0% (n=55)	6.7% (n=15)	45.0% (n=80)	35.9% (n=92)	40.3% (n=268)

**: sig.<.01。

表十六　層地方政府數位化效益在轄區規模上的差異

項次	轄區規模（居民人口數） 數位化效益	小（30000人以下）	中（30000至60000人）	大（60000人以上）	整體
1	在發展電子化政府與數位化行政過程中，減輕了公所與民眾間接觸及提供服務的負擔程度為「非常多或有一些」百分比***	30.8% (n=133)	48.6% (n=72)	60.0% (n=55)	41.9% (n=260)
2	在發展電子化政府與數位化行政過程中，提高了民眾實際參與政府事務程度為「非常多或有一些」百分比**	32.8% (n=134)	44.4% (n=72)	56.4% (n=55)	41.0% (n=261)

*:sig.<.05；**: sig.<.01；***: sig.<.001。

表十七　層地方政府數位化效益在人口密度上的差異

項次	人口密度（每平方公里人口數） 數位化效益	500以下	500~1000	1000~2000	2000以上	整體
1	減輕了公所與民眾間接觸及提供服務的負擔非常多或有一些之比例**	34.4% (n=128)	32.2% (n=59)	53.1% (n=49)	70.0% (n=30)	41.4% (n=266)
2	提高了民眾實際參與政府事務的程度非常多或有一些之比例**	32.8% (n=128)	35.0% (n=60)	52.0% (n=50)	63.3% (n=30)	40.3% (n=268)

*:sig.<.05；**: sig.<.01；***: sig.<.001。

表十八　層地方政府數位化效益在專科程度人口上的差異

專科以上教育程度佔總人口比例 數位化效益	0~10%	10~15%	15%以上	整體
減輕了公所與民眾間接觸及提供服務的負擔非常多或有一些之比例*	36.5% (n=74)	35.3% (n=119)	56.2% (n=73)	41.4% (n=266)

*:sig.<.05；**: sig.<.01；***: sig.<.001。

（一）提高民眾參與

　　公所的電子化與數位化提高民眾實際參與政府事務的程度顯現城鄉差異。各區域中，以東部地區公所中有最高的比例（六成二）表示其在發展電子化政府與數位化行政過程中提高了民眾實際參與政府事務程度為「非常多或有一些」，而離島地區最少，僅百分之七的公所作如是的表示（見表十五）。轄區人口愈多（見表十六第 2 項）、或人口密度愈高的公所（見表十七第 2 項），有愈高的比例表示民眾實際參與政府事務程度因而提高了。

　　值得注意的是，東部地區公所中有最高的比例表示其電子化政府提高了民眾實際參與政府事務程度，此意謂也驗證了現代資訊與通信科技的應用卻可協助過去在城鄉差距中處於弱勢的一方跳脫固有的窠臼與藩籬，就算在經濟與文化方面或許仍有待追趕，但在政治事務上、尤其在民主行政的實踐上卻能超越其他地區。這是值得鼓勵與喝采的，地方政治與民主的發展，似乎能因科技的協助、與經濟和文化等條件脫勾，而能獨放異彩。

（二）減輕作業負擔

　　此外，電子化政府與數位化行政的發展，是否減輕公所與民眾間接觸及提供服務的負擔程度？表示的確減輕負擔的公所比例與轄區規模成正向關係，亦即較大型的公所有較高的比例表示減輕此類負擔的程度為「非常多或有一些」（見表十六第1項）；而轄區人口密度與表示有減輕負擔的公所比例

之間亦存在類似的正向關係（見表十七第 1 項）。相較於專科
以上教育程度人口佔總人口 15%以下的公所中的三成五左
右，在專科以上教育程度人口比例最高等級（佔總人口的15%
以上）的公所中，亦有最高的比例（五成六）認為電子化政
府與數位化行政減輕了公所與民眾之間接觸及提供服務的負
擔（見表十八）。

五、地方政府數位化發展過程的困境

地方政府的電子化所帶來的影響並非全為正面的，地方
層級管理人員即曾抱怨數位化服務的提供範圍擴大和強化使
其現已有限的相關人員人力更為吃緊（Holden, Norris, and
Fletcher, 2003）。而我國基層地方鄉鎮市公所在數位化過程中
的所遇見的困境之城鄉差距為何？表十九與表二十呈現研究
結果，以下分別簡述之。

表十九　基層地方政府數位化困境在地區上的差異

項次 \ 地區 數位化困境	東部	北部	離島	中部	南部	整體
1 民眾不使用公所電子化服務的原因包括「無設備可使用」百分比*	48.1% (n=27)	28.8% (n=59)	31.3% (n=16)	53.3% (n=90)	41.8% (n=98)	42.8% (n=290)
2 在電子化政府與數位化行政的發展上，受到經費限制的負面影響很大之比例*	92.6% (n=27)	71.9% (n=57)	93.8% (n=16)	87.6% (n=89)	85.4% (n=96)	84.6% (n=285)
3 在電子化政府與數位化行政的發展上，受到資訊專業人才缺乏的負面影響很大之比例***	88.9% (n=27)	65.5% (n=58)	93.8% (n=16)	85.4% (n=89)	91.8% (n=97)	84.3% (n=287)

*:sig.<.05；**: sig.<.01；***: sig.<.001。

表二十　基層地方政府數位化困境在人口密度上的差異

人口密度 數位化困境	500 以下	500~ 1000	1000~ 2000	2000 以上	整體
民眾不使用公所電子化服務的原因包括不會使用相關設備之比例*	45.5% (n=145)	39.1% (n=64)	21.6% (n=51)	33.3% (n=30)	38.6% (n=290)

*:sig.<.05。

公所在發展電子化政府與數位化行政的過程中，曾遭遇過何種困難與限制、及其程度如何？表示在電子化政府與數位化行政的發展上，受到經費限制的負面影響很大的，以離島地區與東部地區皆在九成以上的比例最高，北部地區最少，僅為七成二（見表十九第 2 項）。此外，表示受到資訊專業人才缺乏的負面影響很大的，亦以離島、南部地區為最多（分別在九成以上），北部地區最少（六成六）（見表十九第 3 項）。

上述發現中有關受到經費限制負面影響程度的城鄉差距並不令人意外。現今我國地方財政所面臨的重要問題包括地方財政自主性低、府際財政分配失衡、中央存有集權集錢心態、地方依賴心態過重、政治力過度介入等（黃建銘，2002）。在目前我國財政收支劃分法規範中，鄉鎮市雖然屬於全國財政收支系統之一級，但其並無明定的課稅種類，因而鄉鎮市實缺乏基本的稅課收入保障，僅能依賴統籌款及補助款挹注其財政收入；職是之故，靠近經濟活動中心的北部地區公所雨露均霑地享有較高的經費動支與使用額度，而偏遠地區則因相同理由自治財政的運作上遠較其他地區艱困。

　　民眾如果不使用公所的電子化服務，其可能原因為何？中部及東部地區的公所中，有最高的比例（分別為五成三與四成八）表示民眾不使用公所電子化服務的原因包括「無設備可使用」，北部地區中表示有此原因的比例（二成九）最低（見表十九第 1 項）；人口密度較低的公所，有較高的比例表示民眾不使用公所電子化服務的原因是「民眾不會使用相關設備」（見表二十）。

　　此發現驗證並強化了項靖（2003）之有關我國民間數位落差現象研究結果與意涵。該研究顯示受訪者的居住地區（都市、郊區、與鄉村）與其個人使用電腦或網路上、以及在使用電腦時數上間之關聯性是顯著的，多以居住都市者高於郊區、居住郊區者高於鄉村。民眾間的數位落差似乎反映在公所數位化承辦人員所認知的業務推展的困難中，而此限制實非公所或甚至上級縣政府所能單獨克服的，須有賴於民間、政府等多方共同的努力方能竟其功。

伍、研究發現

　　綜上所述，我國鄉鎮市公所在數位化的發展和現況上的城鄉間差異如下表二十一所示。就地區而言，城鄉差距的表現是非預期、混合的。北部地區在許多面向上的確皆領先多數其他地區，包括數位化整備程度的專業人力、硬體設備、數位化應用方式、和電子化政府方案的評估最多，G2C 與 G2B之具體應用與對外關係的獲得民間的支援與協助、以及電子化過程中民眾意見的參考與服務使用的鼓勵最多，並且在數位化發展過程中面臨的困境與限制最少。但是，都市化程度一般而言較高的北部並非事事專美於前，東部和中部地區在許多面向上亦領先於多數地區，尤其是在硬體資源的豐富度、專業人力、安全與隱私權的注重、防火牆架設百分比、數位化所得的效益上。而南部與離島地區則在多數面向上是屬於弱勢的一方。

就轄區規模和人口密度而言，研究發現則與城鄉差距的一般預期大致相符。在數位化整備程度的專業人力和數位化應用方式、G2C 與 G2B 之具體應用與對外關中的獲得民間的支援與協助、電子化過程中民眾意見的參考與服務使用的鼓勵、以及數位化所得的效益上，皆以人口愈多或人口密度愈高、亦即都市化程度愈高的公所有愈好的表現，所受到的困難與限制愈少。只是，在硬體設備的豐富度上則呈現反向的關係。

最後，就轄區農牧戶內人口和專科以上教育程度人口比例而言，研究發現亦與城鄉差距的一般預期大致相符。在專業人力、數位化應用方式、電子化政府方案的受重視程度、獲得民間的在技術方面的支援與協助、電子化過程中參考民眾的意見、以及地方政府數位化所獲得的效益上，皆以都市化程度較高者（農牧戶內人口比例較低和專科以上教育程度人口比例較高）的表現優於都市化程度較低者。但同樣例外的亦是在硬體設備的豐富度上，與公所的都市化程度之間存在反向的關係。

此外，在地方政府的數位化過程中，與其他政府機關與民間團體合作以取得或提供經費、技術等支援與經驗互換所形成的網絡關係內涵，在城鄉差距與合作對象上呈現不同的

風貌。本研究中，或因我國科層體制為主的政府機關組成方
式，城鄉差距並未出現在公所的電子化與網路化的 G to G 業
務、與對其他行政機關關係上。反之，地方政府在發展電子
化政府與數位化行政過程中，在人口較多、密度較高的公所
中，或許是因為民間資源較豐沛，使公所得以借助外界專業
與人才的機會與意願亦較高，因而在技術與規劃方面獲得民
間的支援與協助、網路架構發展與網站維護採取委託外包的
程度皆較高；同時，在推行電子化政府與數位化行政過程中，
北部地區、以及都市化程度較高的公所，其參考當地民眾之
意見的比例亦較高。此發現或可提供政府網絡關係相關研究
一極重要的參考，亦即在探討不同網絡關係成員所扮演的角
色與發揮的影響力時，不可忽略關係對象成員的本質（屬公
部門或私部門）、以及該成員的屬地特徵（機構或人員所在位
置的都市化程度）。

表二十一　我國鄉鎮市公所數位化之城鄉差距

數位化程度 ＼ 都市化程度指標	地區	轄區規模（人口數）	人口密度	農牧戶內人口數佔全體人口比例	專科以上教育程度佔總人口比例
數位化整備程度					
專業人力					
受訪之電子化政府業務承辦人員具有資訊相關專業之背景之比例	△	●	◆	◎	●
硬體設備					
每一編制人員可用電腦部數平均值	△	N/A	N/A	N/A	N/A
所有人員中每一人員可用電腦部數平均值	?	◎	N/A	●	◎
每一編制人員可用連網電腦部數平均值	△	N/A	N/A	N/A	◎
所有人員中每一人員可用連網電腦部數平均值	?	◎	N/A	N/A	◎
數位化應用方式					
獨立設置並維護專屬的全球資訊網 (WWW) 網站百分比	△	●	◆	◎	●
建置有僅供公所成員使用之內部網頁網站（Intranet）百分比	?	N/A	N/A	N/A	N/A
架設防火牆百分比	?	N/A	N/A	N/A	N/A
目前已上線的電子表單類別包括意見反映類之比例	NA	N/A	◆	◎	●
目前已上線的電子表單類別包括通知及消息公布類之比例	NA	N/A	N/A	◎	N/A
電子化政府方案的評估					
曾經以基準（標竿）資料評估公所在運作效率上的改善情況之比例	△	N/A	N/A	N/A	N/A
電子化政府方案的受重視程度					
發展電子化政府與數位化行政與其他業務相較優先或最優先的比例	NA	N/A	N/A	◎	◆
地方政府 G2C 與 G2B 之具體應用與對外關係					
獲得民間的支援與協助					
在發展電子化政府與數位化行政過程中，在技術方面獲得民間的支援與協助非常多或還算多之比例	NA	●	N/A	N/A	●
在發展電子化政府與數位化行政過程中，在規劃方面獲得民間的支援與協助非常多或還算多之比例	NA	●	◆	N/A	◆
網路架構之發展曾採用委外的方式進行之比例	△	●	N/A	N/A	N/A
網站架設曾採用委外的方式進行之比例	NA	●	◆	N/A	N/A
網站維護曾採用委外的方式進行之比例	?	N/A	N/A	N/A	N/A
硬體維護曾採用委外的方式進行之比例	?	N/A	N/A	N/A	N/A
委外時遇過的問題包括解決方案不如機關所預期之比例	NA	N/A	N/A	◆	●
委外時遇過的問題包括售後服務不如機關所預期之比例	NA	◆	N/A	N/A	N/A

（續上頁表二十一）

數位化程度 ＼ 城鄉指標	地區	轄區規模	人口密度	農牧戶內人口數佔全體人口比例	專科以上教育程度佔總人口比例
民眾意見的參考與服務使用的鼓勵					
在推行電子化政府與數位化行政過程中，曾參考很多或有一些當地民眾之意見之比例	△	●	◆	◎	●
在電子化服務上有很多或有一些保障民眾隱私權之措施之比例	△	●	◆	N/A	N/A
持續加強一般民眾對電子化政府與相關服務的認識以鼓勵居民利用網際網路取得公所服務之比例	NA	●	◆	N/A	N/A
舉辦宣傳活動鼓勵居民利用網際網路取得公所服務之比例	NA	N/A	◆	N/A	N/A
是否於轄區內公共場所設置供民眾免費使用電腦與網路之處所之比例	NA	N/A	?	N/A	N/A
轄區內公共場所設置供民眾免費使用電腦與網路的處所數目	NA	●	●	N/A	N/A
曾經設置公共電腦/網路使用站以減少轄區內的數位落差之比例	?	N/A	N/A	N/A	N/A
地方政府數位化的效益					
在發展電子化政府與數位化行政過程中，提高了民眾實際參與政府事務程度為「非常多或有一些」百分比	?	●	◆	N/A	N/A
在發展電子化政府與數位化行政過程中，減輕了公所與民眾間接觸及提供服務的負擔非常多或有一些之比例	NA	●	◆	N/A	◆
地方政府數位化發展過程的困境					
在電子化政府與數位化行政的發展上，受到經費限制的負面影響很大之比例	★	N/A	N/A	N/A	N/A
在電子化政府與數位化行政的發展上，受到資訊專業人才缺乏的負面影響很大之比例	★	N/A	N/A	N/A	N/A
民眾不使用公所電子化服務的原因包括「不會使用相關設備」之比例	NA	N/A	?	N/A	N/A
民眾不使用公所電子化服務的原因包括「無設備可使用」百分比	★	N/A	N/A	N/A	N/A

註：△：似乎以北部最多。
　　★：似乎以北部最少。
　　◆：相關性顯著但差異性質不明確，但仍似乎以該指標中都市化程度等級最
　　　　高（例如人口密度在每平方公里 2000 人以上）者比例最多。
　　●：與該都市化程度指標大致成正向關係。
　　◎：與該都市化程度指標大致成反向關係。
　　?：相關性顯著但差異性質不明確；城鄉差距關係難判定。
　　NA：統計分析結果未呈現顯著差異性。

陸、研究意涵──代結論

在政府再造的意識型態與現代資訊與通信科技快速發展合流之推波助瀾下，數位化與網路化政府已儼然成為新世紀各國公部門運作之新典範。吾人有必要於其發展之初期，即開始加以有系統的了解與分析，以未雨綢繆、妥善規畫與設計未來。而因城鄉差距所可能造成的基層地方政府在數位化發展上的不均，是本研究關注的焦點。

經由以自填式問卷全面普查台灣地區的鄉鎮市公所電子化政府業務承辦人員，並以人口數、人口密度、農牧人口比例、專科教育程度人口比例、以及地理區域為城鄉指標進行分析比較，本研究結果發現，除某些面向與預期相違外，城強鄉弱的差距現象的確存在於我國鄉鎮市公所之數位化過程與程度中。尤其是在專業人力、數位化應用方式、電子化政府方案的評估、獲得民間的支援與協助、數位化過程中參考民眾意見、鼓勵民眾使用電子化服務上，多以北部地區、人口規模較大、人口密度較高、非農牧人口以及專科教育程度人口比例較多者表現較佳，並且在數位化發展過程中面臨的困境與限制較少。而南部與離島地區則在多數面向上是屬於弱勢的一方。但例外的是，都市化程度較低的公所的電腦設備資源較充足，且東部地區在許多面向上不但領先於多數地區，更與北部地區比較起來不遑多讓。縱然如此，研究亦發現城鄉差距並不存在於公所的電子化 G to G 業務與對其他行政機關關係上。

　　國外地方政府間所呈現之電子化或數位化差距現象亦出現於我國中。例如，地方政府新科技的採用受到人口規模、政府類型、組成型式、地區、位於都會區與否等因素的影響（Norris and Demeter, 1999; Norris and Campillo, 2002; Holden, Norris, and Fletcher, 2003），以人口規模較多、城市、位於都會區者電子化程度與複雜度較高；許多小型的地方政府行政人員自認其缺乏足夠的專業知識、人員、以及財力用以發展數位化政府，且不同政府層級與單位間數位化內容與成熟複雜度存在相當程度的差異性（Holden, Norris, and Fletcher, 2003），政府網站中所提供的內容與品質亦可能因該政府機關屬性與層級不同而在無障礙性、資料、線上服務、與可讀性方面存在著差異性（West, 2003）。此外，較大的、或都會區的地方政府表示其較明顯感受流程改造、行政成本減少、效率提高等效益，較小的地方政府則表示其較缺乏相關技術與知識、與新應用方式的資訊（Holden, Norris, and Fletcher, 2003）；轄區中網路較不普及的地方政府之政府網站品質比較低落（Kuk, 2003）；另外，人口較多的轄區中，其政府提供了較多的線上服務（Ho and Ni, 2004）。本研究發現以上這些落差亦發生於我國地方政府間，並包括在數位化整備程度、G2C 與 G2B 之具體應用與對外關係、數位化所得到的效益、以及數位化發展過程中的困境等面向上。此顯示，地方政府間之數位落差實為一各國共通的問題，其之解決故然端視各國如何依其各自政經民情設計政策與方案，但亦有賴於各國間彼此交換經驗與心得、以及研究者尋找出普遍適用的原因與法則。

　　本研究結果亦相當程度地呼應曾淑芬（2004）的研究結果，我國行政機關的資訊應用能力，在地理區域上以北部領先、中南部次之、東部與離島地區落後。但吾人期待的是，政府的數位化發展不應受到城鄉差距的負面影響，而應該是改變並縮小城鄉差距的驅動力量。從政策的角度觀之，為均衡城鄉數位化政府的發展，可努力的作法為何？比起政府中其他由來已久的業務而言，尤其在初期發展與奠基階段，政府與機關行政的數位化需要龐大的經費、人力與複雜技術。也就是在這些面向上，本研究所發現的都市化程度較低的基層鄉鎮市公所面臨較大的經費與人力的不足、以及專業技術的缺乏，是其在發展數位化政府過程中所面臨的最大的隱憂；其之影響所及，將可能進一步惡化我國城鄉間在生活品質與發展前景上的落差。此外，公所的受訪者亦曾表示其發展數位化的最大困難與限制在於，公所層級太低，而礙於相關法令無法自行主導推動。因此，權責機關實應將我國政府機關的數位化內容與作法正式法制化，以法律位階明訂一體適用的相關業務與績效標準、配置專業人員、撥放經費，以期所有地方政府可站在同一立足點上充分進行數位化的發展。

　　但有別於過去研究發現、且值得吾人注意的是，都市化程度高的地方政府之數位化表現中並非在所有面向中皆專美於前，例如我國東部地區公所中有最高的比例表示其電子化政府提高了民眾實際參與政府事務程度。此研究發現意謂著，現代資訊與通信科技的應用可協助過去在城鄉差距中處於弱勢的一方跳脫固有的窠臼與藩籬，在某些數位化與應用上能夠發展特色並超越其他地區；即便在經濟與文化方面或許仍有待追趕，但在地方政治與民主的發展上，似乎能因科技的協助而與經濟和文化等條件脫勾，而能有更卓越的表現。

　　地理空間因素、公共政策、以及在資訊基礎建設上的投資等三者的結合，可能構成鄉村地區數位化的障礙（Nicholas, 2003）；因此，欲消除地方政府間的數位化不均，地理空間之弱勢因素似已無可挽回，但仍可自公共政策以及在軟硬體建設上有所作為。雖然近數十年來各國地方政府層級之發展趨勢包括減少層級以提昇行政效率、地方自治權力擴大（黃正雄，1997），歐美地方政府之角色確實日益吃重，自主性不斷提高，但我國民國 88 年 1 月施行「地方制度法」以來，有關地方立法權之爭議問題甚多，地方政府相對於中央政府似仍十分弱勢（高永光，2001a）。雖然如此，在數位化政府的發展上，我國現行上下層級政府行政制度關係配置中，中央政府並無法、亦仍不宜直接以經費補助地方鄉鎮市公所、或對其提供技術支援與指導。可以期待的是，中央政府可訂定地方政府數位化的大原則與方向，例如藉以提升民主、行政效率與便民性，並設立具體指標以衡量及維繫各地方政府基礎性數位化能力，且須設定數位化系統共通的技術標準。

　　更具體而言，為消除數位化的不均、進一步實現數位化所能帶來的效益，權責單位可自多方努力。在數位化整備程度上，都市化程度較低的公所應被賦予更大的彈性用人空間，以吸引、留住相關專業人才，或以公務人力巡迴服務的方式接收專業技術與服務；由於偏遠地區以及都市化程度較低的地區普遍缺乏適當資訊人才，上級政府應提供相關的協助，可行的作法包括「擬定政府人員 IT 培育方案」、「強化地方政府工作人員的資訊應用能力」、「修訂資訊人員進用辦法」等（林逢慶，2004）；在技術指導與輔助方面，上級政府除應指派專業人員至公所提供技術性服務與支援外，亦可以以數個公所為一單位，一單位配置一位專職的高級資訊專才人員，輪流處理各公所較複雜的技術問題；或上級政府可輪派技術支援小組，定期至缺乏專業人才的公所審視並提供實質的協助與輔導。除北部地區外，都市化程度較高的公所須加強電腦硬體的可近用程度，以使人員能充分應用相關科技；北部以外的地區則應評估電腦化為公所的運作效率所帶來的助益，以將資源作最適度的運用；都市化程度較低的公所除須加強其對數位化的重視程度外，亦應儘量汲取相關新知，以研擬引進適用於本地之數位化應用方式。

　　在 G2C 與 G2B 之具體應用與對外關係上，都市化程度較低的公所應以較高報酬、或較具吸引力之方式，以獲取委外服務或來自民間的支援與協助；而都市化程度較高的公所則應多留意委外過程中的相關面向，例如廠商的選取、預期方案的詳述、以及契約的管理等，以使委託服務能獲致預期理想的結果；在推行電子化政府與數位化行政過程中，都市化程度較低的公所更應加強參考民眾意見、施行保障民眾隱私之措施、促進民眾對電子化政府與相關服務的認識、並設置供民眾免費使用電腦與網路之處所，以充分瞭解民眾的需求、維護民眾權益、鼓勵居民利用網際網路取得公所服務、並提升轄區民眾的數位化素養。總體而言，以上各項建議作法之施行，或可使都市化程度較低的公所有效避免或克服在數位化發展過程中所遇見之困境，並實現其之數位化效益，包括提升民眾實際參與政府事務的程度、以及減輕公所與民眾間接觸及提供服務的負擔。

　　睽諸人類社會中其他種類之落差消弭之不可行，欲達成鄉鎮市政府間全然無數位落差之境界亦似誠屬困難；在使政府數位化之益處能廣被大眾的前提下，可行的作法在於鼓勵各鄉鎮市依其居民需求與特色發展出適合當地、有利於地方、且獨樹一格的政府數位化。亦即，中央政府亦應將充足經費與人力撥予各縣市，各縣市政府則應如黃建銘（2002）所建議之由縣市將中央統籌分配稅款分配所得之統籌款中提撥一定金額對各鄉鎮市加以分配，由縣市政府扮演關鍵的經費提供者與技術指導者角色，協助各鄉鎮市公所均衡地依照各自的經濟與人文背景發展其具特色之數位化政府與應用方式；例如，在以觀光業為重的地方，可發展以協助觀光業、業者與遊客為主的行政電子化；在工商業為主的轄區中，則可將重點置於建構促進電子商務發展與運行的數位化政府。

　　此外，民眾間的數位落差與政府間的數位落差現象似如影隨形。本研究結果大致對應了項靖（2003）針對我國民眾數位落差之研究發現，住在南部、東部、離島、或都市化程度較低的民眾，如同這些地區的地方政府一般，其數位化程度與素養在許多方面似皆顯著不及於居住於或位於北部或都市化程度較高地區的民眾和地方政府。孰令致之？是當地政府的數位化作為影響、帶動了居民資訊素養，或其影響實為反向的？或是第三變項—經濟與人文環境—同時決定了一地區政府機構和居民的數位化程度？本研究與現存文獻並無法提供確切答案，但卻極具學術與實務意涵，有待後續研究加以發掘。

本研究所呈現的城鄉間在數位化政府發展上出現差異的現象是吾人所不樂見的。但是此落差發生的原因是什麼？是宿命的、各公所所在地的社會、經濟環境與條件所造成？是政策執行不一致的自然結果？抑或存在其他原因？而公所的數位化又如何改變原有的社會、經濟與人文的城鄉差距？對於這些疑問，本研究尚未能提供完整確切的答案。本研究的限制之一在於，鄉鎮市公所的數位發展現況的衡量主要來自受訪承辦人員的主觀認知，而較少基於客觀的統計數據，且在城鄉程度上採用的是個別性的指標。未來的研究者除可以用較客觀數據衡量地方政府數位化程度，並以更多元、多面向、且具綜合性的城鄉指數（如都市發展指數，含都市計畫區人口、平均每人實質國民所得、都市計畫區內住宅區與商業區面積等指標）（黃德福，1994；黃樹仁，2002）驗證本研究的發現外，更須將努力投注於解答上述本文力有未逮的研究問題上。

參考文獻

中文資料：

王秉鈞、劉俞志，2004，〈電子化政府資訊組織設計及人力資源運用整合策略〉，《電子化政府》，台北市：行政院研究發展考核委員會，頁 461-480。

丘昌泰，2000，《公共管理—理論與實務手冊》，台北市：元照出版。

台灣省政府住宅及都市發展處，1998，《均衡城鄉發展 營造永續都市》，台北市：住都處。

行政院研考會，1998，《政府再造綱領》，台北市：行政院研考會。

吳德美，1999，〈中國大陸鄉鎮企業發展對城鄉收入差距影響之研究〉，《中山人文社會科學期刊》，第七卷第二期，12 月，頁 133-158。

呂育誠，2003，〈電子化政府對地方政府管理的意涵與影響〉，《法政學報》，第十六期，頁 147-178。

李仲彬、黃朝盟，2001，〈電子化政府的網站設計：臺灣省二十一縣市政府 WWW 網站內容評估〉，《中國行政》，第 69 期，頁 47-73。

李朝賢，1990，〈台灣地方經濟發展差異之研究〉，《台灣經濟月刊》，第 160 期，頁 1-20。

林宜諄，1997，〈亞洲國力網路決戰〉，《天下雜誌》，11 月 1 日，頁 131-132。

林逢慶，2004，〈提升電子化政府程度，深化資訊科技的應用〉，《電子化政府》，台北市：行政院研究發展考核委員會，頁 81-108。

林嘉誠，2004，〈電子化政府的網路服務與文化〉，《電子化政府》，台北市：行政院研究發展考核委員會，頁 23-58。

邱皓政，2002，《量化研究與統計分析－SPSS 中文視窗版資料分析範例解析》，台北市：五南圖書公司。

紀國鐘，2004，〈普及政府服務、縮短數位落差〉，《電子化政府》，台北市：行政院研究發展考核委員會，頁 323-335。

高永光，2001a，〈地方政府研究的理論重構：地方立法權的分析〉，《國政研究報告》，中華民國九十年五月二十二日。

高永光，2001b，〈「城鄉差距」與「地方派系影響力」之研究─1998 年台北縣縣議員與鄉鎮市長選舉的個案分析〉，《選舉研究》，第七卷第一期，7 月，頁 53-85。

張世賢，2003，〈聯合國推動地方永續發展的策略分析〉，地方永續發展學術研討會論文集，民國九十二年十一月二日，南投縣埔里鎮：國立暨南國際大學。

張順教，2000，〈美國商務部推動電子化政府之經驗律與實務〉，《主要國家經貿政策分析月刊》，89 年 8 月號，available on line <http://www.moea.gov.tw/~ecobook/masterna/8908/110-a.htm>，accessed 2000/11/19。

莊伯仲，2000，〈網路選戰在台灣─1998 年三合一大選個案研究〉，《廣告學研究》，第十四集，1 月，頁 31-52。

許禎元，1997，《政治研究方法與統計─SPSS for Windows 的實例操作》，台北市：五南圖書。

郭月娥，2004，〈電子化政府計畫〉，《電子化政府》，台北市：行政院研究發展考核委員會，頁 59-80。

曾淑芬，2004，〈數位落差整體評估指標之建立〉，《電子化政府》，台北市：行政院研究發展考核委員會，頁 357-382。

項　靖，1999，〈理想與現實：民主行政之實踐與地方政府網路公共論壇〉，《東海社會科學學報》，第十八期，頁 149-178。

項　靖，2000，〈線上政府：我國地方政府 WWW 網站之內涵與演變〉，《行政暨政策學報》，第二期，頁 41-95。

黃文樞、趙涵捷、張耀中，2004，〈偏遠地區設置公共資訊服務站策略規劃〉，《電子化政府》，台北市：行政院研究發展考核委員會，頁 403-422。

黃正雄，1997，〈地方政府與自治之革新方向〉，《國策雙週刊》，第一五七期。

黃東益、黃佳珊，2003，〈地方政府「數位民主」機制─以台灣省二十一縣市政府網站為例〉，《法政學報》，第十六期，頁 179-202。

黃建銘，2002，〈論地方財政與行政區劃之關係〉，《「地方政府與公共管理」學術研討會論文集》，11 月 29 日，新竹市：中華大學行政管理學系，頁 139-170。

黃德福，1994，〈現代化、選舉競爭與地方派系─1992 年立法委員選舉的分析〉，《選舉研究》，第一期，頁 75-91。

項　靖，2003，〈邁向資訊均富：我國數位落差現況之探討〉，《東吳政治學報》，第十六期，頁 127-180。

黃樹仁，2002，《心牢：農地農用意識形態與臺灣城鄉發展》，臺北市：巨流圖書公司。

萬以寧，2004，〈全球電子化政府評比及發展典範〉，《電子化政府》，台北市：行政院研究發展考核委員會，頁 109-126。

葉嘉楠，2002，〈財劃法修正與地方財政的未來〉，《「地方政府與公共管理」學術研討會論文集》，11 月 29 日，新竹市：中華大學行政管理學系，頁 117-138。

廖俊松，2003，〈地方 21 世紀永續發展之策略〉，《地方永續發展學術研討會論文集》，民國九十二年十一月二日，國立暨南國際大學。

齊若蘭 譯，1995，《數位革命》，台北市：天下文化出版。

劉坤億，2002，〈地方治理與政策網絡〉，《「地方政府與公共管理」學術研討會論文集》，11 月 29 日，新竹市：中華大學行政管理學系，頁 49-67。

蕭乃沂、陳敦源、黃東益，2003，〈網路民主政府－台北市「市長信箱」的評估與前瞻〉，《研考雙月刊第 27 卷第 1 期，2 月，頁 100-110。

賴世培 等，1996，《民意調查》，台北：國立空中大學。

謝清俊，1995，〈資訊科技與便民──從資訊的本質談起〉，《研考雙月刊》，19 卷 4 期，8 月，頁 34-41。

羅　宏，1992，〈台灣城鄉發展類型之研究〉，《台灣經濟月刊》，第 190 期，頁 41-68。

西文資料：

6, Perri, 2000. "E-governance: Webers' revenge," paper for the Political Studies Association-UK 50th Annual Conference, April 10-13, 2000, London.

Bellamy, Christine, 2002. "From automation to knowledge management: modernizing British government with ICTs," International Review of Administrative Sciences, Vol. 68, No. 2, pp. 213-230.

Bryan, Cathy, 1998. "Manchester: Democratic implications of an economic initiative?" in Roza Tsagarousianou, Damian Tambini and Cathy Bryan (eds.) Cyberdemocarcy: Technology, cities and civic networks. London: Routledge, pp. 152-166.

Docter, Sharon and William H. Dutton, 1998. "The First Amendment online: Santa Monica's Public Electronic Network," in Roza Tsagarousianou, Damian Tambini and Cathy Bryan (eds.) Cyberdemocarcy: Technology, cities and civic networks. London: Routledge, pp. 125-151.

Dunleavy, Patrick, and Helen Margetts, 2000. "The Advent of Digital Government: Public Bureaucracies and the State in the Internet Age," paper presented at the Annual Conference of the American Political Science Association 2000, 4th September, Omni Shoreham Hotel, Washington, US.

Falcha, Morten, and Amos Anyimadub, 2003. "Tele-centres as a way of achieving universal access—the case of Ghana," Telecommunications Policy, Vol. 27, pp. 21-39.

Fang, Zhiyuan, 2002, "E-Government in Digital Era: Concept, Practice, and Development," International Journal of The Computer, The Internet and Management, Vol. 10, No.2, pp. 1-22.

Fountain, Jane E., 2001. Building the Virtual State: Information Technology and Institutional Change, Washington, D.C.: Brookings Institution Press.

Francissen, Letty and Kees Brants, 1998. "Virtually going places: Square-shopping in Amsterdam's Digital City," in Roza Tsagarousianou, Damian Tambini and

Cathy Bryan (eds.) Cyberdemocarcy: Technology, cities and civic networks, London: Routledge, pp. 18-40.

Graham, Stephen, 2002. "Bridging Urban Digital Divides? Urban Polarisation and Information and Communications Technologies (ICTs),"Urban Studies, Vol. 39, No. 1, pp. 33-56.

Griffin, Dave, and Eddie Halpin, 2002. "Local government: A digital intermediary for the information age?" Information Polity, Vol. 7, No. 4, pp. 217-230.

Hiller, J. S. and Bélanger, France, 2001, "Privacy Strategies for Electronic Government," in M. A. Abramson & G. E. Means (Eds.), E-Government 2001, Lanham, Maryland: Rowman & Littlefield Publishers, pp. 162-198.

Ho, Alfred Tat-Kei, 2002. "Reinventing local governments and the e-government initiative," Public Administration Review, Vol. 62, No. 4, pp. 434-444.

Ho, Alfred Tat-Kei, and Anna Ya Ni, 2004. "Explaining the Adoption of E-Government Features: A Case Study of Iowa County Treasurers' Offices," American Review of Public Administration, Vol. 34, No. 2, pp. 164-180.

Holden, Stephen H., Donald F. Norris, and Patricia D. Fletcher, 2003. "Electronic government at the local level: Progress to date and future issues," Public Performance & Management Review, Vol. 26, No. 4, pp. 325-344.

Holliday, Ian, and Rebecca C.W. Kwok, 2004, "Governance in the Information Age: Building E-Government in Hong Kong," New Media & Society, Vol. 6, No. 4, pp. 549-570.

Jaeger, Paul T., 2003. "The endless wire: E-government as global phenomenon," Government Information Quarterly, Vol. 20, No. 4, pp. 323-331.

Jaeger, Paul T., and Kim M. Thompson, 2003. "E-government around the world: Lessons, challenges, and future directions," Government Information Quarterly, Vol. 20, No. 4, pp. 389-394.

Kuk, George, 2003. "The digital divide and the quality of electronic service delivery in local government in the United Kingdom," Government Information Quarterly, Vol. 20, No. 4, pp. 353–363.

Layne, Karen, and Jungwoo Lee, 2001. "Developing fully functional E-Government:

A four stage model," Government Information Quarterly, Vol. 18, No. 2, pp. 122-136.

McClave, James T. and Terry Sincich, 1997. A First Course in Statistics, 6th edition, Upper Saddle River, NJ: Prentice-Hall International.

Moon, M. Jae, 2002. "The evolution of e-government among municipalities -- Rhetoric or reality," Public Administration Review, Vol. 62, No. 4, pp. 424-433.

Musgrave, Richard, and Peggy Musgrave, 1989. Public Finance in Theory and Practice, New York: The McGraw-Hill Companies.

Naiman, Arnold, Robert Rosenfeld, and Gene Zirkel, 1996. Understanding Statistics, 4th edition, New York: The McGraw-Hill Companies.

Neter, John, William Wasserman, and G. A. Whitmore, 1993. Applied Statistics (4th ed.), Boston: Allyn & Bacon.

Nicholas, Kyle, 2003. "Geo-Policy Barriers and Rural Internet Access: The Regulatory Role in Constructing the Digital Divide," The Information Society, Vol. 19, No. 4, pp. 287–295.

Norris, Donald F., and Campillo D., 2002. Factors Affecting the Adoption of Leading Edge Information Technology by Local Governments, Baltimore, MD: Maryland Institute for Policy Analysis and Research, University of Maryland.

Norris, Donald F., and Kenneth L. Kraemer, 1996. "Mainframe and PC computing in American cities: Myths and realities," Public Administration Review, Vol. 56, No. 6, pp. 568-576.

Norris, Donald F., and L. A. Demeter, 1999. "Computing in American City Governments," in 1999 Municipal Yearbook, Washington, DC: International City/County Management Association, pp. 10-11.

OECD, 2001, E-Government: Analysis Framework and Methodology, available on-line at <http://www.olis.oecd.org/olis/2001doc.nsf/43bb6130e5e86e5fc12569fa005 d004c/0b677ed527d35bc0c1256b21004f4b6a/$FILE/JT00118445.PDF>, accessed 2002/5/24.

OMB, 2002, E-Government Strategy: Simplified Delivery of Services to Citizens, available at <http://www.whitehouse.gov/omb/inforeg/egovstrategy.pdf>, accessed 2002/3/9.

Pardo, Theresa A., 2000. "Realizing the Promise of Digital Government: It's More than Building a Web Site," iMP Magazine, October 2000, available online at <http://www.cisp.org/imp/october_2000/10_00pardo.htm>, accessed 2000/11/1.

Pratchett, Lawrence, 1999. "New Technologies and the Modernization of Local Government: An Analysis of Biases and Constraints," Public Administration, Vol. 77, No. 4, pp. 731-750.

Reddick, Christopher G., 2004, "A two-stage model of e-government growth: Theories and empirical evidence for U.S. cities," Government Information Quarterly, Vol. 21, No. 1, pp. 51-64.

Reddy, P.S., and T. Sabelo, 1997. "Democratic decentralization and central/provincial/local relations in South Africa," International Journal of Public Sector Management, Vol. 10, No. 7, pp. 572-588.

Schmidtke, Oliver, 1998. "Berlin in the Net: Prospects for cyberdemocracy from above and from below," in Roza Tsagarousianou, Damian Tambini and Cathy Bryan (eds.) Cyberdemocarcy: Technology, cities and civic networks, London: Routledge, pp. 60-83.

Schware, Robert, and Arsala Deane, 2003, "Deploying e-government programs: the strategic importance of 'I' before 'E'," Info, Vol. 5, No. 4, pp. 10 - 19.

Servon, Lisa J., and Marla K. Nelson, 2001a. "Community Technology Centers and the Urban Technology Gap," International Journal of Urban and Regional Research, Vol. 25, No. 2, pp. 419–426.

Servon, Lisa J., and Marla K. Nelson, 2001b. "Community Technology Centers: Narrowing the Digital Divide in Low-Income, Urban Communities," Journal of Urban Affairs, Vol. 23, No. 3-4, pp. 279–290.

Stowers, Genie N. L., and James Melitski, 2003. "Introduction to Symposium," Public Performance & Management Review, Vol. 26, No. 4, pp. 321-324.

Tambini, Damian, 1998. "City networking and universal rights to connectivity: Bologna," in Roza Tsagarousianou, Damian Tambini and Cathy Bryan (eds.)

Cyberdemocarcy: Technology, cities and civic networks, London: Routledge, pp. 84-109.

The Economist Intelligence Unit Limited and IBM Corporation, 2003. The 2003 e-readiness rankings: A white paper from the Economist Intelligence Unit, available on-line at <http://graphics.eiu.com/files/ad_pdfs/eReady_2003.pdf>, accessed 2003/2/4.

Tsagarousianou, Roza, 1998. "Back to the future of democracy? New technologies, civic networks and direct democracy in Greece," in Roza Tsagarousianou, Damian Tambini and Cathy Bryan (eds.) Cyberdemocarcy: Technology, cities and civic networks, London: Routledge, pp. 41-59.

UNDESA (UN Department of Economic and Social Affairs) and CRG (Civic Resource Group), 2003, The UN Global E-government Survey 2003, available on-line at <http://unpan1.un.org/intradoc/groups/public/documents/un/unpan016066. pdf>, accessed 2003/12/1.

United Nations (Department for Economic and Social Affairs), 2003, e-Government Readiness Assessment Survey, available at <http://www.unpan.org/dpepa-kmb-eg-egovranda-ready.asp>, accessed 2003/3/15.

United Nations and ASPA, 2001, Benchmarking E-government: A Global Perspective, available on-line at <http://pti.nw.dc.us/links/docs/ASPA_UN_egov_survey.pdf>, accessed 2001/12/24.

West, Darrell M., 2003. Achieving E-Government for All: Highlights from a National Survey, Benton Foundation and the New York State Forum of the Rockefeller Institute of Government, available online at <http://www.benton.org/publibrary/egov/access2003.doc>.

West, Darrell M., 2004. "E-Government and the Transformation of Service Delivery and Citizen Attitudes," Public Administration Review, Vol. 64, No. 1, pp. 15-27.

第六章

數位化民主：民主行政之實踐
與政府網路公共論壇[*]

摘　要

　　隨著資訊與通信科技的進步、和國際電腦網路的興起與普及而出現的以電腦中介傳播為主的電子化民主，有助於增加政府的公開性、去除公眾參與統治的障礙、達成互動式溝通的理想、實現 Habermas 的理想言談情境、並促使真正共識的達成。電子化民主似乎已為民主行政的「公眾參與」、「公開性」、「互動溝通」、與「課責性」的實現開啟了全新的一頁。

　　藉電腦中介傳播所輔助之民主政治與民主行政，已經成為世界主要國家之潮流趨勢；在民主的意識型態與現代資訊與通信科技快速發展合流之推波助瀾下，電子化民主已儼然成為下一世紀各國公部門與公眾之間關係之新典範。本研究以本國地方政府於網路上建置之「公共論壇」版面為對象，檢驗其中的民主行政的實踐程度、並為日後將設立類似版面之地方政府提供可資遵循之原則。

---

[*] 本文修改自〈理想與現實：民主行政之實踐與地方政府網路公共論壇〉，《東海社會科學學報》，第十八期，頁 149-178，1999 年 12 月。

壹、民主行政

自六〇年代末期的「新公共行政運動」以來，越來越多的學者們如 Waldo（1988）等人主張民主國家的基礎在於實踐「民主行政」（democratic administration），使民主的原則能夠實現於其行政機制中；亦即，他們主張民主國家的行政體系與運作中必須實現如參與（participation）、平等（equality）、回應性（responsiveness）、和課責性（accountability）等的民主價值，以助於提供更好、更有效率、以及更有效能的治理。

國內學者張潤書教授（1998）主張，現代民主國家之行政機關組織設計的終極價值在於實現民主行政的精神；他認為民主行政是一種可用以關聯民眾、政治人物與政府行政人員的行政實務，也是一種能夠結合社會大眾的「參與系統」、並能促成政府行政人員自勵、負責的組織設計。江明修（1997）亦認為，傳統的行政革新典範——「效率行政」，已為現代行政革新典範——「民主行政」所取代；他主張，行政革新的工作不能只侷限於改善「效率行政」，而應進一步推動兼具公平價值的「民主行政」；他並且強調，民主行政理念是否能夠落實，端視行政部門的措施是否具有及時回應性、是否能促使民眾有心和有力去參與。美籍學者全鍾燮（Jong S. Jun）更具體指出，民主行政所具有的特質包括（黃曙曜，1997）：行政人員是公共利益的代表、政府的作為具有公開性、防止依賴菁英與專業主義對民主原則造成傷害、以及鼓勵並促使組織內外參與的實現。

在學者們所指出的民主行政的原則和價值當中,就公眾參與(public participation)而言,參與式的行政與政策設計,在近年來愈發受到公共行政學界的重視;其論點與理想可以說是已經昇華了「新公共行政運動」所提倡的政府行政的公共性精神,更進一步的提供了政府彰顯公共利益、實踐公共目的的不二法門。在實務方面,吾人也可看出參與式行政的倍受重視。例如,1997 年六月在丹麥舉行的歐洲環保政策之部長級會議當中,與會的各國部長共同簽署了一項公約。這項公約規定,歐洲各國應給予公眾充足的機會以自始至終地參與跟環境相關的決策過程中;各國政府應該在決策的初期、未有任何定案、且任何替選方案仍會被考慮時,告知所有相關的民眾、並且提供充分的資訊與時間消化資訊;除決策、討論過程容許公眾的充分參與外,最後的決策應適當地反映公眾參與的結果,並且應該要將決策、決策的立論與理由化為文字,公諸於世。

民主是各階層的人民權力的分享或有公平的機會參與決策過程,亦即各社群的成員可直接或間接地參與影響其權益的政策訂定過程。Cohen(1971)指出參與是民主中的重要理念,Huntington(1993)也強調現代民主中競爭與參與的概念;Dahl(1971)出張民主的重要面向有二:(一)參與的權利,和(二)政治上的競爭;因此,現代民主中,人民有言論自由、參與政黨、舉行選舉、創造欲追求的生活等權利。而公眾參與是基於在決策中有著公民代表的民主觀點,其乃要求政治過程合乎並維持民主倫理;亦即,政府決策應公諸於世、民主的事務由公民參與所塑造。在決策過程中更多的公眾直接參與，將改善公眾對政府的看法、並使公民增加對公民責任的接受性；公民對於重大公共議題得以直接參與決策，將鼓勵公民更有興趣參與。

Shepherd and Bowler（1997）認為在政府行政與政策過程中，使公民有充分的機會參與，被認為是：（一）真正的民主政府在公共決策制定的活動與過程中合宜且公正的行為；（二）可用以確保公眾的需求被滿足、和對受影響公眾是公平的；（三）可減少公眾對最終決策的敵意，增加其合法性；（四）使最後的決策成為較佳的決策，因其使一般民眾的知識與價值得以被納入考量，而專家的意見能接受公眾的檢視。從以上 Shepherd and Bowler 所指的最後一點看來，公眾若能充分參與於政府的行政和決策過程中，亦可實現 Jong Jun 所提出的民主行政特質之一：防止專業主義對民主原則造成傷害。

在政府的現有決策過程中，公眾因對既存的社會狀況不滿意，特別是對所選出的代表缺乏信任，而引起了更多的參與的呼聲。有責任的公民是多面向的、積極的，而參與對公民有著教育性的影響，可喚醒其公民責任、並幫助他們了解公共事務與公共利益的真義（White, 1997）。Hansell（1996）並指出，由公民參與於民主過程中、並與地方政府共同建立未來的願景，將成為未來的必然趨勢。

由以上論述可知，政府的決策與行政過程中，如果能夠讓與決策和措施相關的利害關係人參與其中，則不僅符合民主的原理和原則、可以教育民眾使其成為真正的公民、擴大決策理念基礎的寬廣度、增加找出真正可行之解決方案的可能性、增加公眾對政府施政的認同感及順服度、更可以免除對專家的依賴所造成的不良後果。

在民主行政的原則和價值當中，就公開性、回應性、與課責性而言，為了體現主權在民的民主精義，政府的行事作為應開誠佈公，提供公眾各種管道以獲取他們想要的資訊，並使用一般人能理解的詞藻與公眾進行互動的對話與溝通，使其了解公共問題與解決方案的內涵，並使其得以與行政當局、或與其他民眾進行政策與理念之論辯，以達成真正的共識。因此資訊的公開、以及多管道的、公開的互動、溝通與對話，亦為實踐民主行政的重要指標（Wamsley and Wolf, 1996；Fox and Miller, 1994）。

Hacker（1996）認為政治性的互動可以促進民主，其前提在於：（一）藉由增加領導者與公民之間、社會不同層級之間、以及媒體與政府之間的互動，以改進政治參與的質與量；（二）藉由公民之間的互動的增加、並擴大社會層級之間、資料來源之間、以及政治分析家之間的連結，以提升公民的政治知識；（三）藉由政治參與的增加、積極投入決策、政治體系中所有層級的互動、以及提供管道給通常沒有參與政治性討論管道者，可以有效提升民主。Hacker 進一步指出，互動的溝通可創造出政治領導者與公民之間權力關係的均衡、擴大公共領域版圖、並且縮小傳統菁英的權力和影響範圍。

欲達成政府與公眾間的互動性、而非僅為單向的傳播、或單純自公眾處取得資訊，公眾參與機制和系統必須具備公開性（openness）與反饋性（feedback），互動的內容必須是具有相關性的，亦即具備訊息的互依性（message independence）。

　　Habermas 曾闡述在無扭曲的溝通下以達成真正共識的情境。他強調，任何溝通皆必須在參與溝通者能理解對方言詞、假設雙方所言為真、所言正當合理、而且意向真誠的前提下進行。滿足了這四項溝通典則後，參與溝通者以達成瞭解（understanding）為目的，期望真正的共識可經由言辭溝通達成。而一個理想的言談情境，必須提供潛在的參與溝通者相等的機會參與對話。Habermas 提出「一般性的對稱要求」（general symmetry requirement）這個概念以說明所有參與溝通的人都應該有相等的機會來擇用言談行動，以去除內外的束縛。此「一般性的對稱要求」包括（方念萱、蘇彥豪，1996）：（一）潛在的參與對話者必須有平等的機會使用溝通的言談行動，以便回應、開啟理性討論；（二）潛在的參與對話者必須有平等的機會使用描述的言談行動，也就是以說明、解釋、辯解、支持、反駁等方式，檢驗對真實的共識；（三）潛在的參與者必須有平等機會使用表意的言談行動，以自由表達自我意向及態度，使溝通得以在真誠互信的基礎上進行；（四）潛在的參與者必須有平等的機會使用規約的言談行動，以排除只對單方面約束。

　　Hansen（1998）更進一步指出，民主行政中真實的對話（authentic discourse）可以下列實證的標準加以檢驗：（一）涵蓋包容性（inclusion），檢驗的指標包括對話性團體的建立與存在、對於外來者（媒體、利益團體、專家）的接受度、以及行政機關對外宣傳對話機會的存在之努力程度；（二）自我管制（self-regulation）：對話的規則須由參與對話者（如公眾）自行制定並執行，規則由參與者討論後訂定、規則執行

者須由參與者選擇、溝通必須是多向而非單向的；（三）政策
輸出（policy outputs）：對話必須是有意義、且對實際決策有
影響的。

　　因此，欲實踐民主的行政，必須實現公眾與行政機關之
間、公眾與公眾之間的平等的、互動的對話與溝通；此溝通
情境必須是公開的，在其中對話是有意義的、任何潛在的參
與溝通者皆能在不受限制的情況下有意願、有能力與他人對
話，其最終目的在達成理解、諒解、互信、以至真正的共識。

貳、資訊通信科技與電子化民主

　　如何實現民主行政，特別是其中之公眾參與、公開性、
溝通和互動等精神與原則？論者們（例如 King, Feltley, and
Susel, 1998；Berman, 1997；Roberts, 1997；葉俊榮，1996；
陳金貴，1992；Frederickson, 1991）曾記載各式的實務經驗，
並提出進一步的主張。Cherry（1977）指出雙向溝通對於民
主化是必要的；Arterton（1986）指出傳播方式能影響政治體
系的效率、並有潛力助長公共政策制定中的公民參與；Dizard
（1989）亦認為民主的浪潮須在人民能分享充分的資訊與信
念與共識下才能形成。然而，在現代國家社會中，由於人口
眾多、幅原遼闊、空間與時間的限制，使得欲實現直接的、
全面的參與、對話、互動與溝通，實有著極大的困難。所幸，
過去二、三十年來，資訊與通信科技（Information and
Communication Technology, 或簡稱 ICT）的發達、以及隨之而
來的電腦中介傳播（Computer-Mediated Communication, 或簡稱

CMC）、或網路中介傳播（Internet-Mediated Communication），
已為民主行政原則與價值的實現開啟一扇大門。

自物理的角度觀之，參與、對話、互動與溝通實為人類
的思想以資訊的型態藉由傳播載體互相交換的過程；欲達成
大規模的、無拘束的思想交換，資訊的轉換、載體的性質、
傳播的功能必須能夠突破時空的枷鎖，使思想得以自由交換
與流通。因此載體與傳播科技的性質與功能實直接影響思想
交換的自由度。

Laudon（1977, 轉引自 O'Sullivan, 1995）將載體與傳播
科技分為一般性與複合性兩種。傳統的一般性載體從單一或
少數中心來源傳遞資訊給許多人，是一種垂直的結構；其可
以快速地傳遞有關公共議題的資訊，使人民能正確與有權力
地回應政策的決定。然而，垂直的結構與資訊來源的集中，
造成某些控制資訊的可能性，亦無法促成公眾之間的互動；
公眾的投入僅能反映其贊成與反對的態度，卻無法持續參與
議題的界定和議程的建構。除此之外，一般性載體亦可能使
少數菁英、團體較一般大眾更能藉由對科技的熟練與使用，
而更能接近與取得資訊。一般性的載體傳播科技並無法滿足
民主行政的價值。

相對的，近數十年來所發展出的現代的複合性傳播科技
則是水平的結構，其是分權的、互動的，任何參與者是訊息
的接收者、亦是訊息的來源；許多人或團體得以透過許多管
道交換不同的觀點與資訊；其能促成政策訂定者與公眾之間
的雙向溝通，並允許公眾之間的雙向溝通。新傳播科技有五
種特徵能影響政治過程（O'Sullivan, 1995）：（一）以快速與

低成本的方式，傳送大量資訊的能力；（二）持續大量的管道；
（三）大量發言者的可能性；（四）限定使用者的潛力；（五）
促進互動性。O'Sullivan（1995）認為新傳播科技（亦即現代
的複合性傳播科技）可助長政治資訊的流通，並可藉公民與
領導者之間觀念的互動以改進政治參與。

　　過去數十年來快速發展、普及的新資訊與通信科技
（ICT），如電腦和國際網際網路（Internet），可大幅提升資訊
的傳播速度與數量，資訊的儲存與取得的能力得以遽增，因
此能克服參與的障礙，例如地理位置、時間限制、取得限制。
而藉由 ICT 的應用而衍生的新的傳播與溝通方式——電腦中
介傳播、或網路中介傳播——已為大規模的人與人之間的溝
通和互動提供了前所未見的直接的、方便的途徑。電腦中介
傳播，尤其是表現在國際網際網路上的網路中介傳播，允許
非層級化（non-hierarchical）、多數對多數（many-to-many）
的傳播。此種新通訊科技能使個人成為積極的主體而非只是
消極的通訊標的；雙向溝通媒介提供多元的管道以形成互動
與參與的環境；雙向溝通促進資訊的交流、擴大政策訂定的
範圍與決策品質。在人類即將邁入二十一世紀的今日，應用
資訊與通信科技而為之電腦中介傳播已成為全球互動的主要
方式。

　　資訊與通信科技（ICT）因此對於民主化的影響極為深
遠。而論者對資訊與通信科技的潛力多抱持樂觀的態度。
Macpherson（1997）認為 ICT 可以幫助公共議題的散佈、促
進討論、提供政治知識；溝通與資訊取得的便利，使公共集
會與新公共領域得以崛起，增加集體決策制定；資訊科技的

應用能幫助公民參與的達成。Barber（1984）則指出互動的系統有很大的潛力能使人民公平地取用資訊、並刺激跨地域辯論的參與。英國國會科學與技術辦公室（Parliamentary Office of Science and Technology, 1998）認為政府可應用資訊與通信科技以改善政府行政功能（包括公共服務傳遞的效率與效能）、使政府更加透明、民眾與企業能取得政府所擁有的資訊、助長公民與國家之間以及國家與國家之間關係的基本改變、並影響民主過程與政府的結構。Macpherson（1998）以及 Kurland and Egan（1996）皆指出，資訊與通信科技的應用讓民眾能討論公共議題與溝通，進而促使公民參與、直接民主與民主的參與。Brants 等人（1996）認為資訊與通信科技能夠增進並改善目前的代議民主制度，在政策訂定的過程中，合理化政府的組織、改善決策過程、恢復國會與市議會的功能、改善公民為選民的角色等。Casaregola and Cropf（1998）認為電腦網路亦可用以幫助政府服務公眾、改善服務的品質與遞送，因其可更有效能地涵蓋服務標的人口，並在服務的遞送中獲取標的人口的意見輸入。

論者們進一步將資訊與通信科技的應用於行政和政治過程中之現象、與其對民主之實現所產生的影響，稱之為「電子化民主」（electronic democracy）（Calabrese and Borchert, 1996）。Hagen（1997）指出所謂電子化民主是指民主政治體系中，運作的中心工具為電腦和電腦網路；在民主過程中，透過電腦與網路的使用，以傳遞資訊和通訊、整合與分享利益、並作決策。因此，電子化民主乃指應用現代資訊與通信科技以協助各類民主價值的實現，其主要工具是以電腦與網路作為憑藉以進行溝通或傳播之電腦中介傳播。

　　以電腦中介傳播為主的電子化民主有助於增加政府的公開性、去除公眾參與統治的障礙、達成互動的溝通的理想、實現著 Habermas 的理想言談情境、並促使真正的共識的達成。電子化民主終極的理想是實現古典民主理論中古希臘之理想的、直接的公眾講演與辯論的參與。倡議電子化民主者主張吾人必須設法授能予乏能者，擴大、延伸政治辯論的界限，促使參與政治對話更容易，使政治對話本身更具理性與內容性，使公眾更接近與權力中心的互動；而科技的發展即應該著眼於去除公眾參與統治的障礙（White, 1997；Hacker, 1996）。

　　電子化民主可達成互動的溝通的理想。傳統的線性的政治溝通（單向的資訊提供、告知與勸說）模式，維繫著不平等的社會與政治關係。Gonzales（1989）認為被治者的正確的反饋（feedback）需要統治者的鼓勵；因此，在組織中、在公共辯論中、甚至在電腦網路中，行政當局不應該阻止向上的負面的資訊流（information flows），而應積極地鼓勵並促成之。電腦中介傳播正是提供此種雙向資訊流通之公眾參與機制的理想工具。

　　電腦中介傳播也實現著 Habermas 的理想言談情境，促使真正的共識的達成。理想中，在電腦中介傳播出現後的新時代，公共空間（public sphere）勢將無可避免地表現為一種「多元化」、「去權威化」的開放空間；在其中，權力的存在端視言詞的力量、理念品質，而不論身份，以及以何種媒體為憑藉（Berman and Weitzner, 1997）；同時，此公共空間也蘊含了

去中介化、去守門人之主流化現象。因此電腦中介傳播的運
用恰可滿足哈伯瑪斯的「一般性的對稱要求」，而達成真正的
共識。

　　然而，因為科技可能為有權者所控制，資訊與通信科技
的發達也並非是令人完全樂觀的（Clarke, 1998）。論者對於
ICT 的前景實存有兩極的看法。一個觀點認為 ICT 能保證民
主政府的開放自由，能消除政治疏離與參與低落的問題，使
參與更為容易、更有效率，可克服政治及政府制度惰性與無
回應性。而另一觀點則是認為 ICT 會使權力更為集中，有可
能造成政治領導者對資訊的專制與掌握，使有影響力者與無
影響力者之間的權力更加分化，使有影響力者擁有排除公民
投入、獨自訂定政策的潛在權力。Tehranian（1990）即指出
雖然 ICT 允許一個高生產力和直接民主的分權社會的形成，
不過也易造成集權與獨裁的形成；Habermas（1971）特別強
調獨佔科技的權力將破壞民主；Hamelink（1986）認為 ICT
所帶來的樂觀前景只是一種迷思；Gandy（1989）則指出先進
的電子科技對於官僚是有利的，其擴大了提供資訊者與接收
資訊者之間的不公平狀態，因此將惡化個人與官僚組織之間
的裂痕。雖然亦有其他研究指出科技與民主化之間的關係所
帶來的問題可能比解答更多，然而，不可否認的是 ICT 使得
原本不可能的大規模的人與人間的直接互動、溝通與參與—
—民主行政的基本特徵——變為可能。

參、網路公共論壇

　　自一九八〇年代起，現代資訊與通信科技快速的結合、以及電腦網路的發展和普及化，被學者、政治人物、以及論者們認為是可用以加強實現民主政治之有效工具。結合了資訊與通信科技以及電腦網路之電腦中介傳播，以其之易得性、廉價性、匿名性、以及公開的、無人可宰制的架構，被論者們認為可以挑戰現存政治層級、打破現存政治結構對於強而有力的大眾傳播媒體之壟斷（Rheingold, 1995），而可使真正以公眾為基的民主（citizen-based democracy）再生。換言之，資訊與通信科技以及電腦網路可被用以改善政府機構之回應性與課責性，並可增加民眾在政治與政策過程中之參與，擴大草根性團體的力量，使之得以蒐集重要資訊、組織政治性活動、引導民意走向、並指導政策制定（Bryan, Tsagarousianou and Tambini, 1998）。

　　自從一九八〇年代中期開始，一些走在時代尖端的美國地方政府，即應用資訊與通信科技以改善地方權威當局與民眾之間的聯繫、提昇公共服務遞送的品質、並鼓勵民眾參與公共事務（Docter and Dutton, 1998）。再觀諸其他民主先進國家之應用現代資訊與通信科技（尤其是網際網路）於政府行政上（Bryan, 1998；Francissen and Brants, 1998；Schmidtke, 1998；Tambini, 1998；Tsagarousianou, 1998；Bekkers and Zouridis, 1999；Stowers, 1999；Weare, Musso and Hale, 1999），如 1980 年代末期開始的加州的 Santa Monica 的 PEN（public electronic network）網路（O'Sullivan, 1995；Dutton, 1996）、荷蘭阿姆斯特丹的三個地方電子民主的實驗方案（Brants, et al., 1996）、1994 年開始的明尼蘇達州的電子民主方案（Macpherson, 1997）、以及 1994 年加州線上投票指標（Macpherson, 1997）等，吾人不難發現實踐民主行政的電子化民主已漸蔚為潮流。

　　而在諸多的電腦中介傳播形式中，全球資訊網（World Wide Web）上的線上公共論壇（on-line public discussion forums, or conferencing）、討論型版面是最值得重視的一種。線上公共論壇版面乃是電腦中介傳播的新近一種應用型態，其為存在於電腦網路中的虛擬公共空間，任何有興趣的公眾，具備易得之技術性和制度性的能力後，皆可隨意地在此空間中公開的讀取、散佈訊息，與他人交換意見、達成共識。在此空間裡，人是匿名、無身份的，任何參與討論者的經濟、政治、社會地位與背景不直接影響他人的觀感，發言者的影響力全然來自於其言論內容與說理程度。論者並指出，相較於面對面討論，透過電子媒體的討論更為理性、更具邏輯性，人們的討論更加平順與公平，較面對面的討論能產生更多行動方案的提議（Starling, 1998）；線上討論論壇可以收集和激發觀點（Parliamentary Office of Science and Technology, 1998）；電子論壇有刺激議題爭論與對話的潛力，能促使政治的公共覺醒與參與（Dutton, 1996）。

　　網路的使用可區分為四類（Morris, 1996）：（一）一對一非同步的通訊，例如電子郵件；（二）多對多非同步的通訊，例如 Usenet、電子佈告欄等；（三）即時的溝通，可以是一對

一、一對多、或多對多，例如聊天室；（四）非同時的通訊，僅由使用者搜尋網站，取得資訊。而網路公共論壇版面實由網際網路（Internet）上之電子佈告欄（Bulletin Board System, or BBS）演化而來。在各項早期的網路應用中，電子佈告欄是一項已被使用多年、但卻歷久彌新的應用服務；其可區分為談話（聊天）功能、佈告欄功能兩部份，分類的佈告欄版面各版可允許使用者自由擷取訊息或發表訊息。BBS 允許使用者自由上線、互相溝通的特性，使其成為眾多電腦網路使用者之最愛，並且因為使用者的高度涉入，以及使用者間高度的互動，使其使用者形成一個個依照其興趣、而非依其實體接近性而組成的新的、虛擬的社群。

全球資訊網上之線上公共論壇版面則是近幾年來方才出現的應用方式。不同於傳統 BBS 的單純以文字型態呈現訊息、以及需要較高階的使用者電腦素養、和制度性條件，全球資訊網結合了文字、圖片、聲音、動畫、色彩、線條的資訊呈現方式，並具有較為平易近人的（user-friendly）使用者介面，在近幾年快速地席捲了網路使用者的青睞，而幾乎成為今日網路的代名詞。各級政府亦紛紛於全球資訊網上設立網頁，以提供民眾更佳的服務（項靖，1997）。

全球資訊網上之公共論壇版面更承襲了 BBS 中之佈告欄功能，使版面之使用者得以自由擷取訊息或散布訊息；並且，有過之而無不及的是，全球資訊網上之公共論壇版面不像傳統 BBS 般需要註冊後方才能在版面上發表言論，任何人只要懂得如何操作簡易的全球資訊網介面，即有能力在公共論壇版面上讀取、散佈訊息。因此，全球資訊網上之公共論壇版面實已大幅降低了公眾參與溝通與對談之技術性和制度性門檻。因此網路上的論壇帶動了一種新的、較為平等而互動、非單向的意見表達風氣，虛擬社群亦如雨後春筍般興起；一些論者對於這種網路論壇都賦予了參與民主（participatory democracy）的意義。

　　觀諸國內外之政府於網路上設置之線上公共論壇版面（如我國總統府之「國是論壇」、台北縣政府之「縣民開講」、美國加州 Santa Monica 市之「PEN Conference」等），可大致分為一般討論區和專題討論區，其議題範圍相當廣泛，有不少是對於當下應時政治與政策問題的論辯、對於政府行政措施之糾舉和提醒、以及公共生活之反映。政府的網路公共論壇版面因此提供了公眾參與政治與行政的另一重要而有彈性的管道。

　　Dutton（1996）指出，電子網路對人際互動的衝擊，受其之規範、系統設計、與公共政策所影響。Kurland and Egan（1996）亦認為，網路上的公共討論空間的設計與特徵之不同，亦影響其能實現民主式參與的程度；他們進一步指出，欲增加網路上的民主式參與，必須首先增加其可取用性（access）、促使任何人在其中的發言能為他人聽見（voice）、以及促進內省的對話（dialogue）。理想中，一個公共論壇版面可以增加公眾在行政與決策過程中的參與、互動、對話、和溝通，並可實現行政機關的回應性與課責性。基於筆者之體認、並參酌論者們的看法，筆者認為一個可以最大化相關民主行政原則與價值之實現的政府網路公共論壇版面，其理想的運作方式應如表一所述。同時不可或忘的是，除了這些運作方式外，其亦應對現實的行政措施與決策產生實質的影響和成效（Hansen, 1998）。

表一　理想的公共論壇版面運作方式

論壇運作方式	符合民主行政原則和價值之理想作法	可幫助實現之民主行政的原則和價值
發言者資格的限制	無任何資格、身份限制	參與
發言規則的設定	適當規範網路禮儀與發言規則、以避免民眾不願意進入版面	參與
指明特定單位對象發言	可指明	溝通、互動、課責性
刊登發言前之事先審核	儘量避免人為的事前審核；發言之登出應該是即時的	參與、公開性
政府公開回應民眾的發言	政府應公開回應民眾的言論	公開性、回應性、互動、溝通、課責性
其他民眾公開回應、參與討論	其他民眾應得以於同一版面上公開回應、參與討論他人之言論與話題	互動、溝通
設定討論主題	版面應適時由政府機關或民眾發起討論主題，以聚焦話題、更有效率的充分討論一議題並獲得共識	溝通
發言與回應並列	原始發言與對其之回應（政府的回應或其他民眾的後續、相關發言）言論應並列，以使任一造訪版面者得以掌握一話題之相關發言、而得以適當地參與討論或形成自己的意見	參與、互動、溝通
發言和回應之日期的顯示	版面應顯示每一則言論的發言者及發言時間，以使版面使用者知所回應，並可顯現政府回應的速度	參與、互動、課責性、公開性
政府內部處理民眾發言的作法	視每一則民眾的發言為正式文件、政府內部相關單位應予以列管並充分回應	參與、互動、課責性

（資料來源：作者整理）

肆、臺灣地區地方政府之網路公共論壇現況

一、研究問題與方法

　　政府資訊之公開可促進行政的透明化、滿足人民知的權利、有效利用行政資訊、增強人民對行政之直接監督與控制（林明鏘，1993），而政府網站中公共論壇版面之設立，實為另一形式之政府資訊公開，且更可以實現公眾參與、加強政府與公眾、和公眾與公眾之間的互動與溝通以達成真正的共識。公眾可以藉由公共論壇以公開地舉發不法、提出建言、並且獲得其他公眾的回應，而藉由政府對於公共論壇上言論之公開回應、以及其後續處理措施之公開，也可以充分實現政府之課責性。由此可見，政府網路公共論壇的運作應可增加民主行政的實現程度。

　　藉電腦中介傳播或網路中介傳播所輔助之民主政治與民主行政，已經成為世界主要國家之潮流趨勢；在民主的意識型態與現代資訊與通信科技快速發展合流之推波助瀾下，電子化民主已儼然成為下一世紀各國公部門與公眾之間關係之新典範。故吾人有必要於其發展之初期，即開始加以有系統的了解與分析，以未雨綢繆、妥善規畫與設計未來人類的公共性生活，而本研究即為該努力跨出一步。

　　各國的政府網路公共論壇之設置歷史並不算長久，而相關之研究亦乏善可陳。為了瞭解本國地方政府在其全球資訊網網站上建立之公共論壇版面現況、並檢驗在其中之民主行

政原則與價值的實踐程度，本研究調查國內縣市鄉鎮地方政
府網站中之線上公共論壇版面，試圖回答下列問題：

　　主要問題：我國地方政府網路公共論壇版面之設置與使
　　　　　　　用現況為何？

　　次要問題：

1. 有哪些地方政府在全球資訊網上設置公共論壇版
　面？

2. 各地方政府為何設置其公共論壇版面？

3. 各地方政府網路公共論壇版面所設定之發言規則
　或網路禮儀（Netiquette）為何？

4. 各地方政府是否篩檢、如何篩檢民眾所張貼之發
　言？

5. 各地方政府機關對於網路公共論壇版面上的發言
　之內部處理方式為何？

6. 政府之回應性為何？各地方政府是否回應、如何回
　應公共論壇版面上使用者之發言？

7. 民眾的參與情形如何？使用者在各地方政府網路
　公共論壇版面上發言之頻繁度如何？

8. 使用者在各地方政府網路公共論壇版面上之發言
　內容為何？

9. 網路公共論壇中之言論是否對地方政府之政策與
　行政造成實際的影響？

　　由以上問題的回答，吾人可以初步獲知在我國地方政府
網路的應用中實踐行政民主化之程度，作為往後其他行政機
關設置類似版面時之參考，並對相關學術文獻作出貢獻。

　　本研究於八十八年三、四月間進行網路實證調查，研究
對象與分析單位為我國縣、市、鄉、鎮各級地方政府於全球
資訊網上所設置之網路公共論壇（public discussion fora, or
conferences）版面；網路公共論壇版面的界定為：於全球資訊
網（World Wide Web）上，可供任何造訪者於線上（on-line）
發表言論、且所發表之言論可供任何其他造訪者於線上讀取
之網頁（web pages）。研究方法包括（一）普查地方政府之全
球資訊網網站，藉以獲知具有類似公共論壇版面或功能之縣
市鄉鎮政府網站；（二）分析版面內容，藉以了解各版面之作
法、功用、使用者發言內容和頻率等特徵；（三）訪問各網站
或版面之管理者，藉以了解版面的歷史、源由、內部處理方
式、可見之成效等。

二、調查結果

　　我國於民國八十八年四月間設置有公共論壇版面之地方
政府、以及其公共論壇版面之名稱、特徵與運作方式如表二
所示。

表二　八十八年四月間台灣地區地方政府網站公共論壇版面運作方式

地方政府名稱 / 版面特徵	台北市政府		高雄市政府	基隆市政府	台北縣政府	花蓮縣政府	新竹市政府	
公共論壇版面名稱	「市民論壇」－「綜合討論區」	「市民論壇」－「專題討論區」	「熱門話題」	「討論園地」	「縣民開講」	「頭家開講」	「市政論壇」	「民意信箱」
發言者資格限制	無	無	無	無	無	無	無	無
發言規則	有	有	有	有	無	有	有	有
發言是否可指明特定單位對象	否	否	否	否	是	否	否	是
刊登發言前是否事先審核	否	否	否	否	否	否	否	否
政府是否公開回應民眾的發言	是	是	否	否	是	是	是	是
其他民眾是否可以公開回應、參與討論	是	是	是	是	否	是	否	否
是否設定討論主題	否	是	是	否	否	否	是	否
發言與回應是否並列	是	是	否	是	是	是	否	否
發言日期與時間的顯示	顯示日期與時間	顯示日期與時間	顯示日期與時間	顯示日期與時間	顯示日期	顯示日期與時間	顯示日期與時間	顯示日期
回應日期與時間的顯示	顯示日期與時間	顯示日期與時間	顯示日期與時間	顯示日期與時間	顯示日期	無	無	顯示日期
每日民眾發言數（四月一日至四月三十日）	最多：44則 最少：0則 平均：21.1則	最多：3則 最少：0則 平均：0.4則	最多：6則 最少：0則 平均：1.5則	最多：42則 最少：0則 平均：4.5則	最多：17則 最少：3則 平均：9.5則	最多：4則 最少：0則 平均：0.3則	最多：2則 最少：0則 平均：0.1則	最多：8則 最少：0則 平均：1.9則

（下頁繼續本表）

(續) 表二　八十八年四月間台灣地區地方政府網站公共論壇版面運作方式

地方政府名稱 / 版面特徵	苗栗縣政府	台中縣政府	南投縣政府		苗栗縣公館鄉公所	台中縣大里市公所	南投縣集集鎮公所
公共論壇版面名稱	「全民開講」	「縣政論壇」	「大家來開講」	「我的心聲」	「訪客留言」、「閱讀最近訪客留言」	「市政建言」、「來函照登」	「民眾留言板」
發言者資格限制	無	無	無	無	無	無	無
發言規則	有	有	無	無	無	有	無
發言是否可指明特定單位對象	是	否	否	否	否	否	否
刊登發言前是否事先審核	否	否	否	否	否	否	否
政府是否公開回應民眾的發言	是	否	是	否	否	是	是
其他民眾是否可以公開回應、參與討論	否	是	是	否	否	否	否
是否設定討論主題	否	否	否	否	否	否	否
發言與回應是否並列	是	是	是	N/A	N/A	否	否
發言日期與時間的顯示	顯示日期	顯示日期	顯示日期與時間	顯示日期與時間	無	顯示日期與時間	顯示日期與時間
回應日期與時間的顯示	顯示日期	顯示日期	顯示日期與時間	N/A	N/A	無	顯示日期與時間
每日民眾發言數（四月一日至四月三十日）	最多：4則 最少：0則 平均：1.0則	最多：2則 最少：:0則 平均：0.3則	最多：2則 最少：0則 平均：0.1則	最多：2則 最少：0則 平均：0.1則	N/A（四月底版面共有12則留言）	最多：4則 最少：0則 平均：0.7則	最多：1則 最少：0則 平均：0.1則

（資料來源：作者整理；資料時間：民國八十八年四月）

（一）版面數量、歷史、與使用

　　研究結果顯示，中華民國八十八年三、四月間，台灣地區共有五十七個縣市鄉鎮地方政府在全球資訊網（World Wide Web）上設置有網站首頁（Homepage），其中包括二個直轄市政府、福建省的連江縣和金門縣政府、台灣省二十一個縣市政府、以及台灣省的三十二個縣級以下的市鄉鎮公所。在其中，十二個縣市鄉鎮的網站中具有公共論壇性質版面，此包括台北市政府、高雄市政府、基隆市政府、台北縣政府、花蓮縣政府、新竹市政府、苗栗縣政府、台中縣政府、南投縣政府、苗栗縣公館鄉公所、台中縣大里市公所、以及南投縣集集鎮公所。

　　各地方政府的公共論壇版面的名稱不一，但多帶有「論壇」、「開講」、「討論」、「建言」等名詞，充分顯示其為意見發表、對話的公共空間性質。各版面的歷史並不長，大多與其新版網站同時創建於民國八十七年年中以及年尾；至八十八年四月底止，版面年齡最長的已有二年歷史、最短的則僅有約半年歷史。

　　當初建置公共論壇版面的構想多來自負責網站和版面管理的單位（如各地方政府之「資訊中心」、「計畫室」、「資訊室」）本身、或來自於協助建置網站的廠商的建議、或來自於網站使用者的建議。建置版面的目的則多在提供民眾一個可以公開發表意見或「發牢騷」、「發洩」的地方、或實現首長的競選諾言、或為因應電子化政府的趨勢、或讓外地來觀光的民眾有反應意見的地方。設置公共論壇版面的決策層級多為地方政府之行政首長，但在較大的和較小的行政區中，決策層級則是負責管理網站和版面的單位。

各網站的伺服器（server）多位於地方政府機關內，其營運管理亦多由政府行政人員為之；但亦有少數網站之伺服器、營運管理仍由廠商或電腦公司掌握，顯示地方政府之技術不完全獨立性。各網站的每日瀏覽人次多為數百人次，亦有少至數十人次、或多至上千人次者。至於各公共論壇版面的被造訪頻率則不得而知，原因在於無一版面設有計次器（page counter）加以記錄、或版面管理者未對網站流量加以分析。

（二）版面討論區的配置

版面的配置可分為二類。一類為不限發言主題的一般性或綜合性討論區，如苗栗縣政府的「全民開講」和台中縣政府的「縣政論壇」，是所有版面皆有的功能。另一類則為有焦點的、設定有發言主題的專題性討論區，由該政府機關單位提出時事性、政策性或生活性議題後，供上網民眾參與討論；此種專題性討論區僅見於少數版面，如台北市政府的「市民論壇」中之「專題討論區」，其可見之討論主題包括「女性二度就業問題」、「單身女子在台北市的生存問題」、「本市實施機車專用道之看法與意見」、「對地上權國宅之看法」、「最愉快（不愉快）的洽公經驗」；又如新竹市政府的「市政論壇」，其於本研究調查期間可見之正討論中的主題為「您常到本府及所屬機關洽公嗎？您希望那些業務能提供網路辦理方式以節省時間增加效率呢？」；高雄市政府網站版面亦有此類專題討論區，可見之討論主題包括「從部長請辭風波談政務官進退」、「美濃水庫要不要興建」、「漫談高雄市的交通問題」、以及「如何讓高雄市變得更乾淨？」等。

（三）發言之規則與審核

在美國加州的聖塔摩尼卡市所創立的ＰＥＮ網站，曾因使用者言論的不實、無禮與人身攻擊等問題，而造成其他使用者停止版面的使用（Dutton, 1996）。因此，為免驅逐一般使用者，版面發言禮儀和規約的設定與執行有其必要性。對於版面使用者的發言，所有的台灣地區地方政府網路公共論壇版面並無事先審核的作法，任何發言會被自動登載於版面上，由管理人員作事後的審核；僅有一網站的版面使用電腦程式自動過濾含有不當字眼的發言。少數幾個版面具有預先設定的功能，可使發言者指明發言對象單位，以利政府機關的處理、分文作業；而這類版面皆公開地由各相關單位回應版面上的發言。

所有版面不限制發言者的資格或身份。多數版面可見版面目的和發言規則的陳述，如基隆市政府的「討論園地」寫道：

本區因屬公開討論性質，對發表意見者的身份無法進行認證，所以各項討論話題，原則上，不做正式答覆，檢舉、陳情等須由本府相關單位處理並正式答覆之案件，請以電子信件方式發至民意信箱處理。另外，我們保留直接刪除妨害風化等不當言論之權利，敬請諒察！

另外如台中縣大里市公所的「市政建言」寫道：

各位網友：非常感謝您對大里市政的關心與建言，請在送出建言前，記得填入您的 E-mail，以利本所儘速回覆。但凡涉及人身攻擊等不實言論，本所將不予答覆。大里市公所　阿棟敬上

又如新竹市政府的「市政論壇」則說明：

請注意！您提出的意見若有以下情事者，則提出的意見將無條件被系統管理者刪除：1.用詞不雅，粗言穢語，或牽涉任何人身攻擊者 2.基本資料過分簡化，或輸入不實之連絡方式者（連絡方式將予以保密）3.基本資料冒用他人名號，經查屬實者 4.提出之意見與題目不相干者。

雖然多數版面可見發言規則，並聲稱保留刪除不當言論的權利，但各版面實際刪除版面中發言的例子卻相當少；版面管理者多表示儘量維護發言者的權利，保留言論的原貌。

（四）民眾發言頻率與內容

　　公共論壇版面中之民眾發言頻率各有不同。檢視各版面自八十八年四月一日起至八十八年四月三十日止之每日民眾的原始發言則數（不包括回應的發言），可知各版面各自的最高單日發言數中，最多的有四十四則，最少的僅有一則。就每日平均則數而言，最高者為超過二十一則，最低的不到一則。以上發現顯示民眾的參與發言情況並不盡理想，可改善的空間相當大。

　　民眾在公共論壇版面、尤其是在一般性或綜合性討論區中之發言內容，無論是主動發言或回應他人的發言，可約略分為五類：抱怨、檢舉、建議、詢問、時事評論；每一則發言可包含一類或數類內容。抱怨類為對政府施政的一般性不滿意見，其未具體指出詳細的人、事、時、地、物等資訊；即便政府相關單位有心加以處理此類發言，其必須取得進一步的資訊。抱怨類的發言實例如下：

（台北市政府「市民論壇」－「綜合討論區」）

發表日期：88/05/05 22:05:59

姓　　名：不想具名

主　　題：交通政策夠爛

近來左鄰右舍都有在巷內停車被開罰單的經驗
比以前陳水扁時有過之而無不及，這就新市府
團對的交通解決政策白皮書嗎！

請問小市民大道要被拖車

小巷又被劃黃線紅線，限制時段停車小市民難到真是想坐
作奸犯科嗎，

可憐小市民面對無能的政府，一個個的遭殃

求你們這些做官的多建點停車場或多個停車位給人停車
吧，不要已經是一位難尋

還要罰單待候……功德無量……（說也是白說，意料中事）

（基隆市政府「討論園地」）

里長　　1999/04/26 11:48:59 AM

x x x x x @ms17.hinet.net

交通裁決所及電信局服務爛透了

請市長派人觀察裁決所人員服務態度，包你吐血，建議將
所長開除，以建立新風氣，不僅為基隆市民感到悲哀。

請我們的市長再以電話試試電信局，永遠是打不通，我無
法形容因此而遭致的憤怒，希望您能體會，……請即刻大
力整頓吧！！！！！！！！！！

　　檢舉類在舉發不法情事或提醒政府應辦事項（如路
燈及路面的修繕），其提供較為具體的人、事、時、地、
物等資訊，期望政府相關單位加以取締、處理或遞送服
務。檢舉類的發言、以及政府的回應實例如下：

（苗栗縣政府「全民開講」）

編　　號：ML00443

留言對象：警察局

留言日期：1999/4/18

留言主題：取締

訪客信箱：－

留言內容：位在苗栗市信義路的住宅區中有一家<甲乙丙丁 pub>裡面經常有未成年坐檯小姐及半夜時分音樂實在太吵雜.許久未曾見過警方取締。希望警方能施鐵挽好讓附近民眾得有良好的生活住宅區。

（苗栗縣政府答覆）

答覆日期：1999/4/21

答覆單位：警察局

聯絡電話：－

答覆內容：有關取締<甲乙丙丁 pub>案，本局茲復如下：一、經查該 pub 所轄苗栗分局於本（八十八）年三月至四月 份已針對該場所違規之行為予以告發查報計三次，並 函報苗栗縣政府主管單位依法裁處。二、本局將督促苗栗分局持續加強臨檢，以正民風。三、台端關心治安問題特此謝忱。

　　建議類在提出政府政策與措施的可行作法，期望政府相關單位加以採用。建議類的發言實例如下：

（高雄市政府「熱門話題」）

話　　題：如何讓高雄市變得更乾淨？

主　　旨：垃圾不落地—也要便民

發 表 者：高雄市民

發表日期：88 年 04 月 27 日 23 時 39 分 41 秒

意見內容：垃圾不落地的政策即將實施，但是以目前工商社會的工作型態，以及大樓華廈的居住型態，實難像古早年代家家戶戶透天住宅的時代那樣，定時等待垃圾車來。

有許多人在規定的時間，根本無法在家。而且對於大多數的大樓來說，並無集中處理垃圾的設計。屆時勢必造成所有住戶集中在一個時段出來倒垃圾，電梯勢必嚴重塞車，徒增困擾及不便。

因此，垃圾不落地立意甚佳，但是採用古早社會型態追逐等待垃圾車的方式，卻是完全不符合現實社會型態的方式。屆時勢必造成無公德心者隨處任意置放垃圾，本人居住之大樓即有不少此種例子，將自家垃圾趁夜偷偷置放於他人家門或者公共區域，造成極大困擾。

最佳之方式，應廣設大型密閉式子母車，在外觀以及設計上力求整潔美觀，且容納量必須足夠，如此才能引導大家主動將垃圾投置其中。

若執意採行追逐等待垃圾車的方式，勢必造成大多數市民不便，引起民怨。望市府能確實考慮政策的實用性，在維護市容之外，也要考慮到便民的目標。謝謝！

　　詢問類的發言在提出具體的疑問，要求政府相關單位或其他上網者加以解答或提供資訊。詢問類的發言實例如下：

（台中縣大里市公所「來函照登」）

姓　名：bigblue

email：xxxxxxx@mail.ntctc.edu.tw

里　別：----------

Action：送出

Date：1999/5/1

建　言：請問一下，大里市有市花嗎？本人因為課業的關
係，需要知道大里市的代表植物和動物，以及照片，相關
資料等等……，若是不能夠解答的話，請問應該找哪些相
關機關呢？

　　時事評論類在針對時事或政治人物抒發感受和看
法，通常會引起其他上網者的回應，但政府機關因立場
關係，多不作回應，故此類發言多屬民眾與民眾間的對
話和互動。時事評論類的發言、以及民眾的回應實例如
下：

（高雄市政府「熱門話題」）

話　題：綜合討論區

主　旨：約書亞

發表者：約書亞

發表日期：88 年 03 月 26 日 12 時 20 分 13 秒

意見內容：當政治人物在爭誰是摩西與約書亞的同時

正驗證一句話 Apparence is as important as reality

但我認為施政的事實重於頭銜吧！

（台北市政府「市民論壇」─「綜合討論區」）

發表日期：88/05/04 14:01:16

姓　　名：Koegh

電　　話：

E-Mail：

主　　題：馬市長請多作點事

台北市是台灣最大的都市，應事務繁忙，照理一個勤政的
公僕應無太多時間出去慢跑應酬，您當選也數月了，選舉
時開出的支票兌現的，大概只有公娼恢復營業，其它呢？
請您不要老是靠學歷與面貌來混飯吃，請拿出本事來，我
相信四年後，北市一定一團混亂。

討　論　意　見

發表日期：88/05/04 21:53:34

姓　　名：RiderX

電　　話：

E-Mail：

主　　題：嗯！我的看法

我個人是覺得運動蠻重要的

至少我看到馬市長您慢跑就蠻欣賞的

我個人是踢足球的

我覺得一個人肯花時間運動

至少證明了他不是腦滿腸肥、好逸惡勞的人（像"聯站"
啊？舉例啦！）

至少這樣的人就不會只是貪圖享受（向王永慶，這個用真

名沒關係）

但是我也同樣覺得在很多方面沒有看到您提出政策或方法
來改進或整頓

對您的運動精神個人向您表達敬意

但是對一些市政則我也不禁有些怨言

不過，我希望自己儘量是以提出建設性

或有正面價值的批評為主

也希望市長您多加油！！

（五）政府處理、回應發言的方式

　　原始發言與回應意見的並列與否，影響民主行政原
則的實踐程度。多數的政府機關在版面上公開回應民眾
的發言，且將原始發言與其回應清楚並列，充分展現政
府與民眾間的互動性、以及政府的公開回應性和課責
性；僅有約半數的版面容許上網者特別針對他人的發言
加以回應，提供民眾與民眾間可互動的機制。

　　對於民眾在版面上發言的內容的回應，各地方政府
有不同的內部處理作法。多數的版面中，政府公開回應
民眾的發言；有些版面是由各單位指定一專人讀取相關
發言，並轉交單位內部有關人員處理後在版面上正式回
覆；有地方政府甚至列管民眾針對各單位的發言，要求
在固定期限內回應；較小型的政府則多委由一專人（多
為版面管理者）負責列印民眾的發言後分送各相關單
位，而後再收集各單位回應並將之張貼於版面上。少數

　　的版面並不作公開的回應，而是使用電子郵件的方式私下回覆；亦有少數的版面宣稱不作公開的回應，而要求民眾以投擲至傳統的首長信箱或民意信箱的方式——非公開的方式——陳述意見並取得政府的回應。

　　地方政府在公共論壇版面上的公開回應內容亦可分為數類。簡潔類說明已收到相關意見、並在處理中；詳細類則具體說明處理方式、提供回答或資訊。實例如下：

（台北縣政府「縣民開講」）
　　【訪客姓名】 *nicolehuang*

編　　號：1221
留言對象：縣長室
留言日期：88/04/22
留言主題：馬路亂亂亂
訪客信箱：xxxxxxxxx@hotmail.com
留言內容：位於蘆洲市中山一路底與五股交界的道路常有車禍發生，為什麼呢？
因為可行駛的方向實在是太亂了
有的是可以直行有的又可以彎然後在直行麻煩
請相關單位標明或者是請縣長親自走一躺就可以體會到"亂亂亂"

答覆日期：88/04/27
答覆單位：警察局

聯絡電話：

答覆內容：本分局擇期邀集各相關單位會勘提出改善方案。

蘆洲分局 88/04/27

（台北縣政府「縣民開講」）

【訪客姓名】 路霸受害者

編　　號：1205

留言對象：警察局

留言日期：88/04/21

留言主題：路霸

訪客信箱：

留言內容：同安東街與正義路南交叉口的笛司耐蛋糕店，長期霸佔三個車位，一個露天，一個防火巷搭成違建車庫，一個更在路邊搭起活動遮雨棚實在離譜。

答覆日期：88/04/21

答覆單位：警察局

聯絡電話：

答覆內容：台端投訴地址未述明為台北縣何縣市，請速再發信補述明之....，俾以交辦處理。

台北縣警察局 敬啟 88/04/21

答覆日期：88/05/04

答覆單位：工務局

聯絡電話：29662223-237

答覆內容：

一、本案經查本局於本（88）年以八八北工使（違）字第 4647、4648 號拆除通知單副本移送本局拆除隊排定時間拆除在案。

二、本縣幅員廣大，違章建築案件數量龐大，而本府拆除人員不足，故本案應依台北縣違章建築拆除優先次序表分類D 類5 組排定日期拆除。

三、感謝台端來函告知，本府將全力以赴。至違章建築減至最少。

（六）版面的成效與未來

雖然部分地方政府設立公共論壇版面的目的在提供民眾抒發意見、發洩不滿的管道，但吾人更關心的是，其效果或成效為何？此類版面的設置和運行是否對該政府的實際運作、行政措施、和政策過程產生任何影響？經由與版面管理者的訪談，本研究得知大多數的地方政府並不確切瞭解其版面的實際成效和影響。部分受訪者表示應該是有些作用，但無法提出具體的例證以說明其版面的成效，且皆指出或許只有各單位才知道是否有效果和影響。部分受訪者則更具體指出，版面的使用有助於加快公務處理速度、政策的討論和共識的形成，例如不法情事的取締、機車專用道政策、垃圾不落地政策、清潔隊的作法、拖吊作法、交通整頓等議題的民眾發言和討論，的確對相關政策的制定、執行與評估產生影響，

但該影響顯著與否卻不得而知。根據部分受訪者的說
法，真正可見有顯著影響的民眾意見和發言，恐仍為透
過非公開的傳統管道（如首長信箱和市政信箱）者；但
此等意見和回覆並無機會接受公眾的檢視。

　　對於未來，少數版面並無任何改變目前作法的計
畫。一版面將於八十八年五月份辦理「網路公聽會」，邀
集學者、專家、民眾共同參與討論特定議題；有些版面
將增設專題討論區、或自設伺服器、或全面更新軟硬體、
將民眾發言直接轉至各單位專人的信箱；有些版面將加
強篩選並刪除不當言論；一版面將加強身份辨識、民眾
須使用 E-MAIL 帳號登入方能發言，限制了其版面的可
取用性（accessibility）、以及參與的實踐；亦有版面打算
將民眾發言納入正式的公文系統、並列管各單位的後續
處理情形。

三、理想與現實的比較

　　理想中，一個可以最大化相關民主行政原則與價值之實
現的政府網路公共論壇版面，其理想的運作方式應如上節之
表一所述。

　　觀諸我國地方政府在1999年時的網路公共論壇版面的實
際運作方式，其並未臻可最大化民主行政原則與價值之實現
的境界。僅有「發言者資格的限制」與「刊登發言前之事先
審核」兩項理想面向為現存所有十二個版面所實現，其次是
「發言和回應之日期的顯示」（十一個版面）、「政府公開回應
民眾的發言」（九個版面）、「發言規則的設定」（八個版面）、

「發言與回應並列」（七個版面）、「其他民眾公開回應、參與討論」（六個版面），較少被實現的理想面向則包括「指明特定單位對象發言」（三個版面）和「設定討論主題」（三個版面），而僅有一個版面符合表一中「政府內部處理民眾發言的作法」之理想面向。在其初期萌芽階段，我國地方政府的網路公共論壇版面之質與量實不盡如人意。

伍、結論：以資訊通信科技促成民主行政理想的實現

當政府機關處理資訊的方式達到某種程度的改變時，政府的重要本質亦將跟著改變；公共行政學子應體認新興的資訊與通信科技將帶來的社會結構之革命性改變的程度。資訊與通信科技可以再興參與和公共對談，藉由促成行政人員與民眾對話、討論，可破除區隔民眾與其政府之障礙，並形塑更佳的社會目的和手段。電腦網路提供一個前所未有的資訊分享的公共途徑以及創造新知識的機會；其不只開啟助長溝通和建構新知識的可能性，而且有潛力藉由行政人員與公眾之間的對話，打破民眾被政府排除在外的障礙，以幫助改造政府。網路公共論壇不但可被用以改善地方性公共服務的遞送，藉著在政治過程和在政府活動中鼓勵更多的公開商議，其更可以幫助扭轉現存的政治氣氛、對政府的不信任、對政治的不齒、和對公共事務的冷漠。

台灣地區的地方縣市鄉鎮政府於全球資訊網上所設立的公共論壇版面，在此萌芽初期，雖在量與質上不盡如理想，但卻已為我國的民主行政和電子化民主進程跨出了一大步。

　　為使民主行政能實現於本國行政體系，就網路公共論壇版面的設置與應用，本文提出以下建議。

　　第一，電腦網路的可取用性（access）必須擴大，並擴及社會中的資訊貧者（information have-nots）。我國國家資訊基礎建設的發展以及個人電腦擁有比率的成長，使電腦網路在公共溝通中將扮演重要的角色。雖然目前國內已有三百五十萬網路人口，但各種調查顯示，上網人口主要仍為社會中的特定族群。為使網路公共論壇發揮其最大效用，政府應朝資訊均富與普及（universal access）的境界努力。

　　第二，政府行政人員必須動用其可觀的權力和資源以確保電腦中介傳播被用以改善公共對談並建構民主。雖然水能載舟，但亦能覆舟；電腦中介傳播如同其他工具一般，可有正面的用途，但亦可被用在非良善的目的上。因此，政府行政人員有必要將其之使用導引入更民主的方向。各級政府應設置網路公共論壇版面，依照本文所提出之理想運作方式設計其功能，並鼓勵民眾應用。民眾對政府的正確的反饋需要有統治者的鼓勵，因此行政當局不應該設法阻止向上的負面資訊流，而應積極地鼓勵並促成之。

　　最後，針對本文主題，後續的研究可將焦點置於發掘地方政府網路公共論壇版面使用者之背景、使用動機、使用滿意度等，地方政府未設置公共論壇版面的原因，公共論壇中民眾與民眾、民眾與政府間的互動性溝通程度，以及網路公共論壇中之言談對地方政府之決策與行政造成的實際影響。

參考文獻

方念萱、蘇彥豪（1996）：〈網路傳播中的對話與對峙——以女性主義連線版的言說為例〉，中央研究院社會學研究所主辦第一屆「資訊科技與社會轉型研討會」（台北市）論文集，1996 年 12 月，<http://140.109.196.210/seminar1/3-3.htm>，visited 1/16/1999。

江明修（1997）：《公共行政學：理論與社會實踐》，台北市：五南。

林明鏘（1993）：〈公務機關與行政資訊公開〉，《台大法學論叢》，第 23 卷，第 1 期，頁 51-86。

陳金貴（1992）：〈公民參與的研究〉，《行政學報》，第 24 期，頁 95-128。

張潤書（1998）：《行政學》，台北市：三民。

黃曙曜 譯（1997）：《公共行政：設計與問題解決》，Jong S. Jun 原著，台北市：五南。

項靖（1997）：〈線上政府：初探全球資訊網與臺灣地區地方政府行政〉，「行政發展與地方政府競爭力之提昇」學術研討會論文集，1997 年 5 月，台中市：臺灣省政府、東海大學。

葉俊榮 等（1996）：《政府資訊公開制度之研究》，台北市：行政院研考會。

Arterton, Christopher (1986) Teledemocracy: Can technology protect democracy? Beverly Hills, CA: Sage.

Barber, Benjamin (1984) Strong democracy, Berkeley and Los Angeles: University of California Press.

Bekkers, Victor J.J.M. and Stavros Zouridis (1999) "Electronic service delivery in public administration: Some trends and issues," International Review of Administrative Sciences, Vol. 65, No. 2, pp. 183-195.

Berman, Evan M. (1997) "Dealing with cynical citizens," Public Administration Review, March/April, Vol. 57, No. 2, pp. 105-112.

Berman, Jerry and Daniel J. Weitzner (1997) "Technology and democracy," Social

Research, Vol. 64, No. 3, pp. 1313-1320.

Brants, Kees, Martine Huizenga, and Reineke van Meerten (1996) "The new canals of Amsterdam: an exercise in local electronic democracy," Media, Culture & Society, Vol. 18, pp. 233-247.

Bryan, Cathy (1998) "Manchester: Democratic implications of an economic initiative?" in Roza Tsagarousianou, Damian Tambini and Cathy Bryan (eds.) Cyberdemocarcy: Technology, cities and civic networks, London: Routledge, pp. 152-166.

Bryan, Cathy, Roza Tsagarousianou and Damian Tambini (1998) "Electronic democracy and the civic networking movement in context," in Roza Tsagarousianou, Damian Tambini and Cathy Bryan (eds.) Cyberdemocarcy: Technology, cities and civic networks, London: Routledge, pp. 1-17.

Casaregola, Vincent and Robert A. Cropf (1998) "Virtual town halls: Using computer networks to improve public discourse and facilitate service delivery," <http://www.gonzaga.edu/rr/v4n1/cropf.htm>, visited 3/1/1999.

Calabrese, Andrew and Mark Borchert (1996) "Prospects for electronic democracy in the United States: Rethinking communication and social policy," Media, Culture & Society, Vol. 18, pp. 249-268.

Clarke, Roger (1998) "Information technology: Weapon of authoritarianism or tool of democracy?" <http://www.anu.edu.au/people/Roger.Clarke/DV/PaperAuthism.html>, visited 3/12/1999.

Cohen, Carl (1971). Democracy. Beverly Hills, CA: Sage.

Dahl, Robert (1971) Polyarchy: Participation and opposition, New Haven, CT: Yale University Press.

Dizard, Wilson .P. (1989). The coming of information age, New York: Longman.

Docter, Sharon and William H. Dutton (1998) "The First Amendment online: Santa Monica's Public Electronic Network," in Roza Tsagarousianou, Damian Tambini and Cathy Bryan (eds.) Cyberdemocarcy: Technology, cities and civic networks. London: Routledge, pp. 125-151.

Dutton, William H. (1996) "Network rules of order: Regulating speech in public electronic fora," Media, Culture & Society, Vol.18, pp. 269-290.

Fox, Charles J., and Hugh T. Miller (1994) Postmodern public administration: Toward discourse, Thousand Oaks, CA: Sage.

Francissen, Letty and Kees Brants (1998) "Virtually going places: Square-shopping in Amsterdam's Digital City," in Roza Tsagarousianou, Damian Tambini and Cathy Bryan (eds.) Cyberdemocarcy: Technology, cities and civic networks, London: Routledge, pp. 18-40.

Frederickson, H. George (1991) "Toward a theory of the public for public administration," Administration and Society, Vol. 22, No. 4, pp. 395-417.

Gandy, O., Jr. (1989) "Technological society: Information technology and bureaucratic social control," Journal of Communication, Vol. 39, pp. 61-75.

Gonzales, H. (1989) "Interactivity and feedback in third world development campaigns," Critical Studies in Mass Communication, 6, pp. 295-314.

Habermas, Juergen (1971) Toward a rational society: Student Protest, science, and politics, Boston: Beacon Press.

Hacker, Kenneth L. (1996) "Missing links in the evolution of electronic democratization," Media, Culture & Society, Vol. 18, pp. 213-232.

Hagen, Martin (1997) "A typology of electronic democracy," <http://www.uni-giessen.de/fb03/vinci/labore/netz/hag_en.htm>, visited 3/1/1999.

Hamelink, C.J. (1986) "Is there life after the information revolution?" in Michael Traber (Ed.), The myth of the information revolution: Social and ethical implications of communication technology (pp. 7-20), Beverly Hills, CA: Sage.

Hansell, William H., Jr. (1996) "A common vision for the future: the role of local government and citizens in the democratic process," National Civic Review, Vol. 85, No. 3, pp. 5-13.

Hansen, Kenneth N. (1998) "Identifying facets of democratic administration," Administration & Society, Vol. 30, No 4, pp. 443-461.

Huntington, Samuel P. (1993) The third wave: Democratization in the late twentieth century, Norman, OK: University of Oklahoma Press.

King, Cheryl Simrell, Kathryn M. Feltey and Bright O'Neill Susel (1998) "Toward authentic participation in public administration," Public Administration Review, Vol. 58, No. 4, pp. 317-326.

Kurland, Nancy B. and Terri D. Egan (1996) "Engendering democratic participation via the Net: Access, voice, and dialogue," The Information Society, Vol. 12, No. 4, pp. 387-406.

Macpherson, Michael (1997) "Citizen politics and the renewal of democracy," <http://www.snafu.de/~mjm/CP/cp2.html>, visited 2/20/1999.

Macpherson, Michael (1998) "Some applications of information technology to citizen participation in politics," Paper for the European Seminar on Local and Regional Information Society, Miercurea Ciuc, Romania, October 1998, <http://www.snafu.de/~mjm/miercurea.html>, visited 3/1/1999.

Morris, Merrill (1996) "The Internet as mass medium," Journal of Communication, Vol. 46, No. 1, <http://www.ascusc.org/jcmc/vol1/issue4/morris.html>, visited 4/14/1999.

O'Sullivan, Patrick B. (1995) "Computer networks and political participation: Santa Monica's teledemocracy project," Journal of Applied Communication Research, Vol. 23, pp. 93-107.

Parliamentary Office of Science and Technology (1998) Electronic government-information technologies and the citizen, London: UK Parliament, <http://www.parliament.uk/post/egov.htm>, visited 2/1/1999.

Rheingold, Howard (1995) The Virtual community: Homesteading on the electronic frontier, London: Minerva.

Roberts, Nancy (1997) "Public deliberation: An alternative approach to crafting policy and setting direction," Public Administration Review, March/April, Vol. 57, No. 2, pp. 124-132.

Sandel, Michael J. (1996) Democracy's discontent: America in search of a public philosophy, Cambridge, Mass.: Harvard University Press.

Schmidtke, Oliver (1998) "Berlin in the Net: Prospects for cyberdemocracy from above and from below," in Roza Tsagarousianou, Damian Tambini and Cathy

Bryan (eds.) Cyberdemocarcy: Technology, cities and civic networks, London: Routledge, pp. 60-83.

Shepherd, Anne and Christi Bowler (1997) "Beyond the requirements: improving public participation in EIA," Journal of Environmental Planning & Management, Vol. 40, No. 6, p.725-738.

Starling, Grover (1998) Managing the public sector, fifth ed., Fort Worth, TX: Harcourt Brace College Publishers.

Stowers, Genie N.L.(1999) "Becoming cyberactive: State and local governments on the World Wide Web," Government Information Quarterly, Vol. 16, No. 2, pp 111-127.

Tambini, Damian (1998) "City networking and universal rights to connectivity: Bologna," in Roza Tsagarousianou, Damian Tambini and Cathy Bryan (eds.) Cyberdemocarcy: Technology, cities and civic networks, London: Routledge, pp. 84-109.

Tehranian, Majid (1990). Technologies of power: Information machines and democratic prospects, Norwood, NJ: Ablex.

Tsagarousianou, Roza (1998) "Back to the future of democracy? New technologies, civic networks and direct democracy in Greece," in Roza Tsagarousianou, Damian Tambini and Cathy Bryan (eds.) Cyberdemocarcy: Technology, cities and civic networks, London: Routledge, pp. 41-59.

Varley, Pamela (1991) "Electronic democracy," Technology Review, Vol. 94, No. 8, pp. 42-18.

Waldo, Dwight (1988) The Enterprise of public administration, Novato, CA: Chandler & Sharp.

Wamsley, Gary L., and James F. Wolf (1996) Refounding democratic public administration: Modern paradoxes, postmodern challenges, eds., Thousand Oaks, CA: Sage.

Weare, Christopher, Juliet A. Musso, and Matthew L. Hale (1999) "Electronic democracy and the diffusion of municipal Web pages in California," Administration and Society, Vol. 31, No. 1, pp. 3-27.

White, Charles S. (1997) "Citizen participation and the Internet: Prospects for civic deliberation in the Information Age," Social Studies, Vol. 88, No. 1, pp. 23-28.

第七章

數位化民主：推動數位化
民主之基礎條件[*]

摘　要

　　藉由電腦與網路科技的使用，使民眾能更方便容易的參與民主過程、擴大參與層面、並有助於扭轉政治溝通減少的趨勢。數位化民主包括公民與政黨和政治人物之間、公民與政府之間、公民與公民之間、以及政黨和政治人物與政府之間透過數位化管道的互動與溝通。但數位化民主的潛力與願景並未能如期實現，甚至出現許多負面效果。以公民參與為中心之數位化民主的實現不能無中生有，須有賴於許多基礎條件的配合，包括使公民有能力、有意願、且被允許參與。

壹、民主的危機與轉機

　　近代人類的政治生活與漫長的過往有著相當的不同，最顯著之處即是民主政治制度的興起與盛行。民主的形式雖可

---

[*] 本文修改自〈推動數位化民主之基礎條件〉，《研考雙月刊》，第二十八卷第四期（242 期），頁 52～66，2004 年 8 月。

略分為三種，包括直接民主、代議民主與集權式民主，但由
於幅員廣大、人口眾多，現代民主國家多採代議制度。而代
議制度的施行產生許多負面的效果、漸趨腐蝕政府的正當性
基礎、以及文明和民主社會的基石，使各國皆面臨民主參與
度逐漸下降的趨勢，公民變得冷漠、疏離，投注於公共事務
的時間以及注意力減少，投票率與政黨成員數逐年降低，顯
見傳統民主參與的管道不再能有效的吸引民眾。凡此種種促
使各國企圖彌補代議制度之不足，而開始思考應如何去回應
民主危機的問題，遂有重啟直接民主之倡議。

　　直接民主又稱為參與式民主，實為民主的原型，是民主
最早出現的形式。民主的真意係無論受政府決策正面或負面
之影響者，都可以在決策過程中獲得實質的參與；而參與式
民主中最大的特徵即是公民得以直接參與國家的事務與決
策，使其得以決定、操控自己的命運，並強化公民對於政治
的控制力。在現代的代議制度當中，民眾普遍冷漠且疏離，
多半不表支持、或甚至反對政府政策；其最重要的原因在於
決策過程中公民並未能有效參與，決策結果並未真正符合多
數人的想法或利益，故對政策的支持度甚低。但是在參與式
民主中，公民可以親自或直接表達自己的看法和利益，不需
要依賴自我取向的政客與民意代表。在參與式的民主中，決
策的正當性來自於公民接受自己親身參與、制定出來的政
策，公民因為曾實際直接參與此一過程，因此無論最後的結
果是否為其理想中的最後決策，公民對於此結果多半將具較
高的認同度；直接民主除使公民獲取以及了解政治的相關訊
息外，亦具有教育的功能，可使公民不再冷漠與疏離、並可

養成參與眾人之事的興趣與能力。

參與過程中各方之間的互動與溝通更可發揮三種影響：第一，促使政治領導者和公民之間權力關係的均衡，並共同享有資訊，以共同在決策過程當中發揮影響力；第二，擴大公共民意之版圖，讓更多公民變成具有政治素養，願意或有能力參與公共事務的討論，以及與其他不同意見、利益、背景的人進行溝通互動；第三，縮小傳統菁英的權力和其影響範圍。因此，公民有充分機會可以參與，被認為是一個真正民主的政府在決策過程當中公正的行為，並且可以確保公共的需求被滿足、對於會受到決策影響的民眾是公平的、減少公眾對於最終決策的敵意、增加其合法性和強化統治的正當性，同時增加找出真正可行方案的可能性。

因此，鼓勵並促使民眾的參與政治事務與過程，遂成為各民主國家努力的目標。而傳播與溝通方式被認為能影響公共政策制定過程中的公民參與（Arterton, 1986），故論者主張達成以上目標的最佳手段在於創造嶄新、有效的參與途徑和管道（Clift, 2001），這些新的管道必須協助提供資訊和溝通的進行，讓公眾自行選擇參與的時間和形式，以彌補傳統政治參與型態之不足。

貳、資訊通信科技與參與式民主

近年來各國政府雖積極的推動電子化政府，希冀善用現代科技的潛能，以更多更好的方式服務民眾，但他們更進一步將新資訊與通信科技的優點應用在參與式民主的實現上。

論者們進一步將這種資訊與通信科技（information and communications technology, or ICT）的應用於行政和政治過程中之現象、以及其對民主之實現所產生的影響，稱之為「電子化民主」（electronic democracy）（Calabrese and Borchert, 1996; Hagen, 1997）、或「電傳民主」（teledemocracy）（陳俊宏，1999）、或「數位化民主」（digital democracy）。「電子化民主」或「數位化民主」乃指應用現代資訊與通信科技以協助各類民主價值的實現，其主要工具是以電腦與網路作為憑藉以進行溝通或傳播之「電腦中介傳播」或「網路中介傳播」。在數位化民主中，藉由現代化資訊與通信科技以協助人們建立其民主政體，每一位公民在重要的公共議題上的意見能被聽取、能自由的參與公共生活、並有權利針對他們認為正當的公共責任採取行動（Clift, 2001）。

　　具體言之，各國政府使用網路或其他通訊科技於其治理中之民主的目的在於（Waller, Livesey and Edin, 2001）：使民眾能更方便容易的參與民主過程、擴大參與層面、以及扭轉政治溝通減少的趨勢。因此數位化民主是一種公民與以現代科技（電腦和網際網路）為基礎之代表性政府和機構的連結；透過兩者的連結，帶給公民在決策過程中更好的接近管道以及更高的公開性。

參、以公民為中心的數位化民主之內涵

　　以數位化管道和方式促成參與式民主的具體內涵為何？參與式民主可被視為一種以公民為中心的觀念和活動，其的

主要特徵是，公民藉由與其他主要行為者（包括政府、政黨、政治人物、和其他公民）[35]之間的互動與溝通、資訊的擷取，參與於政治性過程中；而數位化民主則強調此種互動和資訊流通是透過數位化科技所構成的管道進行並完成的。數位化民主因此可被觀念化為下列圖一和表一。

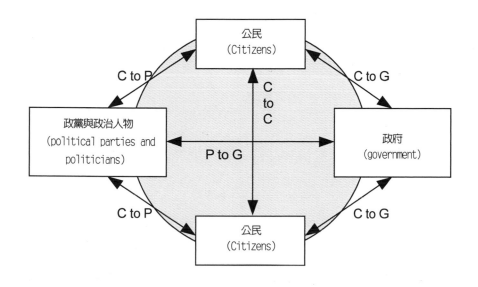

◯：以數位化科技輔助進行

圖一　以公民為中心的數位化民主基本架構示意圖

---

[35] 在現代政治場域中另一主要行為者是媒體。但對媒體而言，其原本居於政府、政治人物與公眾之間橋樑的角色，亦因新科技和網路的出現而導致其重要性遞減。媒體現在的角色在提供二手分析內容、引導讀者至網路上的資訊來源處、促成負責任的公共討論而非扮演公共知識的看管者角色（Bardoel, 1996; Aufderheide, 1998; Tumber and Bromley, 1998）。

表一　以公民為中心的數位化民主成分解析

成分 ＼ 內涵	數位化資訊提供 （e-information）	數位化溝通與互動 （e-interaction）
C to P （公民 vs 政黨和 政治人物）	選民意見與偏好的表達；政黨 和政治人物政見的表達。	政黨網站；選民指南（voter compasses）。
C to G （公民 vs 政府）	公民意見與偏好的表達；政府 政策與政績的宣達；政府徵詢 公民對政策的意見。	政府機關網站；數位公聽會； 線上諮商；決策過程的參與。
C to C （公民 vs 公民）	想法、意見、意識型態、消息 的交換。	BBS、聊天室、數位公共論壇、 新聞群組、Blog、虛擬社群。
P to G （政黨和政治人 物 vs 政府）	質詢；資料索取與查詢。	政府機關網站。

一、C to P（公民 vs 政黨和政治人物）

　　對政黨與政治性團體而言，網路使其更具溝通機制的功能，使其更快速有效、直接而毋須透過傳統媒體的過濾，來提供政治新聞與訊息給資訊尋求者，幫助支持者協調促成其助選活動、並促成政治人物與支持民眾間更有效的線上互動（Mancini, 1999；Margolis and Resnick, 1999），此外，其甚至可以消除大、小政黨間的資源不均問題；最大的影響與改變更可能是在政治議程設定上（Mancini, 1999）。事實上，政黨業已利用新科技的潛能，包括在網路上成立虛擬的政黨[36]、發動數位選戰和線上競選，政治人物並利用網際網路吸引民意

---

[36] 2003 年 8 月 20 日，中國時報，劉黎兒，「日本老人黨　網路聲勢壯」。

支持、強化個人形象[37]，甚至募集競選資金。

　　因此，在與政黨和政治人物的互動和溝通中，藉由電子郵件、政黨和政治人物所建構的網站等媒介，以數位化公聽會、線上即時對談、選民指南（voter compasses）（Tops, et al., 2000）等方式（Rosen, 2001；Clift, 2001），公民（包括公民性團體）和選民可表達其政治性的意見與偏好、影響政策起草過程；政黨、政治人物、民意代表以線上的方式與選民相互溝通和聯繫，以表達其理想與政見，進行線上的遊說活動以及線上的倡議和尋求政策方案的支持。

二、C to G（公民 vs 政府）

　　在與政府的互動和溝通中，藉由電子郵件（E-Mail）、電子對話系統、對話網頁（dialogue pages）、政府網站等媒介（Rosen, 2001），以數位公聽會、線上即時對談、線上公共論壇（on-line public forum）、線上諮商、線上投票（Office of the Envoy, 2001; Westen, 2001）等方式，公民（包括公民性團體）可對其表達政治性意見與偏好、並影響政策起草過程、參與決策過程。政府機構則以線上的方式與公民相互溝通和聯繫，提供政治性資訊、徵詢公民對政策的意見、宣達政府的政策與目的、並進行線上的遊說活動。

---

[37] 例如陳水扁總統在其第一任任期內即發行的「阿扁總統電子報」、國民黨在同時期發行的「藍天戰報」；另又如國民黨主席連戰在「線上聊天室」與民眾對談、台北市長馬英九發行「小馬哥報報」等（2002 年 7 月 30 日，中國時報，尹乃菁，「藍天戰報　主席網上候教」）。

三、C to C（公民 vs 公民）

藉由電子郵件、BBS、聊天室、新聞群組、Blog 等媒介，以線上即時對談、線上公共論壇等方式，公民與公民之間交換想法、意見、意識型態與各類資訊和訊息，並藉以連結和組成虛擬社群、建立地方性的公民諮商團體和全球化網絡關係，形成共同的政治性意見與偏好，參與決策過程並企圖影響政策內容。

四、P to G（政黨和政治人物 vs 政府）

在政黨和政治人物與政府間的互動和溝通中，藉由電子郵件、政府機關網站等媒介，以數位公聽會、線上公共論壇、線上諮商等方式，政黨和政治人物向政府機關提出質詢、查詢並索取資料、以及提供政策意見，以參與決策過程、影響政策內容；政府機關則對政黨和政治人物提供政治性資訊、宣達政府的政策構想、徵詢其意見、並進行遊說活動。

肆、數位化民主的願景與幻滅

論者對於 ICT 的前景實存有兩極的看法。許多論者對資訊與通信科技的潛力抱持樂觀的態度，認為其對於民主化的影響將極為深遠，能保證民主政府的自由開放，能消除政治疏離與參與低落的問題，使公民的參與更為容易、有效率，並克服政治及政府制度的惰性與無回應性（Barber, 1984; Boncheck, 1995; Rheingold, 1995; Brants, et al., 1996; Kurland

and Egan, 1996; Macpherson, 1997; Rash, 1997; Casaregola and Cropf, 1998; Parliamentary Office of Science and Technology, 1998）。其中，網際網路的可及性、方便性、與平價的特性，被認為其潛在的互動性將吸引更多的人，尤其是原本無法參與者，進入創造於其中的政治場域（Ogden, 1994; Negroponte, 1995; Dutton, 1999），網路的支持者因此倡言其可幫助消除傳統、線下（offline）世界中政治參與的不均。

　　但另一種觀點則認為吾人不應太過天真，因為科技並非中性的工具，數位化民主雖然可能是救治現代民主的一劑良方，但亦可能是進一步殘害民主的毒藥。他們憂慮科技可能會為有權者所控制（Clarke, 1998），ICT 會使權力更為集中，造成政治領導者對資訊的專制與掌握，使有影響力者擁有排除公民投入、獨自制定政策的潛在權力，使有影響力者與無影響力者之間的權力更加分化。Tehranian（1990）即指出雖然 ICT 允許一個高生產力和直接民主的分權社會形成，不過卻易造成集權與獨裁；Habermas（1971）特別強調獨佔科技的權力將破壞民主；Gandy（1989）則指出先進的電子科技對於官僚是有利的，其擴大了提供資訊者與接收資訊者之間的不公平狀態，因此將惡化個人與官僚組織之間的裂痕。此外，論者亦直指電子化民主的限制（Tsagarousianou, 1998）尚包括技術性限制、經費資源的限制、公民缺乏必需科技的取用、公民對於科技的負面觀感、政治意志的缺乏以及政治文化相關因素。

　　Hamelink（1986）因此認為 ICT 所帶來的樂觀前景只是一種迷思，恐無實現之日。而事實上，後來許多的研究發現

的確部份應驗了 Hamelink 氏的警語。數位化民主願景的幻滅
現象如下所述。

一、願景未現

　　許多預期的樂觀願景並未實現。例如，社區網絡運動
（community networking movement），亦即建置電腦系統以使
社區民眾得以免費近用網路及其通訊（Schuler, 1996），並未
有效提昇公民的參與和與政府官員間的互動（Beamish, 1995;
Gygi, 1996）；此外，政府以網路提供服務雖被認為可節省經
費、提高效率，更有潛力提供民主、互動的參與，但研究顯
示，僅前者被充分利用，後者則仍未全面開發(Musso et al.,
2000; Steyaert, 2000; Watson and Mundy, 2001)。

二、參與不均

　　網際網路的應用被認為可以促成原本冷漠的公民參與公
共事務。但研究顯示，網路使用者與原本的政治熱衷參與者
的組成背景大同小異（Pew Research Center, 2001），且並不比
非網路族群更熱衷於參與政治過程和投票。此外，大型政黨
及其候選人在網路中的網站數與超連結數遠高於小黨及其候
選人，許多小黨甚至缺乏資源建立網站（Margolis and Resnick,
1999; Kamarck, and Nye, 2002），更遑論以其提供訊息、與支
持者互動。線上政治因此反映了線下政治生活中的不均等
（Resnick, 1997）。

三、負向利用

　　前述許多悲觀者的擔憂，如資訊科技可以作為便於政府控制人民與社會的工具（管中祥，2001）等，並非無病呻吟。例如，中國大陸政府箝制網路自由[38]，另外，自美國「九一一」恐怖攻擊事件之後，歐美西方國家政府以防範恐怖主義份子利用網際網路聯絡通訊或策動網路恐怖攻擊行動為由，以「愛國法案」授權聯邦調查局監視可疑人士的電子郵件往來情況，開始密切監控網路世界的活動，英、德等國政府亦強化對網際網路的控管，使網路自由變成反恐大纛下的犧牲品[39]。

四、負面影響

　　ICT 的應用擴大了政治結構與活動的擴展和集中化趨勢；社會和政治系統的控制中心已自上一世紀最重要的民主機構－國家－漸轉移至跨國企業組織、以及各類的正式與非正式的網絡手中，而這些跨國企業組織與網絡並不具備民主與課責的傳統和精神；在另一方面，政治活動的集中化，體現於國家和企業對社會整體的記錄、登記、監視、與控制，對於民主的發展反而造成損傷（van Dijk, 2000）。此外，電腦

---

[38] 2002 年 9 月 20 日，中國時報，周野，「管制網路言論 浙江開放舉報」；2002 年 12 月 5 日，自由時報，陳宜君，「中國網路管制 全球最嚴密」；2002 年 12 月 9 日，中國時報，「上網發表反共言論 北師大女生被捕」；2002 年 12 月 11 日，中華日報，「中共派三萬名國安人員監控網路」；2003 年 5 月 20 日，中國時報，「中共嚴密監控網路聊天室」。

[39] 2002 年 9 月 9 日，中國時報，蕭美一，「網路自由 反恐行動下犧牲品」。

與網路的應用所造成的資訊安全和隱私外洩問題，亦使公眾在面對在網路虛擬空間中的參與時裹足不前；政治性過程可能被加速或縮短、透過網路和互動性媒體民意的徵集與政治性新聞和資訊的發佈將更頻繁且即時，如此一來使需要時間思考、諮商、審議的代議系統面臨時間極度壓縮的限制。

伍、推行數位化民主的基礎條件

科技並非無中生有、存在於真空之中（Norris and Jones, 1998），人性、政治、經濟、文化等現存因素將形塑科技改變社會的方式、過程與結果及其影響程度的大小（Samoriski, 2000）；傳播科技或媒介是否能夠強化民主、改善民主政治弊病、促成大眾參與政治事務，並非全然樂觀或悲觀的，而須端視吾人如何加以運用與妥善安排（van Dijk, 2000）。

倡議數位化民主者主張須設法授能予乏能者，擴大、延伸政治辯論的界限，促使參與政治對話更容易，使政治對話本身更具理性與內容性，使公眾更接近與權力中心的互動，故科技的發展應著眼於去除公眾參與統治的障礙（White, 1997; Hacker, 1996）。政府的數位化實應包含數位化民主的實踐與運作，方能確保社會的永續發展與民主的持續強化；然而，此種理想境界只有在新科技被廣泛使用且被信任，以及人民想要而且能夠使用新科技等的前提下，才有實現的機會。民眾能在線上作什麼？民眾願意在線上作什麼？民眾實際在線上作些什麼？此皆受限於科技的能力、以及更重要的是政府之作為與制度的安排。

　　因此，本文的立論前提是，政府的善用資訊與通信科技將有潛力幫助民主價值的實現、增加民眾的參與、使政治過程更具透明性、決策更具民主性，並促成上述數位化民主的願景和其他更高層次價值的實現。檢驗以 ICT 為基礎的參與式民主之實現與成敗的標準，首先即在於公民是否藉此管道參與公共事務與政治過程？而後方能評斷其參與程度與品質的高低。因此，公民藉此管道參與公共事務與政治過程實為落實數位化民主潛力和願景的第一步，而公民的參與又有賴於許多基礎條件的配合。這些以公民參與為目的的數位化民主基礎條件，如表二所示，並分述如下。

一、數位能力

　　公民透過數位化管道參與政治過程，首先需要有相關能力，包括具備資訊與數位素養、使用得到科技工具、以及可取用政府資訊。科技的取用程度決定了資訊的取用程度，資訊的有用性、相關性、及時性愈來愈依賴複雜的電子化科技與技術，因此為了使公民有能力藉由數位化管道參與政治過程，實現數位化民主的第一個基礎條件是公民皆具備使用數位化工具的能力。Wilhelm（2000）認為數位化民主的重要條件之一是前置性資源（antecedent resources），指的即是確保民眾有足夠的素養和信心以有效的利用電腦與網路工具，以便能夠以電腦與網路完成政治性功能。擁有完整的能力、技術以及智才等基本的素養，對於在資訊時代當中的工作的參與以及線上的活動，包括公共溝通等而言是非常必要的（Wilhelm, 2000）。因此，政府若要加強民眾的社會性與政治性的對話和參與，除須確保可進行互動的基礎建設與對於網路服務的普及取用，進行對於民眾的相關教育與訓練、且矯正部分民眾對於數位工具的恐懼、不信任與不瞭解，亦是不可或缺的一部分（Lievrouw, 2000）。

表二　以促成公民參與為目的的數位化民主之基礎條件

公民參與的前提	公民參與前提的意涵	數位化民主的基礎條件	相關議題	相關作法
公民有能力參與	資訊素養的培育。	1. 數位能力	資訊教育。	學生與成人的資訊教育。
	數位普及。	2. 普及取用	消除數位落差。	廣設公共資訊網站。
	政治性資訊的充分自由取用。	3. 資訊公開	政府必須提供予公民充分且及時的資訊。	通過並施行電子化「政府資訊公開法」。
公民有意願參與	知道有此管道。	4. 政策行銷	行銷數位化民主方案與管道。	政策宣導。
	認為參與有實質作用。	5. 參與實效	參與結果被納入決策考量。	改變政府行政與決策過程。
	認為參與不會有負面效果；隱私、安全性、認證、匿名性的保障。	6. 排除負效	安全的網路電腦投票。	進行方案實驗；修繕「電腦處理個人資料保護法」
公民被允許參與	制度設計允許公民合法參與。	7. 參與合法	允許民眾合法參與。	改變政府行政與決策過程。
	主政者心態；主政者心態與意願；提昇政府回應性與課責性。	8. 主政心態	協助各政黨的數位化；減少對網際網路的管制審查。	政府行政的完全數位化。

資料來源：參考自 Wilhelm（2000）、Poland（2001）、Waller, Livesey and Edin（2001）。

二、普及取用

　　為了使公民有能力藉由數位化管道參與政治過程，實現數位化民主的第二個基礎條件是，在具備了基本的資訊與數位素養後，無論其經濟能力如何、社會地位高低、地理位置所在，每位公民皆使用得到現代化的數位科技與管道，以確保所有可能會被一項政策所影響的人們都有機會表達其喜好，並且有機會影響政策的形成；且政府必須允許人民能夠依自身時間、地點的方便性參與民主過程，且不影響其意見的價值性。

　　網路和其他通訊科技使用的目標是在協助、擴大、寬廣化、以及深化民主參與（Waller, Livesey and Edin, 2001）。若網路成為新的民主工具，人民能藉其參與和影響民主過程，則最重要的問題為：是否人人不論年紀、性別、職業或地理位置皆有使用的機會、信心和能力。國家和社會的資訊化能夠強化民主的前提是，每人都得以取用其服務、確保公用路權（public right-of-way），並防止網路全面商業化、且不受傳統媒體的宰制（Miller, 1996）。

　　討論數位化民主時，須檢視並強調平等（equality）的價值（Weber and Murray, 2002）。在實現民主目的的道路上，網際網路等科技的無法普及使用將會是一大障礙（Karakaya, 2003）；政府須設法確保或提供更多的、可以用得到的電腦以及網路的連接，並發展策略以使那些原來無法使用者得以使用，以破除「數位落差」的現象。

三、資訊公開

　　Dizard（1989）認為民主的浪潮須在人民能分享充分的資訊、信念與共識下方能形成。因此，為了使公民有能力藉由數位化管道參與公共事務，實現數位化民主的第三個基礎條件是，公民得以取得並使用參與所需的資訊（尤其是政府所保有的資訊），並確保政府資訊的可取用性以及民眾取用的權利。

　　政府必須給予公民相關、正確、充分、且及時的資訊，以使其瞭解政府的業務及運作狀況；政府決策與規劃的資訊對於大眾與利益團體而言是相當重要的，以使他們得以在不同意那些已被政府規劃或著手進行的事務時，可以採取對應行動；電子化民主中的網路與通訊投票，更必須是在資訊充足的基礎上做成才有意義。因此，政府資訊的透明化是朝向有效數位化民主過程的第一步。政府須以電子化方式提供和儲存官方資訊；為強化取得官方資訊的有效性，公民應有取得政府以電子化方式儲存、提供之資訊的權利。

　　為使民眾得以有效參與數位化民主過程、政策討論與決策制定，政府應提供三類政治性資訊：選舉相關資訊、現正進行中的政策制定相關行動（聽證會與投票時程、法規草案的現況階段與內容、不同意見者的政策白皮書、政策背景資料）、與政府日常行政作業中所蒐集與產生的文件資料（研究與調查報告、法律文件、招標文件、公告等）；更重要的應是以數位化為主的方式提供此種資訊。

四、政策行銷

　　為了使公民有意願藉由數位化管道參與政治過程，實現數位化民主的第四個基礎條件是，公民被告知並知曉其得以選擇透過數位化途徑或方式參與公共事務，而此有賴於政府對於數位民主方案有效的政策行銷（policy marketing）與推廣。政府部門須利用企業界「行銷」的觀念與活動，主動促使民眾獲知數位化民主相關方案與措施的存在，並取得公眾的接受、支持、以及實際的應用。

五、參與實效

　　如果公民不相信其自身之參與會產生實質的影響，則其終將如同過去一般繼續放棄參與。為了使公民有意願藉由數位化管道參與公共事務，實現數位化民主的第五個基礎條件是，公民認為此種途徑或方式的參與結果將具有實質效用，亦即在其中公眾所表達的意見能為決策者認真且嚴肅的看待，公民對於最終的決策具有實際的影響力。

六、排除負效

　　為了使公民有意願藉由數位化管道參與政治過程，實現數位化民主的第六個基礎條件是，公民認為此種途徑或方式的參與過程與結果不會產生負面作用、亦不會而對其福祉造成任何損害。為此，政府必須保障線上溝通的安全性，且絕不侵犯人民的隱私權。投票行為的基礎為公正與公平，因此上述保證對線上投票的施行尤其重要；身分認證的機制必須

妥善建立，一方面可用以確認公民的身分，同時亦可保障線
上行為的隱私，確保線上記錄將不會被商業利益所濫用或是
政府所監控（Karakaya, 2003），並避免造假與仿冒的威脅。
此外匿名性的保障（Miller, 1996）、自由言論的維護
（Tsagarousianou, 1998），亦是不可或缺的作為。

　　科技的應用方式決定於各國家及地方的獨特的政治環境
條件，不同的民主的定義、動機、目的與目標，亦決定了不
同的數位化民主的方案的內容。為使數位化的參與途徑與方
式不會產生負面效果，政府應採行數位化民主的實驗性的計
劃和方案（Tsagarousianou, 1998）。實驗的作法可於現存制度
與行政空間中進行，可藉收集經驗、發展標準，找出適合的
方法、需要的技術工具與支持的服務，以發掘何者才是數位
化民主真正涉及的要務。

七、參與合法

　　公民透過數位化管道參與政治過程的前提之一是，公民
被允許如此作。因此，實現數位化民主的第七個基礎條件是，
公民得以合法的以數位化方式涉入公共事務。

　　在傳統的代議式民主系統中，民眾的聲音透過選舉與被
選出之代表加以抒發；然而，若要實踐不同於以往的數位化
直接民主精神，政府須調整其現有行政、組織、以及決策與
立法上的程序、結構、與機制，並規劃新的法規（Hester,
Schnepf and Mesicek, 2003）。電子公共領域需要制度化的保障
（管中祥，2001）；在調整及新設的制度中，不但須允許民眾
合法地以數位化方式參與，並明白揭示公民在何時可對於決

策產生影響力。

八、主政心態

　　公民被允許透過數位化管道參與公眾事務的另一個前提，亦是實現數位化民主的第八個基礎條件，是主政者願意充分實現 ICT 對於民主的潛能、並藉以進一步提昇民主的品質，而非將之作為用以監視、控制民眾等反民主的手段。

　　執政者心態與意願是非常重要的。在數位化的民眾參與空間（公共領域）中，政府須展現回應性；為吸引公眾參與線上諮商與討論，政府必須對公眾於其中的議論有所回應，並使公眾的參與和政策結果與產出具有關聯性。數位化民主可達成互動與溝通的理想，不似傳統上線性的政治溝通（單向的資訊提供、告知與勸說）模式多半維繫著不平等的社會與政治關係；但 Gonzales（1989）主張被治者的正確反饋（feedback）是需要受統治者鼓勵的，因此，在數位化的論辯與溝通空間、電腦網路中，為政者不僅不應該阻止由下而上的負面、批判性的意見，更應積極地鼓勵並促成之。在英國，其政府即清楚地提出使用網際網路提供線上公共服務的政治承諾，以鼓勵人們參與民主過程（Karakaya, 2003）。

陸、結語

　　雖然數位化位民主的發展有可能是緩慢的，但外在的社會力量將使數位化民主成為一個民主國家中的必需品，而不再僅僅是選項之一；對於大多數的政府而言，若無積極顯著的數位化民主的努力,則網際網路等科技反而將可能加速民主的衰退(Clift, 2001)。現在,政治領域的各個層面已經漸漸開始形成越來越多的合作以及聯盟,試著要在民主的層次上做改變;而就如同網際網路的形成過程一般,科技與數位化民主的一系列些微的進展將累積並導致一種吾人前所未見、無法預測的未來。而確保上述八項推動數位化民主的基礎條件的實現,勢將帶領吾人邁向希冀的道路。

每一個政治系統與文化皆具有相當的自由度得以決定其如何利用科技特性與潛力(Hagen, 2000);展望未來,各民主國家亦正籌畫進一步利用資訊與通信科技實現民主價值。但在思考更進一步的政策之前,吾人必須了解,數位化政府並非所有問題的解答,亦非解決所有問題的方法;現代民主政治的問題恐遠超越科技的能力,而無法解決以下要件的缺乏:政治性動機、時間、充分參與民主活動所需的努力與技能。是以,沒有任何一種科技可單獨解決造成民主參與不均的社會性與物質性之不均等狀態。在數位化政府中,數位化民主祇是增進民主參與的諸多方式之一而已。同時,吾人必須了解且尊重某些人永遠不想使用新科技、而其自身利益亦將永不會因此而受到損害的權利,並確保永遠有和數位科技一樣有效的另一種參與的管道。

參考文獻

中文部分：

陳俊宏，1999，〈「電子民主」的潛能與弊害〉，《中國時報》，論壇版，民國 88 年 12 月 5 日。

管中祥，2001，〈資訊控制？還是電子民主？──我國電子化政府政策規劃與實際分析〉，發表於中華傳播學會 2001 年年會，香港，2001.7.3-2001.7.5。

英文部分：

Arterton, Christopher, 1986.　Teledemocracy: Can technology protect democracy? Beverly Hills, CA: Sage.

Aufderheide, P., 1998.　"Niche-market culture, off- and online." In D.L. Borden and K. Harvey, eds., The Electronic Grapevine: Rumour, Reputation and Reporting in the New Online Environment, London: LEA, pp. 43-57.

Barber, Benjamin, 1984.　Strong democracy, Berkeley and Los Angeles: University of California Press.

Bardoel, J., 1996.　"Beyond Journalism," European Journal of Communication, Vol. 11, pp. 283-302.

Beamish, A., 1995.　"Communities On-line: Community Based Computer Networks" [Online].　Unpublished master's thesis, Massachusetts Institute of Technology, Cambridge, Massachusetts.　Available: http://loohooloo.mit.edu/arch/4.207/anneb/thesis/toc.html.

Boncheck, M. S., 1995.　"Grassroots in Cyberspace: Using Computer Networks to Facilitate Political Participation," paper presented at the 53rd Annual Meeting of Midwest Political Science Association, 6 April, Chicago, available at http://www.ai.mit.edu/people/msb/pubs/grassroots.html.

Brants, Kees, Martine Huizenga, and Reineke van Meerten, 1996. "The new canals of Amsterdam: an exercise in local electronic democracy," Media, Culture & Society, Vol. 18, pp. 233-247.

Calabrese, Andrew and Mark Borchert, 1996. "Prospects for electronic democracy in the United States: Rethinking communication and social policy," Media, Culture & Society, Vol. 18, pp. 249-268.

Casaregola, Vincent and Robert A. Cropf, 1998. "Virtual town halls: Using computer networks to improve public discourse and facilitate service delivery," <http://www.gonzaga.edu/rr/v4n1/cropf.htm>, accessed 3/1/1999.

Clarke, Roger, 1998. "Information technology: Weapon of authoritarianism or tool of democracy?" <http://www.anu.edu.au/people/Roger.Clarke/DV/PaperAuthism.html>, accessed 3/12/1999.

Clift, Steven, 2001. "The Future of E-Democracy – The 50 Year Plan," available on-line <http://publicus.net/articles/future.html>, accessed 2002.1.25.

Dizard, Wilson P., 1989. The coming of information age, New York: Longman.

Dutton, W. H., 1999. Society on the Line: Information Politics in the Digital Age, Oxford: Oxford University Press

Gandy, O., Jr., 1989. "Technological society: Information technology and bureaucratic social control," Journal of Communication, Vol. 39, pp. 61-75.

Gonzales, H., 1989. "Interactivity and feedback in third world development campaigns," Critical Studies in Mass Communication, Vol. 6, pp. 295-314.

Gygi, K., 1996. "Uncovering Best Practices: A Framework for Assessing Outcomes in Community Computer Networking" [Online]. Community Networking '96 Papers. Available: http://www.laplaza.org/cn/local/gygi.html.

Habermas, Juergen, 1971. Toward a rational society: Student Protest, science, and politics, Boston: Beacon Press.

Hacker, Kenneth L., 1996. "Missing links in the evolution of electronic democratization," Media, Culture & Society, Vol. 18, pp. 213-232.

Hagen, Martin, 1997. "A typology of electronic democracy," <http://www.uni-giessen.de/fb03/vinci/labore/netz/hag_en.htm>, accessed 3/1/1999.

Hagen, Martin, 2000. "Digital Democracy and Political Systems," in Digital Democracy: Issues of Theory and Practice, edited by Kenneth L. Hacker and Jan van Dijk, London: SAGE Publications, pp. 54-69.

Hamelink, C. J., 1986. "Is there life after the information revolution?" in Michael Traber (Ed.), The myth of the information revolution: Social and ethical implications of communication technology, Beverly Hills, CA: Sage, pp. 7-20.

Hester, Ursula, Doris Schnepf, and Roman Mesicek, 2003. "Prerequisites for a Sustainable and Democratic Application of ICT," SERI, Sustainable Europe Research Institute.

Kamarck, Elaine C. and Joseph S. Nye Jr. eds., 2002. Governance.com - Democracy in the Information Age, Washington, D.C.: Brookings Institution Press.

Karakaya, Rabia, 2003. "The use of the internet for citizen participation：enhancing democratic local governance?" paper to Political Studies Association Annual Conference, University of Leicester, 15-17 April 2003.

Kurland, Nancy B. and Terri D. Egan, 1996. "Engendering democratic participation via the Net: Access, voice, and dialogue," The Information Society, Vol. 12, No. 4, pp. 387-406.

Lievrouw, Leah A., 2000. "The Information Environment and Universal Service." The Information Society, Vol. 16, pp. 155-159.

Macpherson, Michael, 1997. "Citizen politics and the renewal of democracy," <http://www.snafu.de/~mjm/CP/cp2.html>, accessed 2/20/1999.

Mancini, P., 1999. "New Frontiers in Political Professionalism," Political Communication, Vol. 16, pp. 231-245.

Margolis, Michael, and David Resnick, 1999. "Party Competition on the Internet in the United States and Britain," Harvard International Journal of Press/Politics, Vol. 4, pp. 24-48.

Miller, Steven E., 1996.   Civilizing Cyberspace: Policy, Power, and the Information Superhighway, New York: ACM Press.

Musso, J., C. Weare, and M. Hale, 2000.   "Designing Web Technologies for Local Governance Reform: Good Management or Good Democracy?" Political Communication, Vol. 17, pp. 1-19.

Negroponte, Nicholas, 1995.   Being Digital, New York: Knopf.

Norris, Pippa, and David Jones, 1998.   "Virtual Democracy," Harvard International Journal of Press/Politics, Vol. 3, pp. 1-5.

Office of the Envoy, 2001. UK Online Annual Report 2001, UK Cabinet Office, available on-line <http://www.e-envoy.gov.uk/ukonline/progress/anrep2001/default.htm>, accessed 2002.4.20.

Ogden, Michael R., 1994.   "Politics in a Parallel Universe," Futures, Vol. 26, pp. 713-729.

Oliver, C., 1991.   "Strategic Responses to Institutional Processes," Academy of Management Review, Vol. 16, No. 1, pp. 145-179.

Parliamentary Office of Science and Technology, 1998.   Electronic government-information technologies and the citizen, London: UK Parliament, <http://www.parliament.uk/post/egov.htm>, accessed 2/1/1999.

Pew Research Center, 2001.   "Internet Election News Audience Seeks Convenience, Familiar Names," <http://www.pewinternet.org/reports/toc.asp?Report=27>, accessed February 5, 2001.

Poland, Pauline, 2001. "Online Consultation in GOL Countries: Initiatives to foster e-democracy," available on-line <http://www.governments-online.org/documents/e-consultation.pdf>, accessed 2002.4.20.

Rash, W., 1997.   Politics on the Nets: Wiring the Political Process, New York: W.H. Freeman.

Resnick, David, 1997.   "Politics on the Internet: The Normalization of Cyberspace," New Political Science, Vol. 41, pp. 47-67.

Rheingold, H., 1995.   The Virtual Community: Finding Connection in a Compturized World, London: Minera.

Rosen, Tommy, 2001. "E-Democracy in Practice: Swedish experiences of a New Political Tool," Swedish Association of Local Authorities and Swedish Federation of County Councils and Regions, Joint Department of Democracy and Self-government, available on-line <http://www.svekom.se/skvad/E-democracy-en.pdf>, accessed 2001.12.20.

Samoriski, J. H., 2000. "Private Spaces and Public Interests: Internet Navigation, Commercialism and the Fleecing of Democracy," Communication Law and Policy, Vol. 5, pp. 93-113.

Schuler, D., 1996. New Community Networks: Wired for Change, New York: Addison-Wesley.

Steyaert, Jo, 2000. "Local Governments Online and the Role of the Resident: Government Shop versus Electronic Community," Social Science Computer Review, Vol. 18, pp. 3-16.

Tehranian, Majid, 1990. Technologies of power: Information machines and democratic prospects, Norwood, NJ: Ablex.

Tops, Peter W., Gerrit Voerman, and Marcel Boogers, 2000. "Political websites during the 1998 Parliamentary Elections in the Netherlands," in Democratic Governance and New Technology: Technologically mediated innovations in political practice in Western Europe, edited by Jens Hoff, Ivan Horrocks and Pieter Tops, London: Routledge, pp. 87-99.

Tsagarousianou, Roza, 1998. "Electronic democracy and the public sphere: opportunities and challenges," in Cyberdemocracy: Technology, cities and civic networks, edited by Roza Tsagarousianou, Damian Tambini, and Cathy Bryan, London: Routledge, pp. 167-178.

Tumber, Howard, and Michael Bromley, 1998. "Virtual soundbites: Political Communication in Cyberspace," Media, Culture & Society, Vol. 20, pp. 159-168.

van Dijk, Jan, 2000. "Models of Democracy and Concepts of Communication," in Digital Democracy: Issues of Theory and Practice, edited by Kenneth L. Hacker and Jan van Dijk, London: SAGE Publications, pp. 30-53.

Waller, Paul, Peter Livesey, and Karin Edin, 2001. "e-Government in the Service of Democracy," International Council for Information Technology in Government Administration, ICA Information No. 74: General Issue, June 2001, available on-line <http://www.ieg.ibm.com/thought_leadership/issue74-waller.pdf>, accessed 2002.1.24.

Watson, Richard T., and Bryan Mundy, 2001. "A Strategic Perspective of Electronic Democracy," Communications of the ACM, Vol. 44, pp. 27-31.

Weber, Lori M., and Sean Murray, 2002. "A Survey of the Literature on the Internet and Democracy," Paper submitted for the "Prospects for Electronic Democracy" Conference, September 20-22, 2002, Carnegie Mellon University, Pittsburgh, Pennsylvania.

Westen, Tracy, 2001. "Electronic Democracy Ready or Not, Here It Comes," available on-line <www.netcaucus.org/books/egov2001/pdf/edemoc.pdf>, accessed 2001.6.2.

White, Charles S., 1997. "Citizen participation and the Internet: Prospects for civic deliberation in the Information Age," Social Studies, Vol. 88, No. 1, pp. 23-28.

Wilhelm, Anthony G., 2000. Democracy in the Digital Age: Challenges to Political Life in Cyberspace, New York: Routledge.

第八章

政府資訊公開：公務人員的
見解之探究[*]

摘　要

　　資訊之無阻流通可促進附加價值的創造與利用，使稀少資源的分配更為平均，資源的利用更具效率；最終而言，可以提昇社會、國家的競爭力與公眾的福祉。而政府資訊之公開則可促進行政的透明化、滿足人民知的權利、有效利用行政資訊、增強人民對行政之直接監督與控制。在我國即將邁入政府資訊公開新紀元之際，本研究藉由焦點訪談與問卷調查探究公務人員對於相關法制的觀點與看法，希冀有助於人民公僕心聲於立法過程中接受考慮。

　　研究發現，雖然超過半數的公務人員對於「政府資訊公開法草案」內容並不瞭解，近九成的公務人員認為政府資訊與文件屬於「公共財」，九成八公務人員認為人民有權利請求政府提供資訊；三分之二的公務人員認為不應該在決策作成之前公開與決策有關資訊，亦有三分之二者認為在決策作成之後則應將其公開；九成的受訪者認為公營事業機構之營運資訊應對

---

[*]　本文修改自〈公務人員對政府資訊公開制度的見解之探究〉，《法政學報》，第十二期，頁 1-52，2001 年 3 月。

民眾公開，三分之二的受訪者主張政府處理數位化資訊而自行開發或委託開發之電腦軟體程式，亦應隨著其所處理之相關資訊的公開而公開。

七成五的受訪者主張中央政府、各直轄市、或各縣市政府應於現有機關中找尋適當者以賦予主管資訊公開相關事務之責，七成二的受訪者主張各機關應指定機關內部一單位負責資訊公開業務之處理；六成的受訪者主張提供資訊時之收費標準應由中央政府訂定、再由各機關訂定收費施行細則；八成的公務人員認為若一政府機關提供之資訊為錯誤的資訊因而造成人民權益受損時，應對該行政機關加以處罰。七成六的受訪者主張請求政府提供其資訊者應該有年齡上的限制，其中近七成主張滿二十歲者方有權利請求；超過八成的受訪者認為資訊申請者有必要聲明資訊之用途或目的，九成的公務人員認為資訊請求人在使用政府資訊作為犯罪工具或手段時，應該加重其刑責。九成公務人員認為政府資訊公開制度建立後，整體政府公務人員的業務量會增加一些或增加許多，八成四的受訪者認為自己個人的業務量會增加一些或增加許多。三分之二的受訪者表示在執行政府資訊公開制度時會擔心觸犯洩密罪。

是以，政府資訊公開制度雖被認為具良善的初衷與功能，但公務人員們亦關切其之施行細則與相關配套措施，這主要包括可公開之資訊的認定問題、以及觸犯洩密罪之可能性和預防之道。

壹、前言

繼土地、勞力、資本、設備之後，資訊已成為經濟生產活動的第五大要素。資訊的無阻流通可促進附加價值的創造與利用，使稀少資源的分配更為平均，資源的利用更具效率；最終而言，可以提昇社會、國家的競爭力與公眾的福祉。遂在人類已進入以資訊為主的二十一世紀之時，資訊社會中的個人或團體，若無適當的資訊可運用以行有效之決策，無疑地終將遭致被淘汰的命運。

　　一國家的政府是該國最大的資訊蒐集、整理、生產、應用、播散的機構，不僅如此，其所擁有的資訊也與民眾的政治、經濟、社會生活息息相關，不可一日或缺。但在我國的現行制度之下，一般民眾可獲得及使用的政府資訊卻非常有限，故近十數年來，論者持續有著政府資訊公開化的研究與倡議（如焦興鎧，1984；法治斌，1985；翁岳生 等，1985；鄭瑞城 等，1989；林明鏘，1993；古清華，1993；王郁琦，1996；林河名，1996；葉俊榮 等，1996），而我國的「政府資訊公開法」草案亦已正由立法院審議當中。

　　然於我國即將邁入政府資訊公開的新紀元之際，吾人須加以省思的是，我們需要一套什麼樣的政府資訊公開制度？政策和制度的規劃與研擬貴在能審視、結合多方的意見，方可制定出一完備且具前瞻性的決策。政府機關之行政人員雖亦肩負政策規畫與決策的任務，但其最主要活動則在執行國家所制定的政策；因此，身為執行者的公務人員應於此政府資訊公開政策規畫階段即接受諮詢，以探討各種方案的可行性與可能的影響，以期所制定的政策能更臻完備。況且，政府資訊公開政策實較其他種類政策與公務人員有更密切的關係，因而該政策的規劃與研擬實須參酌公務人員的看法。但我國目前相關之研究並未針對將來須執行資訊公開政策、與該政策密切相關的一般政府機關公務人員作探討，發掘他們的意見，以供立法參考。

　　由於政府大規模的資訊公開之法制化在我國實屬首創，將來如何在制度上妥為設計，以使其能有效因應我國特殊的環境需求，而得以順利無阻地推行，將考驗立法人員之智慧

外，也相當程度地取決於決策過程中立法人員能否取得、考
慮更通盤、廣博的觀點與見解。有鑑於此，本研究透過座談
與問卷調查方式對公務人員實施意見調查，以獲取他們對政
府資訊公開的見解與建議，希冀有助於政府資訊公開法制之
完美建置。

貳、背景

一、政府行政與行政資訊公開的法制化

　　我國行政學巨擘吳定（1995）指出，我國的公務行政發
展將受到「中立化」、「民主化」與「公開化」等「行政三化」
的深刻影響；其中，「行政公開化」被認為是未來行政發展的
必然趨勢、乃民主政治存在的基本理念、亦為公民得以參與
的先決條件、更是促使施政順暢的重要機制。吳定將「行政
公開化」定義為「在法律規範下，人民對過去與目前行政運
作的相關資訊具有獲知的權利，並對目前行政運作過程具有
充分參與的機會」（1995，頁 10）；其更進一步具體指出，在
「行政公開化」中，基於「被告知」、「瞭解」、「被聞知」以
及「批評」等權利，在法律許可的範圍內，人民有權知悉並
獲取政府機關的過往與目前行政運作相關之資訊和檔案。

　　就資訊的分享之觀念與作法而言，我國行政機關傳統向
以保守著稱；在以保密為最高指導原則下，各機關於其職掌
範圍內所掌握的資料與資訊之保管和交流上，一般多採取相
當封閉之本位主義，不願與其他同屬公務之機關分享，更遑

論非政府之人民團體和民眾可一探其究竟。公務人員對政府
資訊公開的概念更是闕如，經常因為不知道法令依據為何，
而不願或無法將機關資訊對外公開。

在法制上，我國政府機關資訊公開的普遍性原則至今仍
無法確立。政府在立法進程上，並非先公開政府資訊，而卻
僅堅守保密、保護的方向。過去政府在從事與資訊相關的立
法工作時，往往首先注意、且較為在意的是其可能的負面影
響以及如何防堵該影響（葉俊榮，1998）；遂在沒有任何政府
資訊公開與流通的年代，我國就先有各種防諜、保密分級制
度，是故，我國最早的資訊相關法規，其實是「國家機密保
護辦法」。而近十數年來，我國雖然在資訊相關的議題上開始
有所進展，但仍舊是消極地以保密和安全為要，優先訂定了
國家機密保護法、營業祕密保護法、以及電腦處理個人資料
保護等法。

縱然如此，政府資訊公開的觀念與法制化實極重要。當
政府資訊公開不存在於行政機關與人員心中、且亦無明確政
府資訊公開法令可資遵循時，行政機關或公務人員在面對外
界的資訊公開、揭露或提供之要求時，通常其決定的標準即
在於人、且因人而異；往往只有少數有權勢、有關係者得以
取得行政與政府之資訊一窺究竟，而無權無勢、無利害關係
可言之廣博公民大眾則無緣得知他們授權、繳稅促成的政府
行政機關之所作所為。

雖然如此，行政的公開化與政府資訊之公開果真施行
時，勢將遭遇各種困難與限制。例如，資訊與檔案是否屬秘
密、機密性質而公開與否，經常是模糊不清、無客觀標準，

須依賴公務機關以自由裁量加以判定；而行政機關與公務人員在面對這類情況時，多半傾向於採取較保守態度，主張維持行政相關過程、資訊、文件之秘密性而不對外公開，其理由不外乎擔心其將改變現有的公務機關決策與控制程序本質、資料外流或過程公開後將遭致批評與反對，而造成行政活動的癱瘓和正常機關功能的無法發揮、資料公開可能違反法令規章、以及外界可能不當運用來自公務機關的檔案和資訊而造成衝突、糾紛與施政的困難（吳定，1995）。此外，因行政資訊公開而造成對民眾隱私權的斲傷，亦是政府資訊公開化中必須嚴肅面對的議題（葉淑芳，1999）。為避免並消除以上這些困難與限制，行政公開化與政府資訊公開的法制化將扮演極其重要的角色。

二、政府資訊公開的原理、功能與目的

政府資訊為何需要公開？其公開的理由及可能造成的正面影響是什麼？林明鏘（1993，頁 19-21）曾指出，政府資訊公開之功能與目的包括：(1)促進行政的透明化，以杜絕政府決策的黑箱作業、創造民眾與政府機關共同討論的基礎、爭取人民對於政府最後決策的認同與支持；(2)滿足人民知之權利，以符合我國憲法第二十二條所規定之人民應受保障的人格基本權；(3)有效利用行政資訊，使民眾得以充分運用行政機關在日常業務中所蒐集之大量且與民眾生活和工作息息相關之資訊，以最大化行政資訊效用之發揮；(4)增強人民對行政之直接監督與控制，以彌補現代代議政治制度中國會監督與司法控制之不足，使行政權能夠被公民更直接且有效地監

督。筆者認為政府公開其資訊的原理、功能與目的可更完整呈現如下。

（一）消除資訊不對稱所造成的問題

　　根據經濟學的理論，交易與互動雙方擁有不等量之與交易和互動相關之重要資訊，即稱為「資訊不對稱」（information asymmetry）；一般而言，買方對於商品與服務的瞭解不如賣方，是屬於資訊弱勢的一方；而受託提供勞務或服務者較委託者更清楚自身在履行合約上的作為，是屬於資訊強勢的一方。

　　交易與互動雙方間的資訊不對稱將產生二種問題。資訊不對稱若是發生在交易前，將發生「逆向選擇」（adverse selection）的效應，亦即因為買方在購買或選擇前擁有商品品質的瞭解與資訊少於賣方，故買方將殺低價錢以儘量降低受到損失的風險，而此時因買方的出價過低，賣方會將較高品質的商品撤離市場，但買方亦將因此而將價錢殺的更低；如此惡性循環，最終將導致交易的失敗與市場的消滅。而資訊不對稱若是發生在交易後，則將發生「道德危害」（moral hazard）的問題，亦即在交易確定後，因為資訊的不對稱，賣方可能採行機會主義（Williamson, 1981）並採取若干不正當行為，而並未如交易前所約定的遞送買方所預期的商品或服務；且買方因為並不完全擁有相關資訊，故亦無法得知賣方的如此行為。

　　經濟學家指出，資訊不對稱所引起的問題之解決有賴於有效的誘因制度之設計（Jensen and Meckling, 1976; Moe, 1984; Pratt and Zeckhauser, 1985; Kettl,1993）；資訊較少的一方須設

計一套誘因制度以誘使資訊較多的一方揭露其所擁有的資訊
（以避免逆向選擇），或誘使資訊較多的一方採取符合資訊較
少一方期待的行為（以避免道德危害），以克服其資訊較少的
弱勢。此類誘因制度可包括加強資訊的透明化與加強信用的
應用（Cooter and Ulen, 1997）。資訊的透明化可以減少資訊的
不對稱性，例如股票上市公司需充分揭露其營運的財務狀
況；加強信用的應用亦可減少資訊的不對稱性所帶來的副作
用，其作法可以是應用第三者的信譽來為賣方做保證以獲得
買方的信任，亦可以是賣方本身累積信譽與信用，或以售後
保證的方式贏取買方的信任並促成合理交易的完成。

　　資訊不對稱的觀念亦可應用於公共事務上（Pack, 1989;
McAfee and McMillan,1988; Donahue, 1989; West, 1992; Kettl,
1993）。在公職人員的選舉中，選前可能因為選民對候選人的
資訊不足、瞭解不夠或不具信心，而導致「逆向選擇」的發
生，亦即相當比例的公民選擇在投票中缺席或投下廢票。在
選後，選民仍然處於資訊不對稱中的劣勢地位；雖然候選人
選前信誓旦旦地宣稱當選後將扮演好民眾受託者的角色，但
畢竟想知道、且能知道其在當選後真正作為的選民少之又
少，因此「道德危害」的效應不免產生，候選人當選後可能
違背當初的承諾，照樣貪污、瀆職。另外，在政府服務的契
約外包中，政府在簽約前即須充分瞭解包商的資格、能力、
商譽與承諾提供的服務和商品之規格，以避免「逆向選擇」
問題的發生；在簽約後，政府更應加強契約管理，充分獲知
包商在遞送約定服務或商品上的所作所為，以防止「道德危
害」效應的發生（Shiang, 1997）。

　　所以，身為人民的受託者，政府有必要揭露其行為（包括決策與行政）之相關資訊，以取得人民信任、避免上述逆向選擇效應的發生；同時，政府資訊之公開亦有助於避免因政府與人民之間的資訊不對稱所可能造成的道德危害問題。欲達成此些目的，政府資訊公開法制之建立似乎是唯一選擇。

（二）符合民主與憲政原則

　　政府向民眾公開其資訊的憲法基礎為何？一般說法是以人民的基本權利為立論基礎，亦即所謂憲法中所保障的「知的權利」（翁岳生 等，1985；李震山，2000）；我國憲法中雖未明文保障「知的權利」，但從憲法第十一條（人民有言論、講學、著作及出版等之表現自由）、以及第二十二條（人民之其他自由及權利，不妨害社會秩序公共利益者，均受憲法之保障）規定，可以引申得出「知的權利」應受憲法之直接保障，此權利係基於國民主權同時包含自由權與社會權之原理，為符合憲法精神、表現自由權利之形式之一。此外，依據國民主權原則，人民是國家權力的擁有者，人民將其權力委由國家機關執行、並監督其之執行，而人民監督國家機關執行權力的基礎與前提是必須有相關的資訊作為依據，故國家負有公開其資訊之義務。

　　政府受民眾託付處理公共事務，不過人民有知的權利，而政府有接受人民檢驗與監督的義務。基於此理由，本於公平、公正與公開的原則，政府的施政有必要透明化，使民眾得以正確的資訊監督政府。

（三）落實人民的參政權

我國憲法規定國民有參與國家政事之權利，包括選舉、罷免、創制、複決等權；故為確保人民此些權利之有效行使，政府應落實資訊公開（陳愛娥，2000）。此外，Jun（1986，頁21）指出民主行政的特徵之一為參與（participation），意指具民主性之行政體系將使組織外的廣大民眾得以參與行政機關之決策過程；公民參與亦屢屢為論者指為可實現民主與民主行政、可讓民眾瞭解政府施政方針，並在執行過程中得到來自民眾的聲音與意見，作為施政的參考。但若無即時、正確、充分之政府相關資訊以作為公民行使上述權利、以及參與政事之有效依據，則國民之參政權和民主行政之公民參與無異是空中樓閣，永無實現之日。因此，自憲法認可之人民基本權利而言，政府資訊之公開相當程度地影響人民參政權之落實與否（葉俊榮 等，1996）。

（四）使政府政策過程透明化、以利政策之被接受度

公眾批評（ public criticism）乃為現代公共行政之特質(張潤書，1995，頁32)，意指民主政府施政應以民意為依歸、並接受民眾之公評，且當民眾對政府產生不滿或疑慮時，政府須向外界提出說明與解釋，以取得民眾諒解與信任。Jun（1986，頁 19）指出民主行政的特徵之一為開放性（openness），亦即公務員不壟斷行政資訊、欺騙民眾或戕害民眾的權益。況且，往往政府與民眾間之溝通不良即在於公務機關敝帚自珍決策過程與結果相關資訊，使外界無從得

知、或若欲得知則須要求或請求行政機關被動地做解釋；此種宣導及公開程度的不足，造成行政效率不彰、人民對政府政策多所詬病。

　　人民往往因為不瞭解政策或政府的法令規定，而對行政機關產生誤解，這是資訊不公開產生的負面影響。政府與民眾間之溝通不但可以促進人民之間的團結、督促政府工作的改進、加強人民與政府之間的感情，更可以有效協助減少訊息的誤傳、制定合理的決策以滿足民眾的願望（吳定 等，1996，頁 465-467）。在「開放政府」（open government）（Perritt, 1997）中，行政資訊的公開實如無言的溝通，能減少政府與人民之間的誤會，並有助於糾紛的排解；政府和民眾溝通將更加頻繁，使政府施政更能切合民意；使民眾更有監督政府的能力，因而更能信任政府；因為資訊公開故能獲得民眾的正確反饋，依其反饋而修正的政策將更能為民眾所接受、更有機會產生預期之成效。

（五）提升政府施政之清廉程度

　　論者以為政府的公開性與行政倫理間實存有密切之關聯性（Hunt, 1995；Philippe, 1995）。吳瓊恩（1996，頁 10）指出，公共行政的獨特性質包括其受到高度的公共監督（public scrutiny）、以及公共組織具公開透明性（visibility），如生活在水族箱的魚兒一般須受外界無時無刻的檢驗與查核。政府資訊公開即可避免政府黑箱作業與機關人員的不法情事（鹽野宏，1998），使公務人員更加謹慎從事業務工作，也能鼓勵積極任事的態度，並排除敷衍塞責的惡習。

政府資訊公開不但可使政府施政更為透明化，行政人員和外界接觸將會更頻繁，更可促進民眾對施政的瞭解，且可達到程序上之公平與公正，使公務機關人員無法獨厚於與公部門熟悉之人員或團體。政府施政措施能受到民眾監督，減少政商勾結及利益輸送；政策、制度、計畫之形成、執行皆公開，不致發生機關或執行人員依個案不同而有標準不一之資訊揭露的處理方式（Bovens, Geveke and de Vries, 1995）；尤其在處理涉及人民權益、權利、義務之案件時，也不致因有權勢者或利益團體介入與關說而有差別待遇。

（六）提升政府行政效率與服務品質

政府機關資訊之公開對象非僅民眾，所有相關之公務機構亦將因此而受惠。不同機關間之資訊共享與共用，可避免時間、人力、經費之重複與浪費，並提升決策與服務之即時與正確性。搭配近年來逐漸成形之電子化政府架構與措施後，行政公開化與政府資訊公開，不但可有助於減少行政弊端，使民眾與政府間的關係趨於互信，更可藉由資訊交流之增進提昇行政效率並提高政府決策、行政與服務的品質。

（七）促進政府資訊的利用以提升國家社會競爭力

自從 Daniel Bell 於一九六０年代宣告後工業社會之來臨後（Bell, 1973），隨著近代新資訊科技與電腦和網路的發展與普及，論者們進一步提醒眾人資訊社會與知識經濟的出現（松田米次，1987；增田米二，1994；OECD，1996）。在以處理、生產資訊與知識、並以資訊與知識為主要經濟活動投入要素的新時代中，任何個人、組織、社會、國家欲保持競爭力與生產力，必須以最佳（及時、正確、充分）之資訊作為決策與行動之依據。而一國家的政府可說是該國最大的資訊蒐集者、生產者、擁有者與使用者，且其所處理之資訊大半與民眾之生活、工作、商業活動有密切的相關性；再加上現代資訊與通信之應用於資訊散佈（DeSanti, 1993；葉俊榮，1998），政府所擁有之資訊若可為外界與民眾及時、充分地利用、並產生加值作用，絕對有助於個人、組織、乃致於整體國家社會競爭力之提升。

三、我國目前的政府資訊公開法規與措施

　　早期我國並無一套專門法律用以規範行政資訊之公開事宜，而政府資訊公開之規定僅零星散見於其他與資訊無直接關聯之法令中；主要包括三類（翁岳生 等，1985，頁184-187）：

1. 直接涉及、影響人民權益而應主動公告之事項（消費者保護事項，如「農藥管理法」第二十六條、「化妝品衛生管理條例」第二十三條、「動物用藥品管理法」第三十條第一項第二款等；土地產權事項，如「土地法」第四十六條之三、第八十四條、第一百四十條、第一百五十二條、第二百二十七條、「農地重劃條例」第七條、第二十五條、「都市計畫法」第十九條、第二十八條等；預算決算等事項，如「預算法」第四十八條、「決算法」第二十八條等規定；公職人員選舉事項，如「公職人員選舉罷免法」第十八條）。

2. 允許特定利害關係人查閱、閱覽、抄錄、或交付之事項
（商業相關文件，如「商業登記法」第二十五條、「商標
法」第二十條；戶籍登記文件，如「戶籍法」第九條等）。

3. 由行政機關裁量公開之資訊（行政機關會議相關事項，
如行政院之「事務管理規則」第三百十四條；行政機關
民意調查結果，如「行政院所屬各機關民意調查作業要
點」第六項、第七項等）。

近年來，我國在資訊相關的立法上則稍有建樹。在「電
腦處理個人資料保護法」中，雖主要為保護個人隱私之法，
但亦已具資訊公開的概念與雛形。該法具有關於公報制度等
內容，規定人民可以索取其個人資料，且政府必須提供複本；
例如，第十二條規定「公務機關應依當事人之請求，就其保
有之個人資料檔案，答覆查詢、提供閱覽或製給複製本」，第
十條則規定保有民眾個人資料檔案的公務機關，應在政府公
報或以其他適當方式公告其擁有之個人資料檔案名稱、個人
資料之類別、範圍與蒐集方法，公務機關並應備置簿冊以公
告上列事項、並供查閱（第十四條）。

此外，我國尚有於民國八十八年初制訂生效、並已於民
國九十年一月一日開始施行之「行政程序法」，以及於民國九
十年二月由行政院及考試院會銜發布施行、屬行政命令之「行
政資訊公開辦法」；此二法規中含有政府資訊公開之相關內
容，規定行政機關持有及保管之資訊，以公開為原則、限制
為例外，且應主動公開，僅涉及國家機密者不在此限，因此
實已涵蓋大部分政府資訊公開法之內容。但是，行政程序法
與現正由立法院審議中之「政府資訊公開法」在位階與應用

上仍有衝突、模糊、待澄清之處（包國祥，1999a；1999b），
完整建構我國之政府資訊公開制度仍有賴於政府資訊公開法
之立法完成。

參、研究目的、問題與方法

吳定（1995）指出，欲在我國實踐行政公開化，吾人應
致力於兩大方向的努力：健全行政公開化的環境、並建立行
政公開化的法制。就健全行政公開化環境而言，除了呼籲民
眾應謹慎行使法律所賦予之相關權利外，吳定主張政府機關
應為行政與資訊公開化做好準備，包括整理分類公私文書、
建立完整的現代化行政資訊系統，並提醒公務員本身應對行
政與資訊公開持有正確的觀念、體認行政公開化是無可避免
的趨勢、敞開心胸歡迎民眾參與決策、並更加仔細處理保存
公務相關檔案和資料。在建立行政公開化的法制方面，吳定
更具體倡議我國應擬定「國家檔案法」、「行政程序法」、「行
政資訊流通法」、「隱私權法」，以實踐行政公開化。

事實上，十數年來經過相當多論者的呼籲，以及民眾對
於施政透明化與知的權利的實現之迫切需求，我國行政院終
於在八十八年五月通過法務部所提之「政府資訊公開法草
案」，送交立法院審議中，並促使立法委員鄭寶清等人亦提出
數項草案版本；縱然行政院版草案有許多值得商榷之處（林
明鏘，2000），但仍不失為我國在政府資訊公開立法進程上之
一大成就。而在本文撰稿期間，該法案仍未通過二、三讀之
立法程序。

　　政府資訊公開政策實較其他多數種類之公共政策與公務人員有著更密切的關係。國內目前可見的政府資訊公開制度的草案，包括行政院於八十八年五月十一日函請立法院審議之「政府資訊公開法草案」、以及分別由黃爾璇等三十五位立法委員、陳景峻等四十一位立法委員、和鄭寶清等四十七位立法委員於民國八十八年五月及十一月所提之三版本「政府資訊公開法草案」。以行政院之「政府資訊公開法草案」版本為例，其中之第三條謂：「本法所稱政府資訊，指政府機關保管或持有之資訊」，第五條謂：「本法所稱資訊，指存在於文書、圖畫、照片、磁碟、磁帶、光碟片、微縮片、積體電路晶片等媒介物及其他得以讀、看、聽或以技術、輔助方法理解之任何紀錄內之訊息。」第九條規定應公開之政府機關持有或保管之資訊內容包括：「條約、法律、緊急命令、命令、各機關有關法規之釋示、地方自治法規；政府機關之組織、職掌、地址及電話號碼；預算及決算；施政計劃；請願之處理結果及訴願之決定；合議制機關之會議記錄；依法應經特許之決定事項；業務統計；研究報告；資訊目錄等。」由此可見，政府資訊公開政策與一般行政人員日常公務的運作上有著相當大的關係；在此制度下，任一公務人員皆須改變以往的例行行事作法，以配合該政策的施行，這包括公務資訊的蒐集、整理、保存和散佈等工作，無一不與行政人員的日常工作息息相關。因此，在此法案的規畫、審議階段，立法者實有必要了解一般公務人員對此政策的看法與建議，以使日後政策的執行得以順利無阻。

　　是故，政府資訊公開政策實與為數眾多的公務人員之工作有密切相關，而該政策的規劃與研擬實須參酌公務人員的看法；然而，國內現存之研究並未能給予吾人此方面充分之指引。在資訊公開政策的有關論辯當中，最為詳盡的一項研究首推葉俊榮等人於民國八十五年由行政院研考會贊助完成之「政府資訊公開制度之研究」論文（葉俊榮 等，1996），其中探討政府資訊公開的理論、法源、各國政府資訊公開制度，以及我國各界對於政府資訊公開的看法與期待，可說是相當完備的一部論作。其曾探究行政機關處理相關資訊公開與取得的運作實況，並以問卷調查民間環保團體、和與律師們座談等的方式來探查民間資訊需求和對政府資訊公開的看法；但美中不足的是，該研究以及上述其他論著並未針對將來須執行資訊公開政策、與該政策將有密切關聯的一般政府機關公務人員作探討，發掘他們的意見，以供立法的參考。

　　雖然我國之立法制度中有公聽會的設計，但礙於身份與業務職責，一般公務人員並無法充分參與其中，他們的觀點自然無法於相關決策過程中適度發聲。有鑑於此，本研究對公務人員實施意見調查，以獲取他們對於我國政府資訊公開制度的見解與建議，並提供結果予立法決策人員作為參考。

　　政府資訊之公開可促進行政的透明化、滿足人民知的權利、有效利用行政資訊、增強人民對行政之直接監督與控制（林明鏘，1993）。然徒法不足以自行，資訊公開法草案固然有確立人民資訊請求權的意義，但其內涵之設計與規定無可否認地將居最重要地位。由於政府大規模資訊公開之法制化在我國實屬首創，未來如何於制度上妥為設計，以使其能有效因應我國特殊的環境需求，而得以順利無阻地推行，除將考驗立法人員之智慧外，也相當程度地取決於決策過程中立法人員能否取得並考慮更通盤、廣博的觀點與見解。

在各國的政府資訊公開制度中，一般較具爭議性的議題包括哪些是負有公開義務之政府部門、哪些是應公開的資訊、以及資料在經過分離的處理後是否可以公開（古清華，1993）。本研究將試圖回答下列問題：

主要研究問題：我國公務人員對於政府資訊公開政策及其制度設計之觀點與看法為何？

次要研究問題：我國公務人員對於以下有關政府資訊公開政策、制度設計、及相關議題的觀點與看法為何？

1. 政府擁有的資訊是否屬公共財？
2. 人民是否有權力請求政府提供政府所擁有的資訊？
3. 資訊公開請求權人的資格應不應有年齡的限制？
4. 政策決定過程及執行狀況的資料應否公開？
5. 公營事業的營運相關資訊是否應在公開之列？
6. 政府處理數位化資訊的電腦程式、軟體是否應公開？
7. 政府資訊公開制度建立後是否須新設主管機關？於現有機關中找尋適當者、賦予主管之責？或不設主管機關？
8. 人民取得政府資訊時之收費標準應如何訂定？
9. 政府資訊公開制度建立後是否將增加公務人員的工作量？
10. 在執行政府資訊公開制度時，公務人員是否擔憂將觸犯洩密罪？

　　政府資訊公開可落實民主、保障人民知的權利、增加國家競爭力（葉俊榮等，1996），但亦會增加行政成本。我國的機關文化向來以資訊不公開為原則，而資訊公開制度勢必增添公務人員在行政作業上之麻煩，且須調整其習慣以求適應新制。如今若更進一步以「主動」公開為原則，勢將對整體行政生態造成相當大的衝擊。故有必要於立法之前先行預測其影響所及，而本研究即有助於該現象之理解。

　　本研究之對象與分析單位為民國八十八、八十九年間參與公務人員在職進修之三百名左右的東海大學「公共行政研究班」學員。該班學員多為來自中部各縣市鄉鎮、省屬單位、以及中央政府單位之公務人員，職級多介於薦任六至九級，在政府服務的年資多為十數年之久，並多擔任低、中階主管職務，由其所屬單位推薦或自行爭取在該班修習政府行政相關最新知識與議題；此些學員實為熟嫻政府事務之經理級成員。

　　理想中，本研究主題應以全國的公務人員為研究對象。但基於時間、經費、與控制度、問卷回收率的考量，本研究改採正參與在職進修之公共行政研究班學員為研究對象。其結果雖不能完全代表國家全體的公務人員，但亦無積極理由或證據顯示此些學員與本國其他地區（北、南、東部）相同背景之公務人員於此主題上將有顯著的差異。因此，本研究之結果將足可呈現出公務人員對政府資訊公開制度的看法之大要與梗概，而將有助於立法與行政相關部門的參考和運用。

　　本研究之實證資料蒐集包括二方面。首先，以東海大學公共行政研究班學員名冊為抽樣架構，採系統抽樣方法隨機

選取十一位學員，於八十八年五月二十九日在東海大學省政
研究大樓舉行二小時的座談，以深入了解他們對相關議題之
看法。其次，本研究依文獻檢閱與焦點團體訪談結果，設計
並預試一份問卷，於八十九年五月份東海大學公共行政研究
班上課期間針對全體學員加以施測；共計發出 299 份問卷，
回收 293 份，經剔除無效問卷四份後共得有效問卷 289 份，
有效回收率為 96.7%。

肆、結果與討論

一、受訪者基本背景

在全體問卷調查之受訪者中，女性佔二成六，男性佔七
成四；近二成一的受訪者年齡為年滿 30 至 39 歲者，滿 40 至
49 歲者為五成六，滿 50 至 59 歲者則約佔二成二；其中女
性之年齡為 39 歲或以下者之比例（32.0%）明顯高於男性中
之年齡為 39 或以下者之比例（18.5%），而男性中年齡為 50
歲或以上者之比例（25.1%）則明顯高於女性中之該類年齡層
比例（12.0%）。三成五的問卷受訪者之最高學歷為專科畢業，
大學畢業者為六成二，高中職畢業或研究所畢業者為數相當
少；其中，年齡層越低者其教育程度傾向於越高。

在有資料可循的 196 人中，近三成一者為七職等公務人
員，三成八為八職等者，九職等者佔二成二，總計薦任公務
人員約為九成四，十職等或以上者佔六個百分比；其中，男
性中職等為簡任者之比例（8.1%）高於女性中為簡任者之比

例（0.0%），男性中職等為薦任八至九職等者之比例（64.4%）明顯高於女性中職等為薦任八至九職等者之比例（47.7%），而女性中職等為薦任六至七職等者之比例（52.3%）明顯高於男性中職等為薦任六至七職等者之比例（27.5%）。五成四的受訪者擔任主管職，六個百分比擔任副主管職，擔任非主管職者則佔四成，其中男性擔任主管之比例（59.1%）明顯高於女性中擔任主管之比例（40.5%）。

二、受訪公務人員對於政府資訊與其之公開的觀點

　　受訪的公務人員是否瞭解行政院之「政府資訊公開法草案」內容？在全體問卷調查之有效受訪者中，如圖一所示，對於「政府資訊公開法草案」表示還算瞭解者僅約一成九，而有近三分之二者表示不怎麼瞭解、一成八受訪者甚至表示非常不瞭解該法案之內容。其中，男性受訪者表示還算瞭解「政府資訊公開法草案」之比例（21.8%）似乎略高於女性受訪者中表示還算瞭解者（10.7%）；而相對的，女性受訪者表示其不怎麼瞭解該草案內容之比例（74.7%）則多於男性受訪者中表示不怎麼瞭解者（59.7%）。職等為薦任八至九等者表示還算瞭解該草案內容者之比例（22.9%）明顯高於簡任十至十四職等者（8.3%）及薦任六至七職等者（10.6%）；職等為薦任六至七等者表示不怎麼瞭解該草案內容者之比例（78.8%）明顯高於簡任十至十四職等者（58.3%）及薦任八至九職等者（54.2%），而職等為簡任十至十四職等者表示非常不瞭解者之比例（33.3%）則明顯高於其他職等者。

　　其次，受訪的公務人員是否認為政府在施政過程中所蒐

集、處理、產生、因而保有的資訊與文件屬於「公共財」？如圖二所示，二成七的受訪者認為其絕對屬於公共財，六成二者主張其算是公共財，認為其不算是或絕對不是公共財者約佔一成一。其中，男性受訪者表示其絕對屬於公共財者之比例（30.8%）略高於女性受訪者中表示絕對屬於公共財者（17.3%）；兩性中表示其算是公共財者之比例者大致相同，皆為約六成二左右；而相對的，女性表示其不算是公共財者之比例（18.7%）則多於男性中之比例（7.6%）。

　　此外，受訪的公務人員是否認為人民有權利請求政府提供其所擁有的資訊？近四分之一的受訪者認為，人民絕對有權利請求政府提供政府所擁有的資訊，七成三主張人民應該是有此種權利，如圖三所示，僅有約二個百分比的受訪者認為人民應該沒有此種權利。其中，認為政府在施政過程中所蒐集、處理、產生、因而保有的資訊與文件絕對屬於公共財者中，半數（50.0%）亦認為人民絕對有權利請求政府提供其擁有的資訊，遠高於認為政府資訊算是或不是屬於公共財者（分別為 16.3%和 6.3%）；而認為政府資訊不算是或絕對不屬於公共財者中則有較高比例（12.5%）主張人民應該沒有權利請求政府提供資訊。

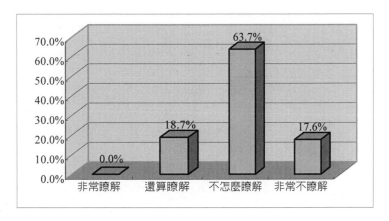

圖一　【在今天以前，您瞭解行政院之「政府資訊公開法草案」內容嗎？】
結果圖（n=289）

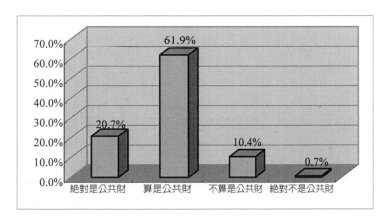

圖二　【您認為，政府在施政過程中所蒐集、處理、產生、因而保有的
資訊與文件，是否屬「公共財」？】結果圖（n=289）

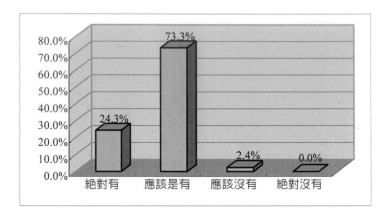

圖三 【您認為，人民是否有權力請求政府提供政府所擁有的資訊？】
結果圖（n=288）

三、應公開之政府資訊種類

在我國的政府資訊公開制度中，與決策、意思形成過程有關之機關內部審議會簽意見、建議文書、計畫文件、說明報告等文件，是否應在決策作成之前公開？如圖四所示，受訪的公務人員中，認為不應該或絕對不應該在決策作成之前公開者佔總數的三分之二；受訪者多表示，在依法行政與法律保留下，政策的制訂應該是透明且可接受公評的，然在形成決策前之會簽等決策過程內部意見的公開將造成不必要的困擾，應予保護不公開。而三分之一的受訪者則主張應該或絕對應該在決策作成之前公開。至於此類於決策過程中所產生之文件是否應在決策作成之後公諸於世，則有三分之二者主張應該或絕對應該公開，三分之一者認為不應該或絕對不應該加以公開。其中，主張決策之前不應公開相關資訊者中，有近六成（59.7%）主張在決策之後則應向民眾公開，四成仍主張不應公開。此外，對於政府資訊公開法草案內容表示愈不瞭解者，似乎亦愈不主張政府在決策作成之後將相關過程資訊公諸於世。

其次，公營事業機構之營運資訊（除涉及商業、技術秘密者）是否應對民眾公開？如圖五所示，九成的受訪者認為此類資訊應該或絕對應該對民眾公開，佔絕大多數；主張不應該或絕對不應該公開者僅為一成。其中，男性表示公營事業機構營運資訊絕對應該對民眾公開之比例（17.1%）略高於女性中表示絕對應向民眾公開者（10.7%）；兩性中表示此類資訊應該對民眾公開之比例大致相同，皆為約七成五左右；而相對的，女性表示公營事業機構營運資訊不應該對民眾公開之比例（14.7%）則稍多於男性中之比例（5.2%）。此外，認為政府資訊應該不屬於公共財的受訪者中，有最高的比例主張公營事業機構營運資訊不應該對民眾公開；而認為政府資訊絕對屬於公共財的受訪者中，則有最高的比例主張公營事業機構營運資訊應該對民眾公開。而且，認為人民絕對有權利請求政府提供資訊的受訪者中，有最高的比例主張公營事業機構營運資訊應該對民眾公開；而認為人民應該沒有權利請求政府提供資訊的受訪者中，則有最高的比例主張不應該將公營事業機構營運資訊公諸於世。

此外，政府處理數位化資訊而自行開發或委託開發之電腦軟體程式，是否應隨著其所處理之相關資訊的公開而公開？其非資訊，但卻是解讀政府提供的電磁形式資訊所必備

的工具。如圖六所示，近三分之二（六成四）的受訪者認為
應該或絕對應該公開，佔大多數；三成六者主張不應該或絕
對不應該對外公開。其中，認為政府資訊應該不屬於公共財
的受訪者中，有最高的比例主張相關電腦軟體程式不應該對
民眾公開。

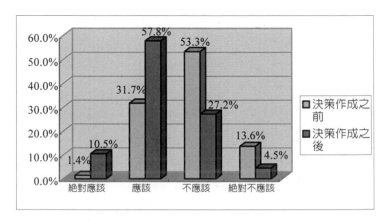

圖四　【您認為，與決策、意思形成過程有關之機關內部審議簽會意見、
建議文書、計畫文件、說明報告等文件，是否應在決策作成前後公開？】
結果圖（n 皆為 289）

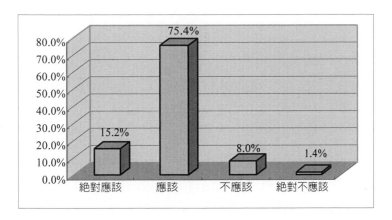

圖五　【您認為，公營事業機構之營運資訊（除涉及商業、技術秘密者）
　　　是否應對民眾公開？】結果圖（n=289）

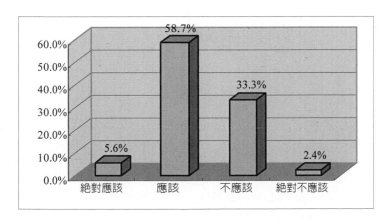

圖六　【您認為，政府機關自行開發或委託開發之電腦軟體程式，是否
　　　應隨著其所處理之相關資訊的公開而公開？】結果圖（n=288）

四、因應資訊公開之組織建置與相關規定

在我國的政府資訊公開制度中，各級政府應如何設置主管機關以監督、報告、裁決政府資訊公開之相關事務？如圖七所示，各約有七成五左右的受訪者主張中央政府、各直轄市或各縣市政府應於現有機關中找尋適當者以賦予主管之責；各約有一成五左右的受訪者主張中央政府、各直轄市或各縣市政府不須設主管機關，而由各機關自行辦理；亦各有八個百分比上下的受訪者認為各級政府應為此新任務新設主管機關。

其次，就各機關而言，政府資訊公開制度之施行是否需要創設專責單位負責資訊公開業務的處理？或由各業務承辦人兼辦？如圖八所示，大部分（七成二）的受訪者主張應指定機關內部一專責單位負責，一成一者主張由各業務承辦人兼辦，另有一成七的受訪者主張以上兩者併行。

此外，政府機關在提供資訊時之收費標準應如何訂定？如圖九所示，三分之一者認為應由中央政府統一訂定收費標準，僅約百分之七的受訪者主張應交由各機關自行訂定，六成的問卷受訪者主張應由中央政府訂定，再由各機關訂定收費施行細則。受訪者進一步指出，費用數額可由中央政府訂立上下限，再由各機關視其個別情況訂定收費標準。

若一政府機關提供之資訊為錯誤的或過期的資訊，因而造成使用該資訊的人民權益受損時，該行政機關是否應受到懲罰？如圖十所示，一成的受訪者認為絕對應該訂定相關罰則，另約七成受訪者主張應對該行政機關加以處罰，總計約八成的公務員認為應有相關罰則以維護民眾的權益；但亦有

近二成者持否定的態度，認為不應該或絕對不應對該行政機關加以處罰。

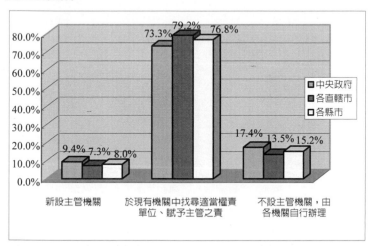

圖七　【政府資訊公開制度建立後，中央政府、各直轄市、各縣市應如何設置主管機關以監督、報告、裁決政府資訊公開之相關事務？】結果圖（中央政府，n=288；各直轄市，n=288；各縣市，n=289）

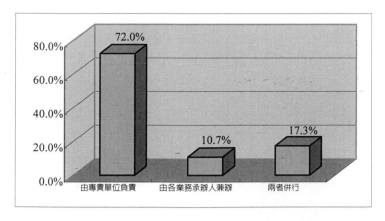

圖八　【政府資訊公開制度建立後，各機關是否需要有專責單位負責資訊公開業務的處理？或由各業務承辦人兼辦？】結果圖（n=289）

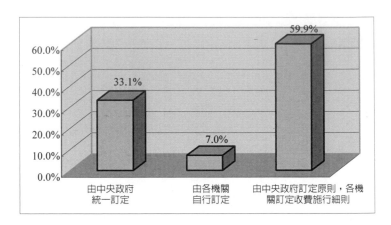

圖九　【您認為，對於資訊請求人之資訊提供收費標準應如何訂定？】
結果圖（n=287）

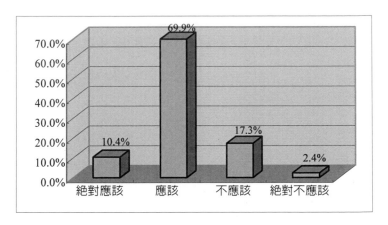

圖十　【若政府機關提供之資訊為錯誤的或過期的資訊，因而造成人民
權益受損時，是否應訂定對該行政機關的罰則？】結果圖（n=289）

五、申請者之資格限制與違法使用之罰則

請求政府提供其資訊者之年齡上的資格為何？是否應有年齡限制？近四分之一的受訪者認為，對於請求政府提供其資訊者，不應該有年齡上的資格限制，如圖十一所示；其餘七成六的受訪者則主張應該有年齡上的限制，其中近七成者主張滿二十歲者方有權利請求政府提供資訊，約三成主張滿18 歲者即具申請資格。

其次，當民眾向政府機關提出請求提供政府資訊之申請時，是否需要聲明申請該項資訊之用途或目的？如圖十二所示，二分之一的受訪者主張，當民眾向政府機關提出請求提供政府資訊之申請時，有需要聲明申請資訊之用途或目的，三分之一者認為絕對有需要，總計超過八成的受訪者認為政府資訊申請者有必要聲明申請資訊之用途或目的；主張沒有需要或完全沒有需要者則佔總數之一成六。

而資訊請求人使用申請取得之政府資訊以作為犯罪工具或手段時，應否加重其刑責？如圖十三所示，四成六的受訪者主張絕對應該加重其刑責，四成四的受訪者主張應該加重，總計有九成者認為應該或絕對應該加重其刑責，僅有一成的受訪者認為不應該或絕對不應該加重。其中，受訪者之教育程度在專科或以下者中主張應該或絕對應該加重刑責之比例（95.2%）明顯高於教育程度在大學或以上者持同樣主張之比例（86.7%）。

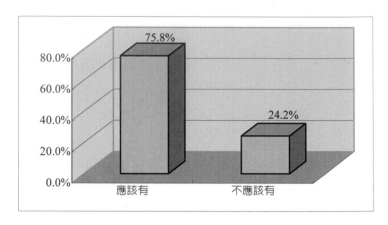

圖十一　【您認為，可以請求政府提供其資訊者是否應有年齡限制？】

結果圖（n=289）

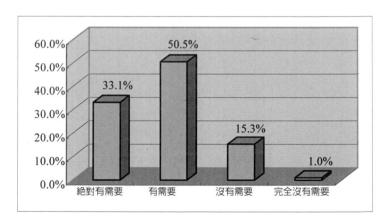

圖十二　【當民眾向政府機關提出請求提供政府資訊之申請時，是否需

要聲明申請資訊之用途或目的？】結果圖 (n=287)

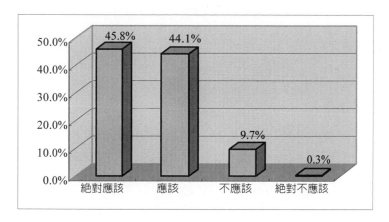

圖十三　【資訊請求人使用申請取得之政府資訊作為犯罪工具或手段時，應否加重其刑則？】結果圖（n=288）

六、政府資訊公開制度可能產生的影響

政府資訊公開制度建立後，一般政府公務人員或受訪者個人的業務量是否將會因而增加？如圖十四所示，六成三的受訪者認為整體政府公務人員的業務量會增加一些，二成七者認為會增加許多，近一成認為並不會增加政府公務人員的業務量。對受訪者個人而言，有稍微較少比例之受訪者認為自己的業務量會增加許多，有稍微較多比例之受訪者認為自己的業務量不會增加；總計仍有六成三者回答說自己的業務量會增加一些，而有二成一者認為將增加許多；近一成三者認為自己的業務量將不會增加，高於認為整體公務人員業務不會增加的比例。

　　其次，受訪者多表示，資訊公開可使政府政策透明化，是值得推行的工作，但資訊公開之後會有大量的政府資訊之申請，且經常需更新資料，故機關與人員將花費很多人力於此，恐會使原本工作負荷量極大的行政人員，更增加其工作份量與壓力。

　　此外，在執行政府資訊公開制度時，公務人員是否擔憂其可能觸犯違背職務的洩密罪？如圖十五所示，四成八的受訪者表示會有一點擔心，一成六者認為會很擔心，表示不怎麼會擔心或完全不擔心者分別為二成八與約一成；此顯示三分之二的受訪者表示擔心在執行政府資訊公開制度時會觸犯違背職務的洩密罪。其中，認為政府資訊應該不屬於公共財的受訪者中，有最高的比例表示會很擔心觸犯洩密罪；而認為政府資訊絕對屬於公共財的受訪者中，則有最高的比例表示完全不擔心會觸犯洩密罪。一位受訪者對此表示，「會擔心觸犯職務上之洩密罪嫌，如觸犯刑責，一生名譽即留下污點，終生遺憾」。

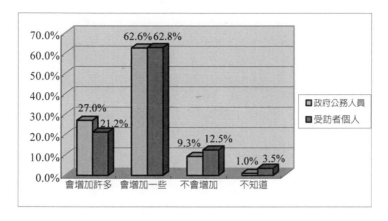

圖十四　【您認為，政府資訊公開制度建立後，政府公務人員／您個人的業務量是否會因而增加？】結果圖（政府公務人員，n=289；個人，n=288）

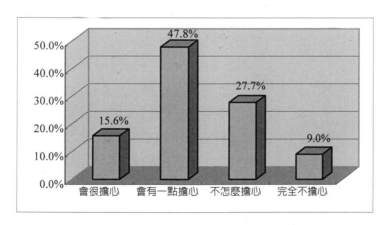

圖十五　【在執行政府資訊公開制度的同時，您擔不擔心會觸犯了違背職務的洩密罪？】結果圖 (n=289)

七、公務人員對於政府資訊公開制度之肯定、隱憂與建議

藉由焦點團體座談、以及問卷調查中之開放性問題回答中，本研究得知公務人員對於政府資訊公開制度之施行抱持之正負面看法、隱憂以及建議，分述如下。

（一）正面看法

受訪者認為政府資訊公開的正面的意義與影響包括以下方面：

1. 資訊公開使決策過程透明化，可避免政府決策黑箱作業及不當利益輸送、減少特權關說及政商勾結；
2. 人民有權要求調閱相關文件、資訊，為我國政府施政之一項突破，在未來資訊發達時代，亦是一種趨勢；
3. 行政人員之政策制訂、執行，將更謹慎行事、更審慎負責；行政人員會因資訊公開而可能面對眾多內行人，因而必須更謹慎，辦事不能馬虎，但相對的會造成壓力；
4. 增進公務人員依法行政程度，提高工作投入感與責任心，可較不受長官的壓力與人情的包圍，對守法的公務行政人員會是鼓勵與肯定，可提昇行政處理之效率；
5. 讓民眾清楚決策過程與未來發展，使民眾與政府間的關係趨於互信；
6. 增加政府與人民之間溝通的管道，使人民更瞭解政府，瞭解政府為民眾做了哪些事情，減少施政阻力，進而提升效能；
7. 增進行政上及程序上之公平正義，使獨厚於與公部門熟

悉之人員或單位的情形降到最低；

8. 各項措施會立即引起關注與回應，對政府實施具監督效果，錯誤的決策能及時修正。

（二）負面影響與隱憂

而受訪者認為政府資訊公開的負面影響與隱憂則包括以下方面：

1. 政府資訊公開制度施行後，可能造成政府制定政策時，會受許多關說壓力，需應付相關利害關係人的杯葛及關說，而延宕決策效率；而資訊公開後，因正反意見皆公諸於世、相互競爭，亦可能因而延遲決策過程與時間；

2. 行政人員可能無所適從，而且如果任何資訊都可以公開，則造成行政人員無限量的工作；

3. 資訊公開之措施，如未周全規劃，很可能民眾使取得資訊困難或不正確，而行政人員亦有觸法之顧忌而不願提供；

4. 資訊公開可能被不肖份子利用，民眾利益將受損，政府公信力將受影響；

5. 將增加行政人員之工作負擔、工作量及執行困擾與困難，將影響正常業務處理；人民亦可能濫用此法，要求政府提供各種資訊，造成行政人員之額外工作負擔；

6. 對於行政人員，無可避免的會產生洩密罪之困擾；資訊公開之界限範圍不易界定，洩密之責任歸屬難釐清；

7. 因業務性質各異，資訊公開恐不易全面流通，或資訊公開程度可能隨機關功能而異；

8. 人民將更瞭解政府的運作內容，公務員可能動輒得咎；

9. 資訊公開後，政府機關和行政人員作決策時必先考慮決策過程公開化的後遺症，致使可能趨向保守而不願作大幅度改革的建議，或對於人民企盼的政策不願提反對或限制意見。

（三）建議

部分受訪者作出如下建議：

1. 資訊公開化是時代趨勢，應及早實施；

2. 目前我國對資訊公開的法律不明確，容易造成行政人員洩密的危機、容易觸法，故在資訊公開之前應先訂立明確的法律；明訂資訊公開制度准予提供之範圍，避免模糊規定，俾讓基層公務員能便利執行目前我國對資訊公開的法律不明確，容易造成行政人員洩密的危機、容易觸法，故在資訊公開之前應先訂立明確的法律；明訂資訊公開制度准予提供之範圍，避免模糊規定，俾讓基層公務員能便利執行；

3. 政府對於有關公務人員違背職務洩密罪的認定標準及相關法令應重新檢討；對於行政人員，無可避免的會產生洩密罪之困擾，所以相對的刑法中違背職務洩密罪法條亦應一併檢討修正；資訊公開之事務其可公開之程度應明確定之，以免承辦人員有洩密之疑慮，甚至不小心觸法；

4. 應統一由中央明確認定能公開的業務資訊種類，再由基層地方執行機關，就其業務職掌之資訊範圍、公開後可能造成之影響，具體劃分公開與不公開之業務資訊範圍；

5. 制度宣導似乎不夠普遍，施行後應有訓練宣導期間；

6. 為免人民惡意使用，人民法律基本素養、民主素養之培育，應是首要的要件；

7. 有些機關認為不方便公開的資訊，機關會想辦法以技術性的理由拒絕公開，所以必須事先請各機關提出適合公開與暫時保密的資訊，以事前區別，亦即必須容許階段性的保密；

8. 有關國防、治安上重要資訊應嚴格管制公開的程度，以免影響國防安全及治安顧慮；

9. 政策、制度、計畫之形成、執行皆應公開，以免機關或執行人員因民代或利益團體介入而依不同方式處理個案，尤其是涉及人民權益、權利、與義務的案件；

10. 主管機關應明確設置，由何單位人員辦理亦明確訂定，避免爭功諉過；

11. 各機關應設專責管理單位，俾利事權統一、資訊更新之掌握；

12. 將公開法實施內容、作法及配合事項，讓公務人員明確清晰地瞭解，可避免公開時將產生之困惑與疑慮，並應訂定周全的公開標準與管制措施；

13. 公務員本身需具備相關的專業知識、技能及法律素養，以應付隨時可能產生的問題；

14. 政府資訊公開制度法草案需廣開公聽，廣納各機關單位意見及諮詢專家、學者、民眾之意見後再仔細、詳細的規劃立法原則、方向等；

15. 政府資訊除應申請外，提供資訊單位應確實檢視資訊是否正確，以防引用錯誤資訊造成人民誤判與損失，並應謀補救之道；

16. 行政機關可能有相當比例的人員，須有行政法的專業素養，法制單位更形重要；

17. 建立相關資訊系統，方能減輕作業負擔。

伍、結論、建議與未來研究方向

一、結論

　　為消除資訊不對稱所造成的問題、符合民主與憲政原則、落實人民的參政權、使政府政策過程透明化以提高決策之被接受度、提升政府施政之清廉程度、提升政府行政效率與服務品質、並促進政府資訊的利用以提升國家社會競爭力，在二十一世紀初的我國，實有必要施行全國性的政府資訊公開制度。而在過去公務機關常以缺錢、缺人手、資料過多為由抗拒其資訊之揭露，但在電腦與網際網路等現代資訊科技發達的知識經濟時代中，此些理由皆已不再具說服力；為實現「電子化」、「小而能」的再造政府，公共政策決策及公務機關施政過程與結果皆應主動透明化，以作為具回應性、負責任之現代政府。

　　在經過針對中、低階公務人員的問卷調查與焦點團體座談後，本研究獲知，在行政院通過法務部所提之「政府資訊公開法草案」並將其送交立法院審議多時後，超過八成的公務人員表示對於該草案內容不怎麼瞭解或完全不瞭解；近九成的公務人員認為政府在施政過程中所蒐集、處理、產生、因而保有的資訊與文件屬於「公共財」，更有高達九成八公務人員認為人民絕對有或應該有權利請求政府提供政府所擁有的資訊。在應公開之政府資訊種類方面，三分之二的公務人員認為不應該或絕對不應該在決策作成之前公開與決策、意思形成過程有關之機關內部審議簽會意見、建議文書、計畫文件、說明報告等文件，但在決策作成之後是否應公開？則有三分之二者持肯定的態度；九成的受訪者認為公營事業機構之營運資訊（除涉及商業、技術秘密者）應對民眾公開，近三分之二（六成四）的受訪者主張政府處理數位化資訊而自行開發或委託開發之電腦軟體程式，亦應隨著其所處理之相關資訊的公開而公開。

　　在因應資訊公開之組織建置與相關規定方面，約有七成五左右的受訪者主張中央政府、各直轄市或各縣市政府應於現有機關中找尋適當者賦予主管之責，以監督、報告、裁決政府資訊公開之相關事務；就各機關而言，七成二的受訪者主張政府資訊公開制度中應指定機關內部一專責單位負責資訊公開業務的處理；六成的問卷受訪者主張政府機關在提供資訊時之收費標準應由中央政府訂定，再由各機關訂定收費施行細則；而若一政府機關提供之資訊為錯誤的或過期的資訊，因而造成人民權益受損時，約八成的公務人員認為應有相關罰則，對該行政機關加以處罰，以維護民眾的權益。而對於政府資訊申請者之資格限制與違法使用之罰則，七成六的受訪者主張請求政府提供其資訊者應該有年齡上的限制，且其中近七成者主張滿二十歲者方有權利請求政府提供資訊；超過八成的受訪者認為政府資訊申請者有必要聲明申請資訊之用途或目的，且有九成的公務人員認為資訊請求人使用申請取得之政府資訊以作為犯罪工具或手段時，應該或絕對應該加重其刑責。在政府資訊公開制度可能產生的影響方面，九成公務人員認為政府資訊公開制度建立後，整體政府公務人員的業務量會增加一些或增加許多，僅八成四的受訪者認為自己個人的業務量會增加一些或增加許多；三分之二的受訪者表示在執行政府資訊公開制度時會擔心觸犯洩密罪。

公務人員認為，政府資訊公開制度施行之後，政府一切施政及作為皆透明化、公開化，可降低行政機關及行政人員做出不法事情的機會、避免黑箱作業、舞弊情事的產生，如此不但可以減少施政的黑暗面，對於澄清吏治、端正政風幫助更大。此外，政府決策、計畫、執行等各項業務的透明化，還可落實人民知的權利，使其對政府的施政及績效有所瞭解，且有助於行政效率與服務品質的提升。

而政府資訊公開制度雖被認為具良善的初衷與目的，但也如同任何其他公共政策一般有可能導致負面影響。公務人員們的關切莫過於「政府資訊公開法」的施行細則及其他相關配套措施的訂定，這主要包括可公開之資訊的認定問題、以及針對洩密罪之虞一併檢討修正刑法中違背職務洩密罪法條。

二、建議

制定與施行資訊公開制度時，相關配套措施亦應一併考量，如相關法令之修訂等。例如公職人員財產申報法第16條中說明，欲查詢有關財產申報資料者，僅得閱覽，不可將資料攜出場外，也不可以抄錄、攝影或影印；又例如訴願法第75條、行政訴訟法第96、97兩條、電腦處理個人資料保護法等法規，可能都與資訊公開法的內涵與意義上相扞格。因此，資訊公開制度與任何其他法律相衝突的情形首應納入立法者的重要考量，以免發生因其他法律未修改或接軌問題而造成無所適從的窘境。

其次，公務人員認為資訊公開法草案中所指涉之資訊與機密，與行政人員日常接觸處理的業務單位機密之間存有實質上的差異性。每一機關的環境、工作與立場、背景皆不盡相同，在政府資訊公開制度中，或可統由中央機關明確規定業務資訊能否公開之原則與標準，再交由各業務機關考量其機關的屬性、及業務職掌範圍內之資訊公開後可能造成之影響，由機關單位劃分公開與不公開之業務與資訊範圍。

而在執行政府資訊公開時，每一機關應設置單一窗口，作為一個對口單位，負責受理申請、對內對外聯繫協調、和發生疑義事項時之處理。政府機關亦應設置整合之資訊系統，使有效處理、儲存、傳遞資訊，並定期確實檢視資訊之正確性，以防提供錯誤資訊而造成人民誤判與損失。

最後，公務人員應該建立現代化資訊公開的概念，民眾亦應建立政府資訊應用的正確認知（林素鳳，2000），唯有如此，政府資訊公開的理想世界方得以實現。

三、未來研究方向

　　更進一步的研究是必要的。首先，公開之資訊的範圍與定義究應為何？合法公開與洩密之釐清，此乃公務人員最關心者；其次，主管資訊公開之機關、單位應如何設置方能發揮最大效能？第三，資訊公開後是否如多數論者與公務人員所預期將帶來正面效應等，皆有待學界之探討與瞭解。

參考書目

中文部份：

王郁琦，民國 85 年，〈政府資訊公開法制與ＮＩＩ建設〉，《資訊法務透析》，頁 19-25。

包國祥，民國 88 年 a，〈行政程序法適用範圍之研究–論資訊公開及行政救濟之法律競合（上）〉，《司法周刊》，第九五五期，第三版。

包國祥，民國 88 年 b，〈行政程序法適用範圍之研究–論資訊公開及行政救濟之法律競合（下）〉，《司法周刊》，第九五六期，第三版。

古清華，民國 82 年，〈資訊化社會中政府資訊公開之理論與問題初探〉，《資訊法務透析》，頁 24-39。

吳定，民國 84 年，〈論行政公開化的必然趨勢〉，《銓敘與公保月刊》，第五卷第五期，頁 9-15。

吳定、張潤書、陳德禹、賴維堯，民國 85 年，《行政學（二）（修訂版）》，台北縣：空大。

李震山，民國 89 年，〈論人民要求政府公開資訊之權利與落實〉，《月旦法學雜誌》，第 62 期，頁 35-46。

吳瓊恩，民國 85 年，《行政學》，台北市：三民書局。

松田米次，洪榮昭 譯，民國 86 年，《21 世紀的資訊社會：電腦理想國的省思（The Information Society as Post-Industrial Society）》，台北市：幼獅文化。

林河名，民國 85 年，《電子化政府與資訊公開：政府資訊公開電子化問題初探》，台北市：東吳大學法律學系碩士論文。

林明鏘，民國 82 年，〈公務機密與行政資訊公開〉，《臺大法學論叢》，23 卷 1 期，頁 51-86。民國 89 年，〈資訊公開與行政程序〉，《月旦法學雜誌》，第 62 期，頁 46-57。

法治斌，民國 74 年，〈知的權利〉，《憲法專論》（一），國立政治大學法律學系法學叢書（23），頁 272-287。

林素鳳，民國 89 年，〈日本的政府資訊公開法制〉，《月旦法學雜誌》，第 62 期，頁 57-69。

翁岳生 等，民國 74 年，《資訊立法之研究》，行政院研考會研究計畫報告，研究主持人：翁岳生，研究員：沈柏齡、蘇永欽，民國八十三年七月初版二刷，台北市：行政院研考會。

張潤書，民國 84 年，《行政學概要》，民國八十四年四月初版二十四刷，台北市：五南圖書。

陳愛娥，民國 89 年，〈政府資訊公開法制的憲法基礎〉，《月旦法學雜誌》，第 62 期，頁 24-35。

鹽野 宏，林素鳳 譯，民國 87 年，〈日本的政府資訊公開（情報公開）法制〉，《月旦法學雜誌》，第 40 期，頁 24-35。

焦興鎧，民國 73 年，〈行政機構資訊之公開及限制——美國現行資訊自由法之研究〉，《政大法律評論》，第 29 期，頁 97-133。

葉俊榮 等，民國 85 年，《政府資訊公開制度之研究》，台北市：行政院研考會。

葉俊榮，民國 87 年，〈邁向「電子化政府」：資訊公開與行政程序的挑戰〉，《經社法制論叢》，第 22 期，頁 1-35。

葉淑芳，民國 88 年，《行政公開之研究——以隱私權益之保障為中心》，國立中興大學法律學系碩士班碩士論文。

增田米二（Yoneji Masuda），游婉娟 譯，民國 83 年，《資訊地球村（Managing the Information Society）》，台北市：天下文化。

鄭瑞城 等，民國 78 年，《建構健全資訊社會之政策與法制研究》，台北市：行政院經濟建設委員會健全經社法規小組。

英文部分：

Bell, Daniel, 1973, The Coming of Post-Industrial Society: A Venture in Social Forecasting, New York: Basic Books.

Bovens, M.A.P., H.G. Geveke and J. de Vries, 1995, "Open Public Administration in the Netherlands: the Politics of Leaking," International Review of Administrative Sciences, Vol. 61, pp. 17-40.

Cooter, Robert and Thomas Ulen, 1997, Law and Economics, 2nd ed., Reading, Mass.: Addison-Wesley Educational Publisher Inc.

DeSanti, Vincent M., 1993, "A Policy Framework on the Dissemination of Government Electronic Information: Some Remarks," Government Information Quarterly, Vol. 10, No. 2, pp. 255-260.

Donahue, John D., 1989, The Privatization Decision: Public Ends, Private Means, New York: Basic Books.

Hunt, Michael, 1995, "Openness and Civil Service Ethics," International Review of Administrative Sciences, Vol. 61, pp. 11-16.

Jensen, Michael and William Meckling, 1976, "Theory of the Firm: Managerial Behavior, Agency Costs, and Ownership Structure," Journal of Financial Economics, 3(4): 305-360.

Jun, Jong S., 1986, Public Administration: Design and Problem Solving, NY: Macmillan.

Kettl, Donald, 1993, Sharing Power: Public Governance and Private Markets, Washington, D.C.: The Brookings Institute.

McAfee, R. Preston and John McMillan, 1988, Incentives in Government Contracting, Toronto: University of Toronto Press.

Moe, M. Terry, 1984, "The New Economics of Organization," American Journal of Political Science, Vol. 28, pp. 739-777.

OECD, 1996, The Knowledge-Based Economy, Paris: OECD.

Pack, Janet Rothenberg, 1989, "Privatization and Cost Reduction," Policy Sciences, Vol. 22, pp. 1-25.

Perritt, Jr., Henry H., 1997, "Open Government," Government Information Quarterly, Vol. 14, No. 4, pp. 397-406.

Pratt, John W. and Richard J. Zeckhauser, 1985, "Principal and Agents: An Overview," in Principals and Agents: the Structure of Business, John W. Pratt and Richard J. Zeckhauser (eds.), Boston: Havard Business School Press.

Shiang, Jing, 1997, "Successful Contracting: Governmental Policy and Its Effects on Contractor Performance," Chinese Political Science Review（政治學報）, Vol. 28, pp. 111-139.

West, Stephanie Anne, 1992, Essays on Asymmetric Information in Government Contracting, doctoral dissertation, Blacksburg, VA: Virginia Polytechnic Institute and State University.

Williamson, Oliver E., 1981, "The Economics of Organization: The Transaction Cost Approach," American Journal of Sociology, Vol. 87, No. 3, pp. 548-577.

國家圖書館出版品預行編目

數位化治理與資訊政策／項靖著. -- 一版
臺北市：秀威資訊科技, 2005[民 94]
面 ； 公分. -- 參考書目：面
ISBN 978-986-7263-17-9（平裝）
1. 數位化政府
2. 電子化政府

572.9029 94003970

社會科學類 AF0023

數位化治理與資訊政策

作 者 / 項靖
發 行 人 / 宋政坤
執 行 編 輯 / 林秉慧
圖 文 排 版 / 張慧雯
封 面 設 計 / 羅季芬
數 位 轉 譯 / 徐真玉　沈裕閔
圖 書 銷 售 / 林怡君
網 路 服 務 / 徐國晉
出 版 印 製 / 秀威資訊科技股份有限公司
　　　　　　台北市內湖區瑞光路 583 巷 25 號 1 樓
　　　　　　電話：02-2657-9211　　　傳真：02-2657-9106
　　　　　　E-mail：service@showwe.com.tw
經 銷 商 / 紅螞蟻圖書有限公司
　　　　　　台北市內湖區舊宗路二段 121 巷 28、32 號 4 樓
　　　　　　電話：02-2795-3656　　　傳真：02-2795-4100
　　　　　　http://www.e-redant.com

2006 年 7 月 BOD 再刷
定價：420 元

讀　者　回　函　卡

感謝您購買本書，為提升服務品質，煩請填寫以下問卷，收到您的寶貴意見後，我們會仔細收藏記錄並回贈紀念品，謝謝！

1. 您購買的書名：＿＿＿＿＿＿＿＿＿＿＿＿＿＿＿＿＿＿＿

2. 您從何得知本書的消息？

　　□網路書店　　□部落格　　□資料庫搜尋　　□書訊　　□電子報　　□書店

　　□平面媒體　　□ 朋友推薦　　□網站推薦　□其他＿＿＿＿＿＿

3. 您對本書的評價：(請填代號　1.非常滿意 2.滿意 3.尚可 4.再改進)

　　封面設計＿＿＿　版面編排＿＿＿　內容＿＿＿　文/譯筆＿＿＿　價格＿＿＿

4. 讀完書後您覺得：

　　□很有收獲　　□有收獲　　□收獲不多　　□沒收獲

5. 您會推薦本書給朋友嗎？

　　□會　□不會，為什麼？＿＿＿＿＿＿＿＿＿＿＿＿＿＿＿＿＿

6. 其他寶貴的意見：＿＿＿＿＿＿＿＿＿＿＿＿＿＿＿＿＿＿＿

　　＿＿＿＿＿＿＿＿＿＿＿＿＿＿＿＿＿＿＿＿＿＿＿＿＿＿＿

　　＿＿＿＿＿＿＿＿＿＿＿＿＿＿＿＿＿＿＿＿＿＿＿＿＿＿＿

　　＿＿＿＿＿＿＿＿＿＿＿＿＿＿＿＿＿＿＿＿＿＿＿＿＿＿＿

讀者基本資料

姓名：＿＿＿＿＿＿＿＿＿＿　年齡：＿＿＿＿　性別：□女 □男

聯絡電話：＿＿＿＿＿＿＿＿　E-mail：＿＿＿＿＿＿＿＿＿＿

地址：＿＿＿＿＿＿＿＿＿＿＿＿＿＿＿＿＿＿＿＿＿＿＿＿＿

學歷：□高中(含)以下　　□高中　　□專科學校　　□大學

　　　□研究所(含)以上 □其他＿＿＿＿＿＿＿＿

職業：□製造業 □金融業 □資訊業 □軍警 □傳播業 □自由業

　　　□服務業 □公務員 □教職　　□學生 □其他＿＿＿＿＿

To：114

台北市內湖區瑞光路 583 巷 25 號 1 樓

秀威資訊科技股份有限公司　　　收

寄件人姓名：

寄件人地址：□□□

(請沿線對摺寄回,謝謝!)

秀威與 BOD

BOD（Books On Demand）是數位出版的大趨勢，秀威資訊率先運用 POD 數位印刷設備來生產書籍，並提供作者全程數位出版服務，致使書籍產銷零庫存，知識傳承不絕版，目前已開闢以下書系：

一、BOD　學術著作—專業論述的閱讀延伸
二、BOD　個人著作—分享生命的心路歷程
三、BOD　旅遊著作—個人深度旅遊文學創作
四、BOD　大陸學者—大陸專業學者學術出版
五、POD　獨家經銷—數位產製的代發行書籍

BOD 秀威網路書店：www.showwe.com.tw
政府出版品網路書店：www.govbooks.com.tw

永不絕版的故事・自己寫・永不休止的音符・自己唱